Matthias Blazek

Im Schatten des Klosters Wienhausen

Dörfliche Entstehung und Entwicklung im Flotwedel,
ausgeführt und erläutert am Beispiel
der Ortschaften Bockelskamp und Flackenhorst

Wenn auch in den letzten Jahren besonders der Geschichte unseres Bauerntums alle Sorgfalt zugewandt wurde, so kann doch der Stand seiner Erforschung im Augenblick noch keineswegs befriedigen. Wir brauchen vor allem eine viel breitere Kenntnis der tatsächlichen Verhältnisse vergangener Zeiten, als wir sie bislang haben.

Kreisheimatpfleger Heinrich Pröve
in seinem Vorwort zu
Ein Dorf wird Gemeinschaft
von Hans von Freeden (1938)

Matthias Blazek

IM SCHATTEN DES KLOSTERS WIENHAUSEN

Dörfliche Entstehung und Entwicklung im Flotwedel, ausgeführt und erläutert am Beispiel der Ortschaften Bockelskamp und Flackenhorst

ibidem-Verlag
Stuttgart

Bibliografische Information der Deutschen Nationalbibliothek
Die Deutsche Nationalbibliothek verzeichnet diese Publikation in der Deutschen Nationalbibliografie; detaillierte bibliografische Daten sind im Internet über http://dnb.d-nb.de abrufbar.

Bibliographic information published by the Deutsche Nationalbibliothek
Die Deutsche Nationalbibliothek lists this publication in the Deutsche Nationalbibliografie; detailed bibliographic data are available in the Internet at http://dnb.d-nb.de.

Umschlaggestaltung, Bildbearbeitung und Satz: Matthias Blazek

Abbildung auf dem Umschlag: Häuslinge lebten zumeist in sehr bescheidenen Unterkünften. Zeichnung des in Schneverdingen geborenen und in Soltau ansässigen Malers und Graphikers Frido Witte (1881-1965). Repro: Blazek

Lektorat: Brigitte Stelzmann

Ein herzlicher Dank für die guten Ratschläge geht an MdL Karl-Heinrich Langspecht.

∞

Gedruckt auf alterungsbeständigem, säurefreien Papier
Printed on acid-free paper

ISBN-10: 3-8382-0157-4

ISBN-13: 978-3-8382-0157-3

Printed in Germany

Gliederung

Abkürzungsverzeichnis

a. a. O.	am angegebenen Orte
a. d.	an der
betr.	betreffend
ca.	zirka
Celle Br.	Celler Briefschaften
d	denarius (Pfennig)
d.	den
d. h.	das heißt
d. J.	diesen Jahres
dergl.	dergleichen
DM	Deutsche Mark, „D-Mark“
e.V.	eingetragener Verein
f	(1589) florenus (Gulden), 1 Gulden = 8 Schillinge = 240 Pfennige
f., ff.	folgend(e)
g, gl.	Groschen
geb.	geborene
gest.	gestorben
Gg.	Gutegroschen
Hbt.	Himten (Himbten, Himpten), 1 Himten (Braunschweig) = 31,5 Liter oder ca. 19-21,5 Kilogramm Roggen oder Weizen
jun.	junior
lt.	laut
mgr	Mariengroschen
Nds. HptStA	Niedersächsisches Hauptstaatsarchiv
Nr.	Nummer
p.	und so weiter
S.	Seite
sen.	senior
ß	Schilling(e)
St.	Sankt
usw.	und so weiter
vgl.	vergleiche

Geleitwort

Liebe Leserinnen, liebe Leser,

„Wer die Vergangenheit nicht kennt, dem erschließt sich auch nicht die Gegenwart“, so lautet ein altes Sprichwort. In seiner Chronik „Im Schatten des Klosters Wienhausen“ hat Matthias Blazek umfangreiche Quellen zur Geschichte unseres Dorfes Bockelskamp-Flackenhorst ausgewertet. Er hat viele Ereignisse zusammengetragen und sie in die niedersächsische und deutsche Geschichte eingeordnet. Für diese verdienstvolle Arbeit gebührt ihm großer Dank.

Der Verfasser berichtet anschaulich über die allein auf die Landwirtschaft ausgerichteten schweren Lebens- und Arbeitsbedingungen, wie sie früher von den Menschen auf den Höfen zu bewältigen waren. Existenzängste nach Missernten, Krankheiten und hohe Kindersterblichkeit, verheerende Kriegs- und Nachkriegszeiten mit bitterer Armut bestimmten den Lebensablauf. Wir können heute nur unseren Respekt vor der Lebensleistung der früheren Generationen zum Ausdruck bringen.

In der heutigen Zeit eines rasanten Wertewandels kann die Dorfgemeinschaft stolz darauf sein, dass sie sich ihren ausgeprägten Gemeinsinn und ihr bürgerschaftliches Engagement über die Jahrhunderte hinweg bis heute bewahrt hat. Der traditionsbewusste Umgang mit der aus der mittelalterlichen Markgenossenschaft hervorgegangenen, bis heute erhaltenen echten Realgemeinde und die Errichtung des Dorfgemeinschaftshauses durch die Bürgerinnen und Bürger belegen dies in eindrucksvoller Weise.

In die vielfältigen Aktivitäten der Dorfgemeinschaft sind Alt und Jung, Groß und Klein, sowie Alteingesessene und Neubürger gleichermaßen eingebunden. Bockelskamp-Flackenhorst ist ein lebens- und liebenswertes Dorf, das mit Zuversicht und Optimismus in die Zukunft geht. Je globaler sich unsere Arbeitswelt, unser Lebensumfeld entwickelt, desto größer wird auch der Wunsch nach kleineren Einheiten, nach überschaubaren Größen, nach einem intakten Dorf- und Vereinsleben, wie wir es hier bei uns haben. Das Örtliche, das Vertraute, Heimat bekommt in der Welt des Überall und Nirgends heute einen neuen Stellenwert. Bockelskamp-Flackenhorst ist unser Dorf, hier ist unsere Heimat und hier ist unser Herz zu Hause.

Karl-Heinrich Langspecht, MdL

Auf ein Wort

Erlauben Sie, verehrte Leserinnen und Leser, dass ich Ihnen zunächst ein kritisches Wort entgegenbringe. Die Aussichten sind nicht gerade rosig, wenn das Vermächtnis unserer Vorfahren erst im Rentenalter zu Papier gebracht wird. So war es früher, so ist es auch heute noch. Heimatkunde ist Sache der Alten. Heimatkunde berührt die Jugend nicht, die Jugend hat keinen Bezug dazu. Die Erhaltung von Kulturgut ist für jüngere Generationen nicht greifbar, Vereine gehen ein, volkstümlicher Gesang verschwindet mehr und mehr von der Bildfläche.

Aber Ahnenforschung interessiert mehr und mehr Menschen. Ein Mitglied der Sippe wird auserkoren, nachzuforschen. Von jeher, so auch heute, heißt es, dass die Alten, die noch etwas berichten könnten, inzwischen verstorben seien. Insofern ist es bestimmt ein spannendes Terrain, auf das sich der Genealoge begibt. Fahrlässig haben es die Menschen seit Generationen versäumt, die Fotos auf der Rückseite zu beschriften. Sind diese Teil eines Nachlasses, sind sie daher meistens zur Vernichtung verurteilt.

Sie lesen heimatkundliche Berichte, oder besser: Sie überfliegen sie. Sie haben nicht die Zeit, den gesamten Bericht zu lesen. Außerdem berührt Sie die Thematik nicht. Wenn sie Sie berührt, lesen Sie genauer. Von Ihrer eigenen Betroffenheit und Identifikation hängen Ihr Lob und Ihr Tadel ab.

Es fällt Ihnen schwer, sich mit der Historie einer Sache zu befassen. Die Suche nach einem, der recherchiert, fällt schwer, also verzichten Sie darauf, bringen eine abgespeckte Version zu Papier und füllen den Rest Ihrer Jubiläumsschrift mit Werbung auf. Ein Gewinn für die Vereinskasse, ein Verlust für die Menschen.

Es wäre so schön, wenn sich der Chronist mit den vielen verfügbaren Quellen auseinandersetzt und einfach einmal etwas zu Papier bringt. Man muss ja nicht gleich in alle Archive, wie Landesarchiv, Kreisarchiv, Stadtarchiv, Samtgemeindearchiv oder Kirchenbuchamt, gehen, eine Quelle reicht ja vielleicht, über das bisher Geschriebene hinaus zu berichten. Den Text einmal korrekturlesen lassen, fertig ist ein ansehnliches Produkt.

Unsere Vorfahren haben es verdient, dass wir uns hinreichend mit ihnen befassen.

Matthias Blazek

* Matthias Blazek hat der Geschichte Bockelskamps und seiner Höfe mehrere „Sachsenspiegel“ der Celleschen Zeitung gewidmet und einen Aufsatz mit dem Titel „Geschichte von Bockelskamp – Aus der Geschichte des Dorfes Bockelskamp und der Bauernschaft Flackenhorst / Alte Register und Statistiken geben interessante Einblicke“ im Mitteilungsblatt der Samtgemeinde Flotwedel, Nr. 44/1999, veröffentlicht.

Allgemeine Beschreibung

Das Lüneburger Land scheint von jeher das gleiche Erscheinungsbild gehabt zu haben; wenngleich sich die Gewohnheiten der Menschen geändert haben und dieselben längst nicht mehr verwischbare Spuren hinterlassen haben. Urbanus Rhegius (1489-1541), Superintendent zu Lüneburg 1532-1533, der zunächst die Aufgabe hatte, die bereits an mehreren Orten begonnene Reformation im ganzen Lüneburger Lande vollziehen zu lassen, hatte damals, also gleich zu Beginn der Neuzeit, geschrieben:[1]

Ich hab in Welschen gebirg nichts verloren. Wenn ich erfrieren will, ich wils inn Sachsen wol bekomen zwischen Fusa und Aller. – Die Bauernhäuser des Lüneburger Landes sind räucherische Hütten, ein Arche Noah: Hunde, Katzen, Kühe, Kälber, Rosse, Säue, Hühner, Schafe, alles beieinander, bei einem Feuer, da der Bauer auf Stroh liegt, alten stinkenden Schinken ißt und Brod hart wie ein Wetzstein.

Altar der Kirche in Langlingen. Foto: Heinz Hübner

Der Flotwedel, auch „Flauderwell“ oder „Flutwidde“ genannt, ist ein historischer Siedlungsraum, ein wald- und wiesenreicher Landstrich im Allertal oberhalb von Celle. Heute führt eine gleichnamige Samtgemeinde mit Sitz in Wienhausen die Namenstradition dieses urkundlich bereits im Mittelalter nachgewiesenen Landstriches fort.

Der Raum östlich von Celle ist geprägt durch die Flusstäler der Aller und Fuhse. Der Name dieses Gebietes ist aus der Beschreibung als Schwemmland an der Mittelaller ostwärts von Celle abgeleitet. Auf diesem Schwemmland bildeten sich schon vor Jahrhunderten 18 Ortschaften, die durch die Zahl der Schaufeln am Mühlrad innerhalb des Wappens der Samtgemeinde Flotwedel sinnbildlich wiedergegeben sind. Schon vor der Verwaltungs- und Gebietsreform Anfang der 1970er Jahre hat es Zusammenschlüsse von Ortschaften gegeben, sodass 1971 aus den vier verbliebenen Gemeinden Bröckel, Eicklingen, Langlingen und Wienhausen die Samtgemeinde Flotwedel mit heute gut 11500 Einwohnern entstand. Verwaltungssitz ist die malerisch gelegene ehemals herzogliche Mühle in Wienhausen. Von herausragender Bedeutung ist das an diesem Ort ab dem frühen 13. Jahrhundert errichtete Kloster. Es ist als Baukomplex norddeutscher Backsteingotik und mit Kunstschätzen aus dem 13. bis 16. Jahrhundert für Norddeutschland einzigartig und von einem romantischen und weitgehend naturbelassenen Klosterpark umgeben.

[1] Entnommen aus: Krolow, Karl, Deutschland deine Niedersachsen – Ein Land, das es nicht gibt, Hamburg 1972, S. 124.

Flutwidde (auch Flutwide, Flotwito oder Flotwede) war eine sächsische Gaugrafschaft und ein Teil der sächsischen Provinz Ostfalen. Sie gehörte zum Bistum Hildesheim und lag im Städtedreieck Celle, Burgdorf und Peine. Die Gaugrafschaft grenzte im Norden dem Verlauf der Aller, im Osten an Derlingau und im Süden an Astfala. Die westliche Begrenzung bildete die Leine.[2]

Windmühle in Neuhaus, April 1935.
Foto: Hans Hermann Wenzing

Als „Pago" (Gau), wie eine landschaftlich geschlossene und von natürlichen Grenzen bestimmte politische Siedlungsgemeinschaft der Germanen bezeichnet wurde, grenzte die Landschaft gegen die Gaue Gretinge oder Grethe (Grete; nördlich der Mündung der Oker in die Aller) und Derlingau (auch Darlingau; östlich von Braunschweig).

Namentliche Nennung findet Flutwidde im Jahr 1022 in der Urkunde zur Stiftung des St. Michaelisklosters in Hildesheim, durch den Hildesheimer Bischof Bernward. Darin wird das Kloster mit Liegenschaften und Gütern ausgestattet, darunter auch:

In pago Flutwidde in prefectura Thammonis: Alenhusen, Eddinkhusen, Seelhusen, Wendelingeroth, Hardeshem, Utisson, Siradisson, Scheplice, Waditlagun.

Der erwähnte Thammo (auch Tammo oder Thankmar), ein Bruder Bischof Bernwards, war Graf in Astfala und Flutwidde.[3]

Die Deutung des Namens Flotwedel gestaltet sich einigermaßen schwierig, da er urkundlich unter anderem als Flutwide, Flutwidde (1022), Flotuvita (1052), Vlotwede, Flotweda, Flotwide, Flotweda, Flotwedda, Flottwedel, Flodweddel, Fludwedel und Flutwide genannt ist.

Der Hinweis, Flotwedel bedeute so viel wie Flutwelle, entbehrt jeder Grundlage. Wilhelm Obermüller schreibt 1868 in seinem Deutsch-keltischen Wörterbuch:

---

[2] Siehe Karte aus: Barenscheer, Friedrich, Siedlungskundliches aus der südlichen Lüneburger Heide, Oldenburg/Oldb. 1939 (Maßstab 1:1,1 Millionen), abgebildet in: Heinecke, Heinrich; Witzel, Günter; Blazek, Matthias (Bearb.): Schillerslage – Chronik eines Lüneburger Dorfes –, Burgdorf 2005, S. 17.

[3] Ausführlich: Blazek, Matthias, „Tammos Grafschaft erstreckte sich über zahlreiche Dörfer des Flotwedels – Schepelse und Wiedenrode wurden schon im 11. Jahrhundert urkundlich erwähnt", Sachsenspiegel 8, Cellesche Zeitung vom 25.02.2006.

Flotwedel, alt Flutwide, Flutwidde, Vlotwede, ein grosser Waldstrich in Niedersachsen zwischen Celle, Burgdorf, Peine und Meinersen an der Fuse auf dem linken Ufer der Aller. Die Strecke an der Aller her wird heute noch der Flotwedel genannt, und in den grossen und kleinen abgetheilt; der grosse ist der westliche Theil von Langlingen bis Wienhausen, der kleine, östliche, zieht sich bis an die Grenze des Amtes Meinersen, wo auch Fletmar liegt. Der Name Flotwedel bedeutet grosser Fürstenwald, von *flath* Fürst, *wed* oder *gwidd* Wald und *il* gross, er war im Mittelalter ein Reichsforst oder kaiserlicher Jagdbezirk. In demselben liegen jetzt Bergdorf; dann Edesse *(aiteas* Wohnort), alt auch Edinkhusen (von *aithean* kl. Ort) bei Meinersen; Wiedenrode, alt Wodelingeroth bei Eicklingen, von *gwidd* Wald und *reodh* Feld; Uetze, alt Uttisson, *aiteasan* kl. Ort; Seershausen, alt Sirdissen (Bachhausen, von *mir* Wasser); dann das Kloster Wienhausen, alt Huginhusen, die Mutterkirche der ganzen Gegend, über der Aller gelegen, super Aleram fluvium, wie in der Stiftungsurkunde des Klosters vom Jahre 1233 steht; hugin von *aighean* kleine Höhe, als solche wird sie 1051 als eine öffentliche Kirchenpfarrei aufgeführt.[4]

Nach herrschender Meinung hat der Flotwedel seinen Namen von Flut (Überschwemmung). Der Name „Flettmar“ wird von diesem abgeleitet, der Ort selbst liegt auch im Bereich des früheren Gaus Flotwedel. Die Grenzen sind in alten Urkunden genau beschrieben: Der Gau Flotwedel reichte im Süden über Burgdorf hinaus, im Osten bis an die Oker, im Norden bis zur Aller und im Westen über die Wietze hinaus.

Der Jurist und langjährige Bürgermeister der Stadt Hannover Christian Ulrich Grupen (1692-1767) beschreibt den Flotwedel 1766 im Zusammenhang mit mittelalterlichen Grenzziehungen so:[5]

Zur Zeit, da diese Lande, wie ganz Deutschland noch nach *pagis* eingetheilet war, trift der Strich Landes in den Freyen hauptsächlich in 2 *Pagus*, als:

1) den Pagum FLOTWIDE.
2) und den Pagum, der zwischen Hannover und Hildesheim secundum excellentiam der *Pagus* OSTFALON genannt worden.

Der Pago FLOTWIDE behält noch heutiges Tages seinen Namen

a) in dem großen Flotwedel in dem District vor Schwaghusen ohnweit Nortburg nach Celle in der Erbtheilung Henrici Palatini, wozu jetzo gerechnet werden, großen und kleinen Eicklingen, Sandlingen, Schepelß, Polmans=Havekost;
b) in dem kleinen Flotwedel, nach der Ocker zu, in Kaiser Ottonis Erbtheil Fletmer, Schelles=Havekost, Hambostel, Bockelse, Wienrode.

---

[4] Obermüller, Wilhelm, Deutsch-keltisches Wörterbuch, Erster Band, Leipzig, London 1868, S. 479.

[5] Grupen, Christian Ulrich, Origines Germaniae, oder das älteste Teutschland unter den Römern, Franken und Sachsen, zweiter Teil, Lemgo 1766, S. 342 ff.

Nach dem Diplomate Kaisers Ottonis IV. A. 1203. ist die Landschnede von Henrici Palatini Erbtheil an des Kaisers Ottonis Antheil gezogen, von Nortburg bis in den Flotwedel, von Flotwedel bis nach Hannover, in verbis:

> *Portionem supra dicto fratri nostre Henrico duci a nostris segregatam et sibi provenientem, istis terminorum certis interstitiis destinximus – – a* Nortburg *usque in* Flotwide, *a Flotwide usque* Honovir *oppidum, quod ducis est cum omnibius sibi attinentibus.*

Nach dem *Diplomate* HENRICI PALATINI A. 1203 über die dem Kaiser Ottoni zugetheilte Erbportion ist die Gränze von Kaisers Ottonis Erbtheil gegen Henrici Palatini Lande gegangen, von Braunschweig bis zum Flotwedel, welcher Kaiser Ottoni halb zugetheilet, von Flotwedel bis nach Hannover, in verbis:

> *In alio latere a* Bruneswig *usque* Vlotwede *terra sua est, et* ipsum Vlotwede dimidium*, et a* Vlotwede *usque* Hanovere *terra sua est.*

Der Ort Nortburg an der Aller ist in den Charten gezeichnet und hat seine Benennung von dem alten alda gewesenen Schlosse. Auf dem Platz, wo die Capelle, finden sich noch Merkmaale von einem durch die Kunst angelegten Wall, und an den Wall heran gehenden so genannten schwarzen Wasser, und in der Tiefe ausgegrabenen Steinen und vorgefundenen gewölbeten Oertern. Die von Schenk sind daselbst mit den Gutsleuten beliehen.

Aus dem *Diplomate Ottonis IV.* erscheinet, daß die Schnede von Henrici Palatini Portion

a) von diesem Nortburg über die Aller in den Flotwedel,
b) und von dem Flotwedel nach Hannover gegangen.

und aus *Henrici Palatini* Briefe, daß Kaiser Ottoni gehöret:

1) Das Land von Braunschweig ab bis Flotwedel;
2) Der halbe Flotwedel, welches der vorangezogene kleine Flotwedel;
3) und von Flotwedel bis Hannover.

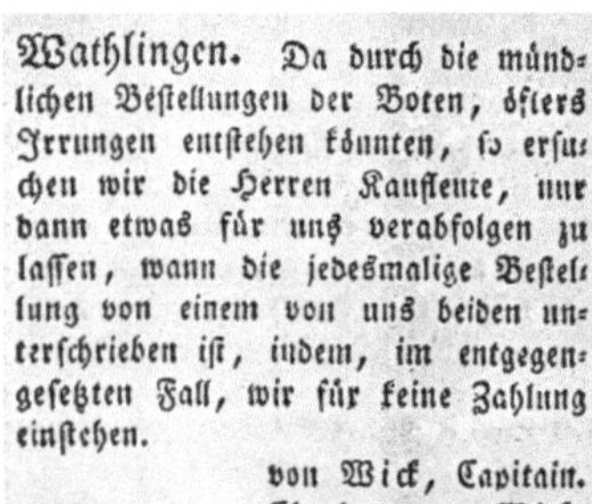

Wathlingen. Da durch die mündlichen Bestellungen der Boten, öfters Irrungen entstehen könnten, so ersuchen wir die Herren Kaufleute, nur dann etwas für uns verabfolgen zu lassen, wann die jedesmalige Bestellung von einem von uns beiden unterschrieben ist, indem, im entgegengesetzten Fall, wir für keine Zahlung einstehen.

von Wick, Capitain.
Charlotte von Wick,
geb. von Lüneburg.

Zellescher Anzeiger vom 26. November 1817

In Ottonis IV Portion ist terra a Vlotwede usque Hannovere nicht der Flotwedel, sondern das Land zwischen dem Flotwedel und Hannover. Der Flotwedel hatt annoch Uetze im Amt Meinersen befangen. Wenn man supponiret, daß daß die Landschnede Kaisers Ottonis IV etwa von Utze nach Hannover gegangen, so hat sie von Hannover ab den Pagum ASTFALO und *praefecturam Bernhardi Ducis*, worin nach der Fundation des Klosters St. Michaelis in Hildesheim A. 1022. Witinger im Amt Coldingen, Osselße und Holtenem ohnweit davon im Amt Ruthe, und also auch die so genante Freye vor dem Walde mit befangen.

Anfänge der Besiedelung

So, wie wir die Landschaft unserer Heimat heute sehen, fast absolut eben, mit fruchtbaren Feldern, Wiesen und Weiden, Laub- und Nadelwäldern, war sie nicht immer. In der Breite des Urstromtales der Aller, etwa von Helmerkamp bis Uetze, fand man bei Bohrungen unter dem Kulturboden in großer Regelmäßigkeit eine etwa acht Meter mächtige Talsanddecke, oben vier Meter gelber Sand, darunter vier Meter weißer Sand und darunter eine 20 bis 30 Zentimeter starke Humusschicht. Sie ist in Nienhof, Langlingen, Nordburg, Fernhavekost, Wienhausen und Winsen nachgewiesen. Sie fällt bei Bohrungen durch ihre große Härte auf.

Die Humusschicht entstand in der Zwischeneiszeit. Die darüber liegende Sanddecke ist durch die Winde während der Weichselvereisung herangeweht.[6]

Flusslandschaft bei Nienhof. Repro: Blazek

Die Dörfer des Flotwedels wurden inmitten des Urstromtals der Aller gegründet. An sich beträgt der Höhenunterschied im Flotwedel im Osten bei Flettmar (47,9 Meter) bis Wathlingen im Westen (42,9 Meter) und von Wiedenrode (47,6 Meter) im Süden bis Wienhausen (42,6 Meter) im Norden nur je fünf Meter auf etwa 15 Kilometer Luftlinie.

Das breite Urstrombett der Aller wurde früher nur sehr unregelmäßig ausgeschlämmt je nach herbeigeführtem Bodenmaterial, und gerade der frühere Gau Flotwedel, der im Norden die Aller als Begrenzung hatte, zeichnet sich durch charakteristische Sandhügelaufschwemmungen aus, die ganz unregelmäßig zerstreut liegen, häufig aber bereits abgetragen worden sind.

Dort, wo sich beim Absenken des Wassers Hindernisse bildeten oder Senken befanden, sammelte sich das Wasser. Hier, wie auch in den vielen kleinen Fließen (früher gebrauchter Ausdruck für Bach; Plattdeutsch: Flut, Riehen), wo das Wasser länger stand, setzten sich die mitgeführten Lehm- und anderen Sinkstoffe ab und bildeten die durchweg sehr nährstoffreichen Brüche und Wiesen, wie

[6] Schmidt-Harries, Helmut, Langlingen – Nachrichten aus alter und neuer Zeit aus einem Dorf an der Aller, Celle 2003, S. 61.

wir sie bei Bockelskamp (Ziegelei gegründet etwa 1862), Schepelse (Ziegelei), Hohnebostel (Ziegelei gegründet 1849) und Fernhavekost, aber auch im Kohlen und bei Wiedenrode finden. So tut es nicht wunder, dass der Ackerboden bei Wiedenrode je nach Lage entweder höchst vollwertiger Lehm-Sandboden oder ganz geringer, magerer Sandboden ist.

Steigen wir ein in der Zeit vor unserer Zeitrechnung. Die vorchristliche Zeit ist schwer zu erforschen, da kaum Urkunden vorliegen. Lediglich Spuren im Gelände lassen Rückschlüsse auf Siedlungsgewohnheiten unserer Vorfahren zu.

Siedlungsgeschichtlich sind unsere Dörfer als Sippensiedlungen entstanden, das heißt, eine geschlossene Sippe, die am bisherigen Orte nicht mehr ausreichend Platz fand, ließ sich an dem neu gefundenen Orte nieder.

Früheste Spuren menschlicher Siedlungstätigkeit reichen im Celler Nordkreis bis in die Zeit um 3000 v. Chr. zurück. Es war die Epoche der Jungsteinzeit (Neolithikum), die Zeit der Großsteingräber. Hier und da ließen sich unbekannte Menschengruppen nieder, Bauern, die in der so genannten Allhofwirtschaft lebten; das heißt: Alles, was man für den Lebens- und Wirtschaftsbedarf brauchte, wurde auf jedem Hof selbst hergestellt. Spezialhandwerker, wie Zimmerleute, Schuhmacher, Schneider und so weiter, gab es nicht. Kunstvolle Töpferei und Weberei war meist Sache geschickter Arbeitskräfte auf dem Hof. Die Geräte waren aus Ton, Holz, Knochen und Stein. Metall war noch nicht bekannt.

Über die Bronzezeit (1800 bis 800 v. Chr.) in der Südheide liegen bereits detaillierte Beschreibungen von gezielten Grabungen und weiteren, meist zufälligen Funden vor. In dieser Epoche kamen – um 1400 v. Chr. – Germanen ins Land. Wir haben es um diese Zeit bereits mit einer hochentwickelten Kultur zu tun. Neben der Allhofwirtschaft entstanden die ersten Handwerksbetriebe; in Metallgießereien wurde durch eine bestimmte Mischung von Kupfer und Zinn ein neuer Werkstoff erzeugt: die Bronze. Aus dieser Epoche stammen die Hügelgräber.

Mit dem Beginn der Eisenzeit um 800 v. Chr. zeichnete sich ein Klimawechsel ab. Das mild-feuchte Klima der Bronzezeit (atlantisch bis subboreal) wechselte in ein eher kühl-gemäßigtes Feuchtklima (subatlantisch). Als Folge davon verschob sich die Siedlungstätigkeit in Richtung Aller und des Mündungsbereichs der Fuhse.

Im 1. Jahrhundert v. Chr. (ältere Eisenzeit) war die Besiedlung Norddeutschlands durch germanische Stämme abgeschlossen. Der Verbund der germanischen Gesamtvolksgruppe war sehr locker, denn zwischen den einzelnen Siedlungsinseln lagen durchweg weite unbewohnbare Landstriche, Moore, Überschwemmungsgebiete, undurchdringliche Wälder. Die genannte Bevölkerungsdichte in den Siedlungsinseln darf nicht darüber hinwegtäuschen, dass der durchschnittliche Bevölkerungsbesatz im gesamten Bereich nur bei etwa zwei Menschen je Quadratkilometer lag. Staatsbildende Ideen, wie sie bei den Kelten schon zu beobachten waren, blieben den Germanen zunächst fremd.

Im Jahre 9 n. Chr. vernichtete ein Bund germanischer Völker unter dem Cheruskerfürsten Arminius drei römische Legionen und ihre Hilfstruppen unter dem

Kommando des Varus bis auf geringe Reste. Als Folge dieser Schlacht wurde das Gebiet zwischen Rhein und Elbe frei von römischer Herrschaft.

Stammesgebiet der Fosen

Um die Zeitwende gehörte das Gebiet zwischen Aller und Fuhse zum Stammesgebiet der Fosen. In den folgenden Jahrhunderten mag mancher Volksstamm auf seiner Wanderung von Süden und Westen das Flussgebiet von Aller, Oker und Fuhse gestreift haben. Die berühmte Völkerbewegung verschob zunehmend im 6. und 7. Jahrhundert den westgermanischen Volksstamm der Sachsen von Holstein aus über die Elbe hinweg.[7] Teils in kriegerischer Unterwerfung der dort ansässigen Stämme, teils im bündnisartigen Zusammenschluss mit ihnen breiteten sich die Sachsen über das gesamte heutige Niedersachsen und Westfalen aus.

In dem Gebiet der Sachsen entwickelte sich ein loser Verband von vier Stammesgruppen: Westfalen, Engern, Ostfalen und Nordleute (Nordalbingier).

An der Südheide sind oft der Reichtum und der Wechsel immer verschiedener Landschaftsbilder gerühmt. Dieser bunten Abwechslung in den Landschaftsformen entspricht der große Reichtum an Siedlungsformen. In allen Größen treten uns die Wohnstätten entgegen: vom einsam am Rande der Heide gelegenen Einzelhof über Doppelhöfe und Kleinsiedlungen bis zu den großen Kirchdörfern als natürlichen Mittelpunkten der einzelnen Landschaften und der einzigen künstlich gegründeten Stadt Celle. Ebenso groß ist der Wechsel an Dorfformen; neben dem geschlossenen Dorf als der ältesten Siedlungsform, das oft als fast geschlossener Kreis auftritt, dann auch als Reihendorf am Fluss sich ändert, zeigen sich als spätere Formen das aufgelockerte Angerdorf (Hagen bei Bergen), der Einzelhof, die künstlichen Waldhufendörfer (Nienhagen) und das Straßendorf (Nindorf und Bröckel).

Besonders bunt ist dieser Wechsel im Osten der Südheide, hier in dem Winkel zwischen Aschau, Lutter und Lachte. Wenigstens, wenn man die Namen der Dörfer nach ihrer Entstehung betrachtet und dies äußere Kleid als Kennzeichen des Alters rechnen will: „Sage mir, wie du heißt, und ich sage dir, wie alt du bist!" Dieser bunte Wechsel mutet hier wie eine kleine Mustersammlung an; alle möglichen Endungen sind vertreten: -ingen (Eldingen, Metzingen und Lutteringen [Luttern]), -feld (Bargfeld), -dorf (Lachendorf), -bostel (Beedenbostel), -hausen (Jarnsen), -horn (Grebshorn), -horst (Hohnhorst, Scharnhorst), -rode (Wohlenrode). Ob nun diese Reihenfolge etwa das Alter der einzelnen Dörfer bezeichnet? Dann könnte man sich die einzelnen Schichten der Besiedlung klar machen. Als einen einzigen Vorgang darf man sich die Besiedlung dieses Gebie-

[7] Nach Werner Kaemling, Atlas zur Geschichte Niedersachsens, 3., überarbeitete und erweiterte Auflage, Braunschweig 1995, S. 18, ist die Wanderung der Sachsen in ihre neue Heimat (Niedersachsen) bereits vom 3.-4. Jahrhundert erfolgt. Die Wanderung großer Teile der Sachsen aus dem deutschen Nordseeküstenbereich nach Britannien bot zwischenzeitlich dem germanischen Stamm der Thüringer Raum, im 5. Jahrhundert vorzudringen, sich im heutigen Niedersachsen niederzulassen und im gewonnenen Raum die herrschende Oberschicht zu stellen. In den Jahren 530/31 erfolgte die fränkisch-sächsische Niederwerfung des Thüringer Reiches (Schlachten bei Ronnenberg und Scheidungen).

tes nach den letzten Endungen -horst und -rode bestimmt nicht denken. Nun sind die „Ingen"-Dörfer dieses Gebietes aber, wenn man sie als die ältesten Dörfer nach ihrer Endung gelten lässt, als solche besonders von Interesse. Zeichnen sie sich von den übrigen dieses Gebiets irgendwie aus? Das lässt ein Vergleich unter sich und mit den anderen Dörfern der Südheide vielleicht erkennen.

Was ist an „Ingen"-Dörfern in der Südheide vorhanden? Eine geschlossene Schicht bilden sie im Landkreis Soltau-Fallingbostel. Hier im Osten treten sie nur punktuell auf. Es sind Becklingen, Groß-Hehlen (Helinge), Ummern (Ummerige), Luttern, Eldingen, Metzingen, Oesingen und Wittingen. Nicht hierher zu rechnen sind südlichere Ortschaften, wie Brelingen, Wathlingen, Eicklingen und Sandlingen. Denn ihre Endung -lingen entspricht der alten Silbe lage oder lege, etwa wie in dem alten Dorfnamen Blumlage und Schillerslage.[8]

Der Ursprung der Ortschaften im engeren Umkreis ist weitestgehend erforscht (Barenscheer, Schmidt-Harries).

Bekehrung der Sachsen

Einen ersten sicheren Anhaltspunkt für Geschehnisse in unserer Heimat liefert die in den Jahren 772 bis 804 erfolgte Bekehrung der Sachsen und Eingliederung in das Frankenreich durch Kaiser Karl dem Großen.

Kein anderer deutscher Stamm hat dem Christentum solchen Widerstand entgegengesetzt, wie der sächsische. Wie leicht vollzog sich die Bekehrung der Ostgermanen, der Goten und Vandalen, wie verhältnismäßig leicht auch die der Westgermanen, der Franken, der Alemannen, der Thüringer. Von Widerständen war kaum die Rede. Sachsen wurde mit dem Schwert bekehrt. Karl hatte, wie sich ein Zeitgenosse ausdrückte, den Sachsen das Evangelium mit eherner Zunge gepredigt, und es hatte eines dreißig Jahre erfüllenden Krieges bedurft, ehe in Sachsen die Kirche auf blutgedüngtem Boden sicher begründet war.[9]

Eine genauere politische Gliederung Sachsens lässt sich in der Regierungszeit des ersten Sachsenkaisers, Otto I., erkennen. Bockelskamp und Flackenhorst lagen nun im Ostfalen-Gau Flutwidde. Sie gehörten also zum Bistum Hildesheim. Obwohl die Hildesheimer Bischöfe früh das ihnen als Machtbereich zur Christianisierung zugesprochene Gebiet der fünf altsächsischen Gaue Muthiwidde, Grethe, Loingau, Astvala und Flutwide (mit seiner Kirche zu Wienhausen) mit Kapellen und Kirchen überzogen, blieben beide Dörfer ohne Gotteshaus.

---

[8] Cellesche Zeitung vom 16.01.1932. Kurt Kayser und Dietrich Bohnsack fanden in ihrem Werk „Siedlungsgeschichte, Der Landkreis Burgdorf" (Bremen 1961, S. 110 f.) heraus, dass die Entstehungsepochen der Dörfer mit den Namensendungen im Zusammenhang stehen. Bald nach 500 entstandene Orte auf -lingen, -lage und -dorf waren demnach Müllingen, Wirringen, Wehmingen, Schwüblingsen, Schillerslage, Heeßel, Burgdorf und Ramlingen.

[9] Lies ausführlich: Blazek, Matthias, „Die Bekehrung der Sachsen", in ders.: Ahnsbeck, Ahnsbeck 2003, S. 54 ff. Blazeks Quelle: „Die Bekehrung der Sachsen", von Gerhard Uhlhorn, Dr. th., Abt zu Loccum, Zeitschrift des historischen Vereins für Niedersachsen (ZHVN) 1894, S. 367-386.

Spuren im Mittelalter

Die „Schnedeauseinandersetzung“ zwischen den Bistümern Hildesheim und Minden 993 ist die erste beurkundete Grenzziehung im Heimatgebiet. Der Verlauf der Grenzen wurde auf Anordnung König Ottos III. festgestellt. Sie entsprachen, wie ausdrücklich erwähnt wurde, der zwischen den frühmittelalterlichen Landschaften Engern (das heutige Niedersachsen links und rechts der Weser) und „ostafalorum“ (Ostfalen, der Bereich zwischen Elbe, Leine und Saale).[10] Die Schnede nimmt in etwa den Verlauf der jetzigen Straße von Celle nach Uelzen. Ein Grenzort des Bistums Hildesheim gegen Minden war Westercelle, welches im Gau Flotwedel lag.[11]

Unter dem Sohn Bernhards I., Bernhard II., und unter dessen Sohn Bernhard III. drangen die Slawen (Wenden) in beständigen Kämpfen soweit im sächsischen Lande über Gifhorn hinaus vor, dass der Bischof Bernward von Hildesheim gegen sie im Zeitraum 993-997 formell mit Erlaubnis Ottos III. (tatsächlich aber auf seinen ausdrücklichen Wunsch hin) zwei Festungen an der Nordgrenze seiner Diözese errichtete, und zwar an der Mündung der Oker in die Aller südlich Müden die Niederungsburg Mundburg (Mundborg, Regest II/8) und nordöstlich davon die Burg von Wylwinholt (Wahrenholz, Amt Isenhagen) an der Ise. Bischof Bernward besetzte die Mundburg mit Soldaten und Speerträgern.[12]

Wir besitzen bloß eine Erneuerung des Privilegs, die Kaiser Heinrich II. (1002-1024) im Jahr 1013 dem Bischof ausstellte. Die Urkunde verlieh dem Bischof die zum Castell Mundburg gehörenden Grafenrechte für immer und präzisiert die damalige Funktion der Mundburg als Schutz- und Verteidigungsanlage der ganzen Region:

Octavum idem ab eodem de comitatu quod pendet ad castellum Mundburg dictum, quod laboriose opposuit inimicis crucis Christi prescriptus episcopus.[13]

Schepelse und Wiedenrode haben das Glück, schon recht früh urkundlich genannt worden zu sein. Sie zählen gewiss zu den ältesten Dörfern des Flotwedels: Am 1. November 1022 stiftete der Hildesheimer Bischof Bernward das Kloster

---

[10] Urkundenbuch des Hochstiftes Hildesheim I, Leipzig 1896, Nr. 35 (993), 40 (um 1007), Sachsenspiegel 12 vom 20. März 1993: Helmut Rüggeberg: Die erste urkundliche Erwähnung Celles – Die Beschreibung der Grenze zwischen den Bistümern Hildesheim und Minden vom Jahre 993, Ludwig August Theodor Holscher: „Beschreibung des vormaligen Bistums Minden“ in der Zeitschrift für vaterländische Geschichte und Altertumskunde Westfalens, Münster 1875, 33. und 34. Band.

[11] Urkundenbuch des Hochstiftes Hildesheim I, Leipzig 1896, Nr. 35. Vgl. v. Bothmer, Hermann, “Mirica” – Forst und Gesellschaft, Hildesheim 1965, S. 231.

[12] Zeitschrift des historischen Vereins für Niedersachsen 1901, S. 66 ff. Mit der genauen Lage der Mundburg befasst sich Dietrich Schmidtsdorff in seinem Aufsatz „Auf der Mundburg wurde Lösegeld für die Wikinger geprägt“ (in: Geldgeschichtliche Nachrichten, September 2005, S. 167 ff.). Schmidtsdorff vermutet die Lage an der Stelle des Klosters Wienhausen oder eines nahe gelegenen Jagdschlosses der Welfen.

[13] Urkunde MGH DH II, Nr. 259, S. 303, ausgefertigt im März 1013 in der Pfalz Werla, zitiert nach: Brandi, Karl; Bresslau, Harry; Tangl, Michael, Archiv für Urkundenforschung, Band 1-2, Leipzig 1908, S. 504, 512.

St. Michaelis in Hildesheim und stattete dasselbe „collaudatione legitimi heredis mei. uidelicet dulcissimi germani mei. Tammonis comitis“ mit Gütern aus, darunter auch: „In pago derningon. in prefectura Liudolfi comitis. biscopeshusen. Witildesbutjle. Mainum. Sinesrode. Wilradesbutile. aldagesbutile. Wurthorp. Knipenstide. flegthorp. In pago gretinge. Mutha. item Mutha. in pago muthiwide. In pago flutwide. in prefectura Thammonis. Alenhusen. Eddinkhusen. Scelhusen. Uuendelingeroth. hardeshem. Siradishen. Sceplice. Waditlogon. — — Actum in hildesheym“[14]

Im gleichen Jahre bestätigte Kaiser Heinrich II. diese Stiftung und namentlich den Besitz der vom Hildesheimer Bischof Bernward zur Einrichtung dieses Klosters geschenkten Güter; darunter auch: „In pago dernigon in praefectura liudolfi comitis. biscopeshusen. witildesbutile. mainum. finesrothe. willadesbutile. adagesbutile. wrthorp. cnippenstide. flehttorp. In pago gretinge mutha. Item mutha in pago Muthiwidde. In pago fluthuuidde in prefectura thammonis. alenhusen. eddinkhusen. scelhusen. wendelingeroth. hardeshem. utisson. siradisson. sceplice. waditlagun. — — Actum werella“[15]

Die in den Urkunden von 1022 genannten, zum Gau Flotwedel gehörenden und noch vorhandenen Ortschaften heißen jetzt Aligse, Engensen, Wiedenrode, Hardesse, Uetze, Seershausen, Schepelse und Wathlingen. „Scelhusen“ ist nicht mehr vorhanden, ein „Schellbruch“ (Schellhäuser Bruch) liegt zwischen Uetze und Hänigsen.[16]

Zu dieser Zeit hatten die alten Gaue (pagus) ihre politische Bedeutung schon längst verloren. Vermutlich behielt man die alten Namen der Gaue bei, um einen bestimmten lokalen Bereich deutlicher zu machen.

Der alte Name des dem Kloster inkorporierten Dorfes Wienhausen war „Huginhusen“. In seiner Amtszeit 1023-1038 besaß der Hildesheimer Bischof Godehard (960-1038) in „Huginhusen“ eine bischöfliche *curtis*, einen großen Wirtschaftshof,[17] nicht später; denn am 5. Mai 1038 starb der hl. Godehard in Holt-

---

[14] Lüntzel, Hermann Adolf, Die ältere Diöcese Hildesheim, Hildesheim 1837, S. 355. Nach jüngeren, aber nicht weiter vertieften, Erkenntnissen soll es sich bei dieser Urkunde „eindeutig um eine Fälschung“ handeln. (Klingenspor, Heinrich sen., Dorfchronik Müden (Aller), Müden 1992, S. 28).

[15] Lüntzel, a. a. O., S. 360.

[16] Der Gau Flotwedel wurde in einer Ausarbeitung des Landschaftsdirektors Wilhelm von Hodenberg anhand früher urkundlicher Erwähnungen beschrieben. Veröffentlicht wurde der Text im „Archiv für Geschichte und Verfassung des Fürstenthums Lüneburg“, hrsg. von Ernst Ludwig v. Lenthe, Sechster Band, Celle 1858, S. 375 ff. Von Hodenberg will in der Nennung der Ortschaften eine örtliche Reihenfolge erkennen, die der Bogenlinie eines umgekehrten S entsprechen soll. In „Wendelingeroth“ will von Hodenberg Benrode (östlich von Uetze) erkannt haben: „Für den pagus Flutwide beginnt der Schreiber der Urkunden mit den Gütern im Westen, Aligse und Engensen, geht dann in gerader Richtung von Engensen nach Scelhusen (Schellbruch), Wiedenrode auf Hardesse. Uetze wird in der Bestätigungsurkunde nachgeholt, es hätte schon vor Benrode genannt sein sollen.“

[17] Über Godehards Reise nach Wienhausen vgl. Goetting, Hans, Germania Sacra, Neue Folge 20, Bistum Hildesheim 3, Die Hildesheimer Bischöfe von 815 bis 1221 (1227), Berlin, New York 1984, S. 253.

husen. „Ein Gut gleiches Namens tauschte Kaiser Heinrich III. im Jahre 1052 vom Kloster Fulda ein, und gab dasselbe an Bischof Acelin; gestattete auch im folgenden Jahre, daß dort ein öffentlicher Markt gehalten werde, mit Zoll und Münze, District und Banne, Fähre und Schifferei. Im Jahre 1057 kommt Huingusen unter den publicis ecclesiarum parochiis vor.“[18]

Ein Graf Dietrich soll nach den Angaben von Hermann Adolf Lüntzel von der Abtei Fulda das Landgut Wienhausen in der Grafschaft Brunos im Gau Flutwide eingetauscht und dem Kaiser übergeben haben, „ohne Zweifel in der Absicht und zu dem Zwecke, dasselbe durch des Kaisers Hand und also um so sicherer der Hildesheimischen Kirche übertragen zu lassen“.[19]

Mit Urkunde vom 2. März 1052 schenkte Kaiser Heinrich III.[20] in Dortmund der bischöflichen Hildesheimer Kirche sein von Fulda im Tausch erworbenes Gut Wienhausen. Heinrich tat dies für sein, seiner Gemahlin Agnes und seiner Eltern Seelenheil und eingedenk der Dienste Azelins, Bischofs von Hildesheim (1044-1054).[21]

In der Kaiserurkunde heißt es:[22]

Acelini episcopi quoddam nostrae potestatis praedium Huginhusun dictum quod in nostram proprietatem per manum Dietrici comiti a Vultensi (Uvltensi) (a)ecclesia recto et laudato conambio cum duobus scilicet locis Rodincheim et Salzaha dictis facto cessit, in comitatu videlicet (uidelicet) Brunonis comitis et in pago flotuvita situm, cum omnibus pertinentiis suis in proprium tradidimus ...

Deutlich zu erkennen ist die Angabe, dass der Kaiser zuvor Wienhausen von der Abtei Fulda gegen zwei Orte in Ober-Deutschland, Rodincheim und Salsaha, eingetauscht habe.[23] Bei Rodincheim handelt es sich nach Vermutungen der Historiker um einen Ort in Hessen (und kaum um Renkum bei Brakel), bei letzterem um die altthüringische Siedlung Salzaha (am Salzbach), Geburtsort Hermann von Salzas.

---

[18] Lüntzel, Hermann Adolf, Die ältere Diöcese Hildesheim, Hildesheim 1837, S. 304. „Original [der Urkunde vom 2. März 1052] im Königl. Archive zu Hannover. Abgedr. in den orig. Guelf. IV 421“ (Böttger, Heinrich, Die Brunonen, Vorfahren und Nachkommen des Herzogs Ludolf in Sachsen, Hannover 1865, S. 195).

[19] Lüntzel, Hermann Adolf (hrsg. aus dessen Nachlass), Geschichte der Diöcese und Stadt Hildesheim, Erster Teil, Hildesheim 1858, S. 244 f., mit mehreren Quellenhinweisen.

[20] Heinrich III. (1017-1056), deutscher König (seit 1028) und römischer Kaiser (seit 1046) aus salischer Dynastie. (Krause, Gerhard (Hrsg.); Müller, Gerhard (Hrsg.), Theologische Realenzyklopädie, Band 15, Berlin, New York 1986, S. 3.)

[21] Lüntzel, a. a. O., S. 245.

[22] Abdruck in: Publicationen aus den Preußischen Staatsarchiven, Hannover 1896, S. 87 ff. (siehe auch S. 67, 69), Bresslau, Harry; Kehr, Paul Fridolin, Die Urkunden Heinrichs III., München 1993, S. 383.

[23] Wersebe, August von, Beschreibung der Gaue zwischen Elbe, Saale und Unstrut, Weser und Werra, in sofern solche zu Ostfalen mit Nord-Thüringen und zu Ost-Engern gehört haben, Göttingen 1821, S. 168.

Karte über den zur Diöcese Minden gehörigen pagus Loingo,

entworfen und herausgegeben vom Landschaftsdirector Freiherrn von Hodenberg,

1859.

2. Burgplatze: Bireten c. 1060. Bierde K. Ahlden, Blankenburg im K. Schwarmstedt, Blankenhagen 1262. Blankenhagen Burgwiese bei Grethem, Bolkmer c. 1300. Bothmer K. Schwarmstedt, Bunkenburg 1310. Bunkenburg bei Ahlden, Elte (in ripa Alere) 1267. Eilte K. Ahlden, Heremannesburc c. 970. Hermannsburg, Kirchdorf. Hodenhagen 1244. Hodenhagen bei Hudemuhlen, Hudenmolen c. 1360. Hudemühlen K. Ahlden, Rethem 1384. Rethem, Kirchdorf.

Gauorte Burgplätze Diöcesan Gaugrenze

Ob die 1051 bezeugte Pfarrkirche zu Wienhausen ursprünglich eine Fuldaer Gründung gewesen ist, wird nirgends bestätigt.[24]

Im Jahre 1053 verlieh Heinrich III. Wienhausen auch noch das Marktrecht, den Bann, den Zoll und die Münze daselbst. Dass dieser Ort das jetzige Kloster Wienhausen sei, ergibt sich schon aus der Lage und der Übereinstimmung des Namens. Das genaue Datum wird genannt von Heinrich Böttger (1801-1891):[25]

Heinrich der Dritte. 1039—1056.

Kaiser Heinrich III. erlaubt der Hildesheimer Kirche am 15. October 1053 „in loco huginhusen dicto situm in comitatu Brunonis comitis. et in pago flotuvito" zu haben „mercatum — cum theloneo. et moneta. cum districtu. et Banno. cum naulo. et nauigio. et omnibus utilitatibus et iustiis, que ad forum legitimum uidentur perti nere" (Original im Königl. Archive zu Hannover. Abgedr. bei Lauenstein descr. dioec. Hildesh. p. 108).

Ob die Hildesheimer Bischöfe in Wienhausen jemals ihr Münzrecht auch ausgeübt haben, ist unbekannt.

Das Kloster Wienhausen wurde Anfang des 13. Jahrhunderts von Herzogin Agnes, zweiter Gemahlin des Herzogs Heinrich in Sachsen, gegründet. Über das genaue Gründungsjahr wird noch diskutiert. In jedem Fall soll eine Klausur des Zisterzienserklosters zwischen 1221 und 1229 in Nienhagen gegründet und erst zehn Jahre später, wegen örtlicher, naturbedingter Missstände, nach Wienhausen verlegt worden sein. Die Klosterchronik selbst entstand zwar erst im 17. Jahrhundert, scheint sich aber auf ältere Quellen zu beziehen.

Zur Vorgeschichte und Verlegung des Klosters nach dem gesünderen Wienhausen heißt es 1859 in den Mecklenburgischen Jahrbüchern, Band 24-25, vom Verein für Mecklenburgische Geschichte und Altertumskunde, Schwerin (S. 4, mit falschen Jahresangaben im Einstieg):

Das Nonnenkloster Wienhausen, Cistercienser=Ordens, war seit dem J. 1216 (vor 28. April 1217) in Nienhagen an der Fuhse, unweit Celle, gestiftet, von wo es nach Wienhausen, früher Huginghusen genannt, verlegt ward. Der Herzog Heinrich der Lange von Sachsen und Pfalzgraf bei Rhein († 28. April

[24] Nass, Klaus, Untersuchungen zur Geschichte des Bonifatiusstifts Hameln, Göttingen 1986, S. 172.
[25] Böttger, a. a. O., S. 195.

1227), Sohn des Herzogs Heinrich des Löwen, und dessen zweite Gemahlin Agnes, Markgräfin von Landsberg, (1209 † 1. Jan. 1248) gründeten um das Jahr 1226 (vor 28. April 1227) das Kloster zu Wienhausen, welches am 24. April 1233 bestätigt ward (vgl. Böttger a. a. O. Not. I, 81 und 116). Die Herzogin Agnes ward in der Klosterkirche zu Wienhausen begraben, nachdem sie wahrscheinlich die letzte Zeit ihres Lebens in dem Kloster zugebracht hatte;

Agnes von Landsberg. Foto: Heuer

Im Stiftungsbrief des Bischofs Konrad II. (*Conradus episcopus*) von Hildesheim vom 24. April 1233 wurde das Kloster Wienhausen von der Witwe des Herzogs Heinrich von Braunschweig-Lüneburg, Agnes, geborene Markgräfin von Landsberg, aus eigenen Mitteln gestiftet und mit Zisterziensernonnen besetzt.[26] Wienhausen taucht ungefähr in der heutigen Schreibweise auf. In der großen Urkunde wird der Ort Huginhusen, *qui in vulgari dicitur Winhusen supera Alerum fluvium*, genannt und Wienhausen als eine Mutterkirche, *matrix ecclesia*, angegeben.

Es heißt an einer Stelle: „Folgende aber sind die Einkünfte der Kirche in Wienhausen. Im Orte selbst hat sie 15 zehntfreie Morgen und drei Wiesen, Bröckel zahlt 9 Schillinge für die Loskaufung vom Pfarrzwang, in Nordburg besitzt sie eine Hufe, welche 4 Schillinge zinst, in Bockelskamp, Flackenhorst, Beedenbostel, Lachtehausen den großen und kleinen Zehnten. Auch gehört ihr die Kirche zu Westercelle mit ihren Einkünften. Endlich besitzt sie in Oppershausen ein Gehöft, eine Wiese, den großen und kleinen Zehnten und an barer Geldeinnahme 4 Solidi."

Ottenhaus, das einzige Beispiel eines Klosterguts im Celler Stadtgebiet, befindet sich am Westrand des Flotwedels. Es wurde vermutlich Anfang des 13. Jahrhunderts als Jagdhaus oder Absteigequartier für Herzog Otto I. das Kind gegründet. Die Lage ist weit abseits der Verkehrswege; nicht weit entfernt befinden sich die Bundesstraße 214 und die Abzweigung nach links Richtung Bockelskamp.

[26] Vgl. Faust, Ulrich (Bearb.), Die Männer- und Frauenklöster der Zisterzienser in Niedersachsen, Schleswig-Holstein und Hamburg (Germania Benedictina, Band XII), St. Ottilien 1994, S. 756 f.

Herzog Otto I. das Kind schenkte seiner Tante Agnes von Landsberg „Domus Ottonis“ (Ottos Haus) nebst Ländereien und Waldungen im Celler Stadtgebiet urkundlich 1243 mit der Befugnis, es dem Kloster Wienhausen überlassen zu dürfen. Die Urkunde konkretisiert die Schenkung: „ein in der zu Zelle gehörigen Mark belegenes Haus, Ottenhauß genannt, mit aller Nutzung und Zubehörungen, welche von alten Zeiten her bekanntlich zu solchem Hause gehört haben“.[27]

Register des 13. Jahrhunderts

In dem ältesten Zehnt-, Geld- und Fruchtregister des Klosters Wienhausen (ein dünnes Heft Pergamentblätter in Oktav [Seitenmaß: 11 Zentimeter mal 17 Zentimeter], gegen Ende des 13. Jahrhunderts geschrieben und mit einem Nachtrag, „Bona salinaria de 1369“, versehen) finden sich bei vielen Ortschaften Randbemerkungen von einer Hand aus dem 14. Jahrhundert. Diese Randglossen bestehen aus folgenden Silben und Wörtern: „Vlot“ – „Gre“ – „Bodendiek“ – „Gif“ – „Gret“ – „Mey“ – „Bruns“ – „Stut“ – „Her“ – „S. Frige“ – „Broch“ und „Borch“ – „Sla“ – „leuenborch“ – „Stich“.

Der Glossist rechnete

1) zum „Gre, Gret oder Grete“ die Ortschaften: Lachtendorpe, Gerendessen, Helmerecampe, Hone, Houere, Metzinghe, Honhorst, Ghersnedhe, Schernhorst, Ghokenholte, Adensbeke;
2) zum „Vlot oder Vlotwide“: Osberneshusen, Langhaghe, Huneborstelde, Uletmere, Brokelde, Widenrode, Watleghen, Indago, Hauechorst, Offensen, Schwechusen, Nortborch, Eclaghe vtraque, Santleghe, Scheplisse, Bokelscampe, Vlakenhorst, Niehagen;
3) zu „Bodendiek“: Wrethstede;
4) zu „Gif“: „Blicwede“
5) zu „Mey“: Adensen, Sygerdeshusen, Abbensen, Olerdessen, Dolberghe, Swibbelinghe, Katensen, Cretcinghesen, Henigghesen, Plochorst, Rithusen, Wackerwinkele, Anensen, Siuerdeshusen;
6) zu „Bruns“: Thydhe, Honrodhe, Sutgledighe;
7) zu „Slut“: Ottenhus, Oldencelle, Boyge, Wiebeke, Helen, Suthelen, Westercelle, Lachtehusen, Osterloghe, Benneborstelde;
8) zu „Her“: Zheuenlo;
9) zu „S. Frige und Stichte“: Hertbere, Lobeke, Stedhem, Bekhem, Munstede, Bultem, Adenstede, Solceghen, Berberghen;
10) zu „Broch oder Borch“: Enghese, Wetemere;
11) zu „Borch“: Schillerslaghe, Benhorne;
12) zu „Sla“: Orum;
13) zu „leuenborch“: Vlotede.

[27] „domum unam sitam infra terminos Tsiellis pertinentes quae dicitur domus Ottonis“. Klosterarchiv Wienhausen, Urkunde 27/Original 21.

Die nach Ziffer 2) zum Gau Flotwedel gehörenden Ortschaften Oppershausen, Langlingen, Hohnebostel, Flettmar, Bröckel, Wiedenrode, Paulmannshavekost und Fernhavekost, Offensen, Schwachhausen, Nordburg, Groß und Klein Eicklingen, Sandlingen, Schepelse, Bockelskamp, Flackenhorst und Nienhagen befinden sich in der späteren Amtsvogtei Eicklingen, und zwar in den Kirchspielen Wienhausen, Langlingen, Müden (zum Teil), Bröckel und Nienhagen, die Ortschaft Wathlingen im Gericht und Kirchspiel Wathlingen und Altenhagen („Indago") in der Burgvogtei und dem Kirchspiel Celle.

Das Kloster Wienhausen. Foto: Blazek

Langlingen und Hohnebostel finden wir auf der Doppelseite, auf welcher die Orte Ghokenholte, Gerendessen, Wrethstede, Langhaghe, Hunebostelde, Helmerecampe und Hone (in dieser Folge) aufgeführt sind. Um Langhaghe und Hunebostelde ist eine geschweifte Klammer mit der Notiz „vlot" (Flotwedel) gezogen. Die Doppelseite ist farbig abgebildet in der Langlinger Chronik von Helmut Schmidt-Harries.

Wichtig ist für das Verständnis für die Vergangenheit des Flotwedels weiterhin das uns erhalten gebliebene Verzeichnis der Einnahmen auf dem Schloss Celle unter dem Vogt Brendeke vom 7. April 1378 bis 9. März 1379.[28] Zahlreiche Dörfer und Bauernschaften des Flotwedels sind genannt, unter anderem Bockelskamp, Bröckel und Eicklingen.

Vom 24. Februar 1447 datiert die Erlaubnis Herzogs Friedrich an die Bürger zu Celle, ihre Schweine zur Mast in den Flotwedel zu schicken.[29]

---

[28] Sudendorf, Hans, Archivrat zu Hannover, Urkundenbuch zur Geschichte der Herzöge von Braunschweig und Lüneburg und ihrer Lande, Fünfter Teil (vom Jahre 1374 bis zum Jahre 1381), Hannover 1865, S. 146 ff.

[29] Brosius, Dieter, Urkundenbuch der Stadt Celle, Hannover 1996, S. 111 (Nr. 145). Übrigens finden wir in einer anderen Urkunde des Urkundenbuchs unter dem 20. März 1471 die Erwähnung des Pfarrers in Nordburg Hinrich Schulver (Hinricus Schulver plebanus to Northborch). 28 in einer Brüderschaft vereinigte Geistliche stifteten damals in der Pfarrkirche zu Celle zwei Memorien für die aus ihrer Mitte Verstorbenen. Bischof Ernst von Hildesheim stimmte zu.

Bockelskamp und Flackenhorst

Zwischen den Flüssen Aller und Fuhse liegen vereinzelt die Dörfer Bockelskamp (685 Einwohner) und Flackenhorst (84 Einwohner), die heute gemeinsam einen Ortsteil der Gemeinde Wienhausen bilden. Beide Dörfer sind zwar einen Kilometer voneinander entfernt, sie bilden aber gemeinsam seit Jahrhunderten eine untrennbare Dorfgemeinschaft.

Beide Orte erreicht man leicht von der Bundesstraße 214, der früheren Chaussee von Braunschweig nach Celle, aus.[30] Bockelskamp liegt 40 Meter über NN an der Kreisstraße, die am Strohkrug von der B 214 abzweigt und nach Wienhausen führt, und umfasst 832 Hektar ebene Flächen.

Im alten Dorfkern von Bockelskamp sind noch fünf über 400 Jahre alte Bauernhäuser (Zweiständerhäuser) und eine Vielzahl von weiteren ortsbildprägenden Fachwerkhäusern vorhanden. Der Ort, dessen Hofräume mit zum Teil mächtigen Eichenbeständen umsäumt sind, hat aufgrund der gut erhaltenen Bausubstanz und der unverbauten Hoflagen seinen ursprünglichen dörflichen Charakter und seine Eigenart weitestgehend erhalten können. Im Dorf Bockelskamp-Flackcnhorst gibt cs noch drci landwirtschaftliche Voll- und zwei Nebenerwerbsbetriebe.

Ortseingang von Bockelskamp, von Wienhausen kommend, 2010. Foto: Blazek

Bockelskamp gehörte einst zum Gau Flotwedel, später zum Amt Eicklingen. Mit dem benachbarten Flackenhorst, das früher einmal mit seinen drei Höfen ein Eigenleben führte, war es seit langem zu einer Gemeinde verbunden. Kirchlich gehörte es von jeher zu Wienhausen. Erst in unseren Tagen wurden die Ortschaften des ehrwürdigen Kirchspiels mit Eicklingen, Bröckel und Langlingen zu der Samtgemeinde Flotwedel zusammengeschlossen.

Erstmals urkundlich genannt wurden Bockelskamp und Flackenhorst in der Stiftungsurkunde des Klosters Wienhausen vom 24. April 1233.[31] Wie diese Urkunde besagt, besaß die Kirche zu Wienhausen schon damals den großen und klei-

---

[30] Bundesstraße B 214, gebaut in den Jahren 1786-1794 in verschiedenen Abschnitten, zunächst bis Bröckel, ab 1806 Weiterbau in Richtung Braunschweig.

[31] Bestätigung der Stiftung des Klosters Wienhausen durch Bischof Konrad II. von Hildesheim (Klosterarchiv Wienhausen, Urkunde 9/Original 5).

nen Zehnten in Bockelskamp. Hier wurde auch früher ein Zoll bezahlt für die Überfahrt über die Vietshöfer Brücke.

Bockelskamp und Flackenhorst wurden inmitten des Urstromtales der Aller gegründet. Der Urstrom hatte ein wildes Gelände mit vielen Kuhlen und zahlreichen Wasserläufen zurückgelassen, von denen die Aller der größte war.

Typisches Landschaftsbild zwischen Bockelskamp und Wienhausen. Foto: Blazek

Im Gebiet des nordöstlichen Dorfteils Sandberg war der Ratberg im Osten der weitgedehnten Düne die höchste Erhebung, auf der man vor geraumer Zeit Steinsplitter, einen Steinkern, einen Schaber und eine Pfeilspitze gefunden hat. Von hier aus konnten die Menschen auf ihren Einbäumen auf den vielen Wasserläufen zu den entferntesten Jagdgründen gelangen. Im Norden die Aller, im Osten die Oker und daneben die zahlreichen Verbindungen zwischen Oker und Fuhse im Westen gaben daneben reichlich Nahrung an Fischen (die heutige Okermündung bei Müden ist erst später von Menschenhand geschaffen worden). Weiter südlich vom Ratberge ist viel später eine Siedlung auf einer ausgedehnten höher gelegenen Flur entstanden, auf der schon Ackerbau betrieben werden konnte. Gefunden wurden dort Tonscherben mit Außen- und Innenbrand und auch Urnen. Das heutige Dorf konnte erst gegründet werden, als eine Zeit mit trockenem Klima einsetzte.

Die vielen vom Urstrom zurückgelassenen Kuhlen boten reichlich Wasser inmitten saftiger Weiden. Ein Rundling mit fünf Vollhöfen und einem Halbhof bildete den Ortskern, Heidstrom genannt. Zwei weitere Vollhöfe entstanden später östlich davon.

Bei der rückschauenden Betrachtung über die Entstehung und den Aufbau der meisten Dörfer im Gau Flotwedel kann man feststellen, dass der Kern des Dorfes fast ausnahmslos durch eine Gruppe von Vollhöfnern gebildet wurde. Auch im Dorf Bockelskamp finden wir fünf der Vollhöfe in enger Nachbarschaft um einen Kreuzweg gruppiert, während der sechste und siebente damals durch größere Feldbreiten Abstand wahrten und sich Kotstellen später dazwischen schoben. Nicht jeder zentral gelegene Hof hat das Glück gehabt, die Ländereien in unmittelbarer Nähe zu besitzen. Der Vollhof Nr. 1, Brands Hof, beispielsweise hatte beim Haus nur einen großen Garten. 1669 wie auch 1770 wird auch kein Eichhof als dazugehörig statistisch erwähnt, wie auch später kein solcher vorhanden war.

Als die Vernassung und Versumpfung von Böden einsetzte, begann für die Bauern eine sehr schwere Zeit. Die Weiden versumpften immer mehr, und die dadurch beziehungsweise durch Parasiten hervorgerufene Leberegelseuche mit oft nachfolgender Tuberkulose dezimierte einzelne Viehbestände empfindlich. „Die Bauern in Flackenhorst werden auf ihrem höhergelegenen Gelände nicht in gleichem Maße darunter gelitten haben“, vermutet Josef Riebel in einem 1968 verfassten zeitgenössischen Bericht. „Bei der großen Viehhaltung wird der Acker bisher nur eine untergeordnete Bedeutung gehabt haben.“

Mit dem vielen Sand der Dünen füllte man jetzt Niederungen aus, um Ackerland zu gewinnen.

Professor Dr. Heinrich Pröve führte in seiner „Geschichte der Besiedlung unserer Dörfer“ (S. 171) an, dass „sich die Aufmerksamkeit in so vielen Namen auf den Siedlungsvorgang selbst richtet, und man zog die Folgerung, es sei der vermehrte Widerstand der unwirtlichen Landschaft gewesen, die den Anlaß zu solcher Namenfindung gab.“ Den Namen von Bockelskamp als „Ort mit ausgesprochener Waldlage“ leitete er von der Buche ab und vermutete den dortigen Siedlungsbeginn spätestens in dem Zeitraum 800 bis 1100 n. Chr.

Der Sprachforscher August Friedrich Pott (1802-1887) widersprach Jahrzehnte zuvor dieser Annahme, indem er angab: „B o c k e l s k a m p, dessen *s* auf einen PN. [Personennamen] hinweist.“[32]

Wenn nun der Name Bockelskamp eine zum Schutz von Buchen (Hainbuchen) umgebene Kulturfläche bedeuten mag, so erkennt man bei Flackenhorst die Ansiedlung im Horst. Einer der dortigen zwei Vollhöfe hatte den Charakter eines Sattelhofs, also eines sattelfreien Hofes, zum Unterschied von einem dienstbaren oder untertänigen Hof, und der dritte den eines Halbhofs.

Die Gründung des Klosters Wienhausen spielt im Zusammenhang mit den Anfängen der Dörfer eine große Rolle. Im ersten Band des Vaterländischen Archivs, gedruckt bei Schweiger und Pick in Celle im Jahre 1819, ist ein differenzierter Blick auf die Klostergründung geworfen worden, in deren Zusammenhang ja so manche Dörfer des Flotwedels genannt worden sind. Wienhausen hatte eine Pfarrkirche und war Sitz eines Archidiakons des Bistums Hildesheim. Das Kloster wurde in denselben Ort, laut der bischöflichen Bestätigung des Bischofs Konrad II. von Hildesheim vom 24. April 1233, von der Witwe des Her-

[32] Pott, August Friedrich, Die Personennamen, insbesondere die Familiennamen und ihre Entstehungsarten; auch unter Berücksichtigung der Ortsnamen – Eine sprachliche Untersuchung, zweite, durch ein Register vermehrte Auflage, Leipzig 1859, S. 512.

zogs Heinrich von Braunschweig-Lüneburg, Agnes, geborene Markgräfin von Landsberg, verlegt, aus eigenen Mitteln gestiftet und mit Zisterziensernonnen besetzt.[33]

Die Urkunde hat folgenden Wortlaut:

In nomine sanctae et individuae Trinitatis. Conradus Dei gratia Hildensemensis Episcopus omnibus hoc scriptum inspecturis Salutem in vero salutari. Accedens ad nos humiliter et devote, dilecta in Christo nobilis Domina Agnes Ducissa de Schielle suum desiderium nobis aperire acuravit de institutione novi conventus sacrarum virginum, Cistertiensis ordinis in nostra Dioecesi a se facienda, ob remedium peccatorum suorum et mariti sui bonae memoriae chari nostri Hinrici quondam Ducis Saxoniae et Comitis Palatini Rheui, locum quendam suo proposito congruum videns, praevidens scilicet Ecclesiam in Huginhusen qui nunc vulgariter dicitur Wynhusen super Aleram fluvium, cujus proprietas sive donatio, cum omnibus suis pertinentiis, tam in temporalibus, quam in spiritualibus ad jus episcopale Hildesemensis Ecclesiae pleo jure noscitur pertinere, propter quod nobis supplicavit, ut pro amore Dei praesatam Ecclesiam ad desiderii sui complementum ancillis Christi ibi Deo perpetuo servituris secundum ordinationem ipsius, ac nostram conferremus. Super duo deliberatione habita cum Praeposito, Decano Praelatis et aliis majoris Ecclesiae fratribus nostris de ipsorum consilio et voluntate, de speciali quoque consensu Sifridi de Barem tunc Archidiaconi et Conradi tunc plebani Ecclesiae praefatae ante dictae Dominae facilem et benignun praebuimua assensum, justum arbitrantes, ut, quae Dei sunt, et quae donavit nobis, ipsi et pro ipso libenter dare debeamus, magnum quoque reputantes questum, si de rebus ejus cultus Domini tam laudabiliter augeatur. Igitur ad honorem Domini nostri Jesu Christi et matris ejus concedimus, ut in praememorata Ecclesia Conventum Sacrarum virginum Cistertiensis Ordinis instituat, quibus et hys quae successerint et eis ad sustentationem ad commoditates suas, ipsam Ecclesiam, cum omnibus suis pertinentibus, sive in Cura, sive in dote, sive in domibus, sive in areis, sive in agris sive in decimis, sive in aquis sive in aliis quibuscunque possessionibus ubicunque sitis damus, secundum quod praefata omnia Parochianus ipsius Ecclesiae et Antecessores ejus a nobis et Antecessoribus nostris constat hactenus tenuisse. Hy autem sunt reditus Ecclesiae in Wynhusen, in ipsa villa XV Jugera uon decimalia cum dote et tria prata; in Bröclete, IX solidi pro exemptione; Nortededhe mansus unus solvens IV solidos, Boclescampe decima parva et magna, Flackenhorst decima parva et magna, Here-Werdesburstolt decima parva et magna, Bennenborstold decima parva et magna, Ecclesia Westerscielle cum redditibus suis videlicet jerna mellis, et manso, qui solvit XX denarios. In Lachtenhusen decima parva et magna, Osberneshusen mansus unus et domus cum decima parva et magna qui solvunt IV solidos et pratum. Securitati etiam hujus sacri Collegii prospicere volentes et

[33] Riggert, Ida-Christine, Die Lüneburger Frauenklöster (Veröffentlichungen der historischen Kommission für Niedersachsen und Bremen XXXVII/19), Band 37, Teil 19, Hannover 1996, S. 41. Zu den Gütern, die das Kloster Wienhausen erhielt, lies die Erläuterungen von Kruppa, Nathalie (Hrsg.), Die Pfarreien im Mittelalter – Deutschland, Polen, Tschechien und Ungarn im Vergleich, Göttingen 2008, S. 317 f.

quieti, statuimus ut Ecclesai ipsa, sicut hactenus fuit ita deinceps tam in eis, quam nunc habet, quam quae iu posterum ex fidelium Elemosynis, vel lio quocunque titulo juste aquisierit, ab omni honore et potestate Advocatorum sit soluta et secundum tenorem privilegiorum sui ordinis. In suorum jurisdictione bonorum pleua gaudeat libertate, ut neque nos neque successores nostri dandi eis Advocatum alique tempore potestatem habeamus. Ut antem ad deprecandum pro nostro et Ecclesiae nostrae statu magis reddatur obnoxium, adjicimus de consueta ipsius benevolentia, ut praefati Collegii praepositus, quicunque pro tempore fuerit Bannum praefatae Ecclesiae, sicut cum praefatus Sifridus Archidiaconus tenuit, habeat et ministret ipsum de manu nostra, vel successorum nostrorum, secundum aliorum Archidiaconorum consuetudinem manualiter recepturus. Et haec concedimus salva nobis (Canoni) canonica in omnibus Dioecesani justitia, salvis etiam his omnisbus possessionibus et juribus quae in ipsa villa et extra villam sive in omni pago quod dicitur Flotwedda quocunque modo Ecclesiae competuut, quorum etiam in hoc scripto nostro mentio non habetur, Voleutes quid in recognitione juris Patronatus quod nobis et successoribus nostris retinemus Cereus trium librarum cerae ad principale nostrum Altare in Annuntiatione gloriosae virginis a praeposito praefati Conventus absque omni dubio detur annuatim. Testes hujus nostrae concessionis et ordinationis sunt de Capitulo nostro Reinoldus praepositus, Conradus Decanus, Hugo pps. Scae crucis, Heinricus de Tossem, Hermannus de Goslaria, Rodolphus, Conradus plebanus sancti Andreae, Sifridus de Barem, Gerevicus scholasticus, Conradus de Goslaria, sacerdotes ; Item Willehalmus de Holte pptus Osnabrugensis, Wicholdus, Johannes Cellerarius, Meinardus Cantor, Diaconi ; Item Sigebodo de Bodenstene, Conradus de alta fago, Heinricus de veteri foro, Wernerus de Bortvelde, Ludolphus de Embecke, Subdiaconi. Ad majorem igitur gestorum evidentiam et memoriam perhennem hoc scriptum inde confectum nostra et capituli nostri sigillorum autoritate jussimus communiri. Ad ampliorem ejus scripti firmitatem sigilla Dominae Ducissae et ipsius sacri conventus duximus apponenda. Acta sunt liaec in capitulo nostro Hildensemensi anno Domini M. CC. XXXIII. VIII. Kal. Maji, Pontificatus nostri anno XII. [34]

Nicht nur der gelernte Lateiner, überhaupt der sprachlich oder auch heimatkundlich Bewanderte, erkennt hier die Grundlage aller Schatzpflicht im Bereich der späteren Amtsvogtei Eicklingen. Denn übersetzt heißt es: „Folgende aber sind die Einkünfte der Kirche in Wienhausen. Im Orte selbst hat sie 15 zehntfreie Morgen und drei Wiesen, Bröckel zahlt 9 Schillinge für die Loskaufung vom Pfarrzwang, in Nordburg besitzt sie eine Hufe, welche 4 Schillinge zinst, in Bockelskamp, Flackenhorst, Beedenbostel, Lachtehausen den großen und kleinen Zehnten. Auch gehört ihr die Kirche zu Westercelle mit ihren Einkünften. Endlich besitzt sie in Oppershausen ein Gehöft, eine Wiese, den großen und kleinen Zehnten und an barer Geldeinnahme 4 Solidi.“

In einer auf ca. 1241 datierten Urkunde des Klosters Wienhausen heißt es (übersetzt vom Lateinischen): „Wir Agnes, die Witwe des Herzogs Heinrich, durch

[34] Abschrift aus: Vaterländisches Archiv, hrsg. von Georg Heinrich Gerhard Spiel, Erster Band, Hannover 1819.

Gottes Gnaden, setzen fest, was zu dieser Zeit angeordnet wird und was für ewige Zeiten als ein gegebenes Privileg kraft meines Willens bestehen bleiben soll, also, damit allen bekannt werde, dass wir nach dem Rate unserer Getreuen einen Teil unseres Eigenwaldes gewissen Siedlern geben, damit Äcker und ein Dorf angelegt werden, dass wir den benachbarten Dörfern unser gegebenes Versprechen erneuern und dass diese Leute aus den Dörfern Wathlingen, Eicklingen und Bockelskamp [*hij homines de villis watlege. eklege. boclescampe.*] und die Leute aus dem Wald, der nun indagonoua (= Nienhagen) genannt wird, übereingekommen sind und beschlossen haben, dass ihr Anrecht zur Schweinemast im herzoglichen Wald gemeinschaftlich sein soll bis zu dem Orte, der „Span" genannt wird [*qui span dicitur*], und dass der Wald außerhalb ihrer Hagenzäune gemeinsam sein soll. Und dass man nicht unsere Entscheidung missachten soll, bestätigen wir mit unserem Siegel. Als Zeugen bestätigen die Herren und Ritter Herwich von Uetze, Hartmann und Johann von Oppershausen, Gaugraf Hoelf, Thiward, Ratward von Wathlingen. Ludolf und Witser und Menrich und mehrere andere. Gegeben zu Celle, durch die Hand unseres Schreibers Tidlericus."[35]

Die Herren von Mahrenholz waren seit dem 14. Jahrhundert in Groß Schwülper und auch in Dieckhorst begütert. Sie hatten reichen Besitz an Lehen und Zehnten in vielen Dörfern der näheren und weiteren Umgebung. In Eicklingen besaßen sie mindestens seit 1478 (bis 1611) vier Höfe und einen Hof mit zwölf Koten. Magnus II. *mit der Kette*, Herzog zu Braunschweig-Lüneburg von 1369-1373, verpfändete den Gebrüdern von Meltzing und dem Eberhard von Mahrenholz, die in seinem Dienst standen, 1371 für 20 lötige Mark (*Münz- oder gemischte Mark*) drei Höfe in Flackenhorst.[36]

Aufschluss über Besitzungen derer von Mahrenholz geben auch Nachrichten aus den Lüneburger Lehnregistern:

1. *Jan von marnholte vnde syn broder. I. hof to watlege. vnde. VI. koten to eclegen. II. houe vnde. I. kot to bokelzkampe. I. hof vnde dre kot. den haluen tegeden tom buge tom borstle vnde to ghersne. vnde enne haluen hof tom borstle. to bercvelde. enne hof vnde. II. koten tom arwede. dat dorp mit allem rechte to Odessen den meygerhof half vnde de molen half.* (1360)

2. *Harneyd van Marnholte. II houe to watleghen. vnde VI. koten. to lutteken egleghen. II. houe vnde VI koten to bokelskampe. I. hof vnde III koten. to schoygen II houe. to ghernsne den haluen tegheden vnde to dem borstle vnde to dem boye. to berchvelde I. hof vnde II koten. vnde dat gud to dem marwede vnde dat gut to alersele.* (1368)[37]

---

[35] Klosterarchiv Wienhausen, Urkunde 21/Original 16. Gedruckt mit mehreren Abweichungen bei Pröve, Heinrich, Dorf und Gut im alten Herzogtum Lüneburg (Studien und Vorarbeiten zum Historischen Atlas Niedersachsens XI. Veröffentlichung der Histor. Kommission zu Hannover), Göttingen 1929.

[36] An Eberhard von Mahrenholz und die Brüder Melzing. Urkunde vom 1. Mai 1371, Sudendorf, Hans, Urkundenbuch zur Geschichte der Herzöge von Braunschweig und Lüneburg und ihrer Lande, Elfter Teil, Hannover 1883, Nr. 159, S. 114. Zu den Hintergründen der Pfändung vgl. Sudendorf, wie oben, Vierter Teil, Hannover 1864, S. LXII f.

[37] Hodenberg, Wilhelm von, Lüneburger Lehnregister der Herzöge Otto und Wilhelm und der Herzöge Bernhard und Wilhelm, Seculi XIV und XV, Hannover 1856, S. 32, 62.

Bei den genannten von Meltzing handelt es sich um Lüneburgischen Uradel, mit gleichnamigem Stammhaus bei Ebstorf, der mit Elisabeth, Witwe des Ritters Heinrich von Meltsing, in der Urkunde 69a des Klosters Ebstorf 1300 urkundlich zuerst erscheint. Die Familie gehört zu dem landsässigen Adel und besitzt das Gut Emmendorf im Lüneburgischen.[38]

Der königlich großbritannische Rat Johannes Friderich Pfeffinger (1667-1730) schreibt in der „Historie des Braunschweig-Lüneburgischen Hauses“:[39]

Anno 1328. vertauschete dieser JOHANNES VON MELZING, samt HENRICO und NICOLAO, Probsten, Ihren Wohn=Hoff zu alten Ebstorff, 2. Kothen, und den halben Zehenden über das Dorff, gegen 3 Höfe zu Retling, und den Zehenden; auch 1 Hof daselbst, 1 Hof zu Othsen, nicht weniger die Mühle zu Mordeßen; welche Vertauschung hernach OTTO und WILHELMUS, Hertzogen zu Braunschw. und Lüneburg, confirmiret, und hernach dem Closter das Lehen=Recht zufließen lassen; ...

Aus dem Jahre 1377 ereilt uns die Nachricht über den Schaden, welcher dem Herzog Albrecht von Sachsen und Lüneburg und seinen Untertanen von dem Herzog Otto von Braunschweig und von dessen Leuten und Helfern während der Sühne und des Friedens zugefügt worden ist. Drei Verzeichnisse aus der Zeit zwischen dem 24. Oktober und 6. Dezember 1377 geben unter anderem Auskunft, dass Flettmar niedergebrannt wurde und dass Raub und Gefangennahme in Schwachhausen und Nordburg verübt wurden.

Im Jahre 1378 verlegte Herzog Albrecht die Residenz des Fürstentums Braunschweig-Lüneburg nach Celle. Bald darauf wurde Celle welfische Residenz und blieb es bis 1705.

Blicken wir nun in das uns erhalten gebliebene, vom Großvogt Brendeke aufgestellte Verzeichnis der Einnahmen auf dem Schloss Celle vom 7. April 1378 bis 9. März 1379. Da heißt es:

Vlotwede Dedeke van bokelscampe VIII s Strukman IIII^{or} s bungere III s ludeman ebelynges IIII^{or} s beneke rouere I mark pennynge Beleke van oldentzelle IIII^{or} s Grotewale IIII^{or} s De meyger van Ekelge IX s minus III de. Ludeman scepeltzeman III s.

Summa huius est IC marcas XIIIIor marcas et III denar.

De bure van brokele dre marcas.

Vom 12. November 1381 bis zum 31. Mai 1382 verzeichnete der Großvogt Segeband Voss die herzoglichen Einnahmen auf dem Schloss Celle. Einleitung: „Anno domini M CCC LXXXI des negesten dyngsedaghes na funte Mertens

---

[38] Der Stammsitz ist Melzingen nordwestlich von Uelzen. Vgl. B. Freiherr v. d. Knesebeck, Historisches Taschenbuch des Adels im Königreich Hannover, Hannover 1840, S. 207; Vogtherr, Thomas, Wirtschaftlicher und sozialer Wandel im Lüneburger Landadel während des späten Mittelalters (Veröffentlichungen der Historischen Kommission für Niedersachsen und Bremen 24), Hildesheim 1983, S. 113 f.

[39] Pfeffinger, Johannes Friedericus, Historie des Braunschweig-Lüneburgischen Hauses und selbiger Landen, bis auf gegenwärtige Zeiten, Erster Teil, Hamburg 1734, S. 401.

dage fette myn here hertoge Albrecht to Sassen vnde to Luneborch Seghebande vosse to voghede to Tzelle desset hefft he fynt der tyd vppe nomen van finer wegen." Aus „Bokelskampe" zahlten

Henneke Bunger iii^{or} *ß*
Jorden Clawesinge iiij^{or} *ß*
brand iiij^{or} *ß*
strukman iiij^{or} *ß*
Henneke Jutten xiiii^{or} *ß*
De Dreyere viii^{or} *ß*

Am Ende des Verzeichnisses heißt es zu den Roggenabgaben: „Bokelskampe grotewale VI hymten roggen et VI hymten haueren ketelhod VI hymten roggen et VI hymten haueren bungere VI hymten roggen et VI hymten haueren Jorden VI hymten roggen et VI hymten haueren brand VI hymten roggen et VI hymten haueren strukman VI hymten roggen et VI hymten haueren." Lediglich die Roggenabgabe des Einwohners Brand an das Schloss Celle lässt sich – auch für die folgenden Jahre – dem Vollhof Nr. 1 in Bockelskamp zuordnen. Auch war Flackenhorst nicht aufgeführt.[40]

In einem anderen, etwas jüngeren Verzeichnis der zum Schlosse Celle gehörenden Hebungen[41] heißt es:

Kerspel To Wynhusen To vlakenhorst Ebeling II mark vn VII schepel roggen kersten II mark vn V ß alius kersten II mark vn II ß vn I ch roggen To bokelskampe henneke Jutten XIIII ß de dreger XI ß to eklige Werneke smeding XXVIII ß.

De dreyere hieß nunmehr *de dreger* und zahlte inzwischen um die Hälfte mehr an Abgaben. Auch Flackenhorster Einwohner sind aufgeführt. Werneke Smeding wurde in einem Zinsverzeichnis zwischen 1428 und November 1438 für Klein Eicklingen genannt.

Hermann v. Bothmer ging in dem Buch "Mirica" auf die Roggenzinspflicht in der Amtsvogtei Eicklingen näher ein. Neun Höfe waren dort roggenzinspflichtig. „Die Amtsvogtei Eicklingen erscheint über Pflichten, welche der Meierhof zu Altencelle gegenüber dem Amtsvogt zu Eicklingen hat, mit Altencelle aufs engste verbunden. Die Eicklinger Roggenzinser sind sämtlich das Hofschwein schuldig. Vier von ihnen (zwei zu Bockelskamp und zwei zu Klein Eicklingen) geben außerdem den „Königshafer" und das Hofrind, zwei ursprüngliche Einheiten (vier Halbhöfe zu Groß Eicklingen) zugleich den „Königshafer" und den Eierzins. In der Amtsvogtei Eicklingen deckt sich der Kreis der Roggenzinser mit dem Kreise der Hofschweinpflichtigen. Neben den neun hofschweinpflichtigen Höfen mit dem Roggenzins von 1 Malter stehen mehrere Einheiten zu Flackenhorst (zwei Höfe und ein Halbhof), die weder Hofrind, noch Königshafer,

[40] Nds. HptStA Celle Br. 61 Nr. 857 I, abgedruckt in: Sudendorf V Nr. 226. Siehe auch: Sudendorf VI. 49.
[41] Nds. HptStA. Genaue Findnummer liegt nicht vor.

noch Hofschwein, aber zusammen mit dem Eierzins, den doppelten Roggenzins von 2 Maltern schulden."[42]

Im Niedersächsischen Landesarchiv -Hauptstaatsarchiv Hannover- lagern im Bestand Celle Br. 61 Nr. 857 mehrere Steuerveranlagungs-Register der dreißiger Jahre des 15. Jahrhunderts. Der Leiter der niedersächsischen Archivverwaltung und spätere Ministerialrat Dr. Rudolf Grieser (1899-1985) befasste sich in erster Linie mit einem Verzeichnis des Zeitraums 1428/38 und einem weiteren von Ende 1438.[43]

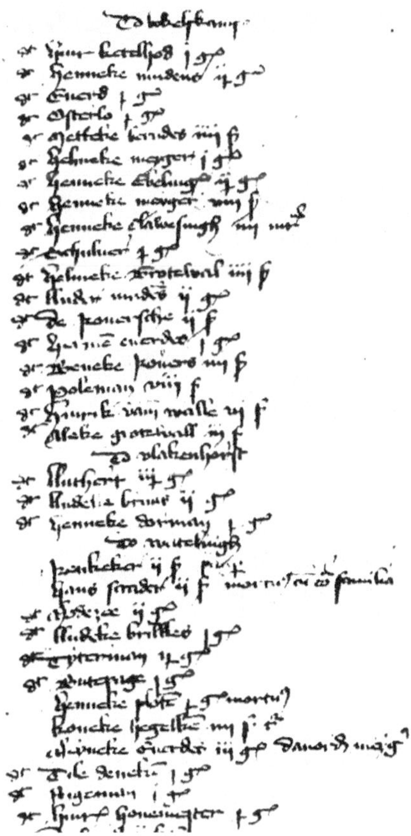

Bockelskamp und Flackenhorst im Schatzregister von 1438. Repro: Blazek

Diese Schatz- und Zinsverzeichnisse verdanken offenbar ihre Entstehung ebenso wie manche andere fiskalische Maßnahme jener Jahre dem gesteigerten Geldbedürfnis der beiden in Celle regierenden Herzöge Otto und Friedrich, die infolge kostspieliger kriegerischer Verwicklungen in finanzielle Bedrängnis geraten waren.

Grieser schrieb in seiner nachfolgenden Publikation sowohl Vor- als auch Nachnamen groß; im Original sind sie aber klein geschrieben. Auch hat er die damals üblichen römischen Ziffern vermieden. Im Übrigen handelt es sich bei dem Schatzregister um die jüngere Reinschrift, in der die Schatzpflichtigen der Dörfer sauber aufgelistet wurden, wo indes auch dörfliche Nachbarschaften berücksichtigt wurden.

Die Aufstellung des ursprünglichen Registers nach offenbar in Celle vorhandenen älteren Unterlagen wurde am 23. November 1438 begonnen oder vollendet. Es enthielt vermutlich nur die Namen der Schatzpflichtigen und dahinter jedesmal den „veranlagten" Betrag.

[42] Bothmer, Hermann v., "Mirica" – Forst und Gesellschaft, Hildesheim 1965, S. 367.

[43] Grieser, Rudolf, Das Schatzregister der Großvogtei Celle von 1438, Hildesheim und Leipzig 1934, S. 6 f. (Quellenauswertung von 1930). Griesers Erläuterungen sind wörtlich abgedruckt in: Blazek, Matthias, Ahnsbeck, Ahnsbeck 2003, S. 91 ff.

Eine vom Vogt von Celle, Dietrich Bühring, beauftragte, nicht näher bekannte Persönlichkeit, die als sein Schreiber oder Sekretär bezeichnet werden darf, erhob dann den Schatz vom 25. November ab auf sechs mehrtägigen Reisen, die sich bis zum 7. März des folgenden Jahres ausdehnten. Er wurde bei diesem Geschäft vom Vogt persönlich überwacht, wie sich aus dessen gelegentlicher Anwesenheit dabei ergibt.[44]

Nach diesem, vielfach so genannten Celler Schatzregister von 1438 wurden veranlagt:[45]

To Bokelskampe

dedit Hinrik Ketelhod 1 g.
dedit Henneke Mudens 1 ½ g.
dedit Everd ½ g.
dedit Osterlo ½ g.
dedit Metteke Berndes 4 s.
dedit Helmeke Meyger 1 g.
dedit Henneke Ebeling 1 ½ g.
Henneke Meyger 8 s.
dedit Henneke Clawesingh 4 m.
dedit Schulner ½ g.
dedit Helmeke Grotewal 4 s.
dedit Luder Mudens 2 g.
dedit de Roversche 2 s.
dedit Hermen Everdes 1 g.
dedit Beneke Rovers 4 s.
dedit Poleman 8 s.
dedit Hinrik vam Walle 6 s.
dedit Aleke Grotewall 3 s.

To Vlakenhorst

dedit Luthert 2 ½ g.
dedit Ludeke Bruns 2 g.
dedit Henneke Dorman ½ g.

Es folgenden zunächst Wathlingen und danach Nienhagen.

Insgesamt liegen die Register des Vogtes zu Celle von 1431/32, 1434, 1435, 1437(-39), 1438, 1439, 1442 und 1447 sowie das Schatzregister der Großvogtei Celle von 1438 vor. Letzteres nennt erstmals und ausnahmsweise das abgebrannte Wiedenrode.

Das Verzeichnis von 1442 ist weniger populär als das „Schatzregister". Rudolf Grieser hat es selbst gelegentlich zum Namensvergleich herangezogen. In dem Register des Vogtes von 1442 finden die Dörfer des Flotwedels Erwähnung. Zu-

[44] Nds. HptStA Celle Br. 61 Nr. 857 II.
[45] Nds. HptStA Celle Br. 61 Nr. 857 II. g.=gulden, s.=schilling, m.=mark; im Original untereinander aufgelistet, die Beträge mit römischen Ziffern, nur die Familiennamen klein geschrieben, dedit immer mit d^t abgekürzt.

nächst tauchen Bockelskamp und Flackenhorst, dann Oppershausen, Bröckel, Flettmar, Sandlingen, Müden, Nienhof, Offensen, Schepelse, beide Eicklingen und Nienhagen auf. Wir erkennen:

In dem Flotwede.

Bokelkape luder muden j mr dt
hinrik ketelhot j mr dt
hans kot j mr dt
helmeke meyger xxiiij ß dt
hinrik up d hone heft frig
euers viij ß dt
hinrik osterlo viij ß dt vij ß
hermen euerdes viij ß dt
poleman iij ß dt
henneke ebeling i pnt dt
Bernt rouers vj ß dt
henneke meyger vj ß dt
hans schulner viij ß dt
helmeke grotewal v ß dt
seffeke ij ß dt

To vlakehorst

luthert vviiij ß dt
Dorman vj ß dt
ludeke brunes v ß dt

Die Sippe Lüters, hierüber mit *luthert* bezeichnet, ist bereits wenige Jahre nach 1400 auf dem Vollhof Nr. 1a in Flackenhorst (heute: Vor den Eichhöfen 4) nachgewiesen. Das dortige Lüterssche Geschlecht war eins der ältesten der Dorfgemeinschaft. Waren in den Zinsverzeichnissen des ausklingenden 14. Jahrhunderts die drei Bauern Ebeling, Kersten und alius Kersten „to vlakenhorst" erstmals zur Kasse gebeten, waren es im Zinsverzeichnis des Bezirks Flotwedel zwischen 1428 und November 1438 Lutert, Brun und Henneke. Im besagten Schatzregister von 1438 zahlten Luthert 2 1/2 Groschen, Ludeke Bruns 2 Groschen und Henneke Dormann 1/2 Groschen. Welches die beiden Vollhöfe und welches der Halbhof der Bauernschaft war, ist hier gut zu erkennen. Das benachbarte „Dreibrüderhaus", der Vollhof Nr. 2a (Hofname Bütepage), und der Halbhof Flackenhorst Nr. 3a (Krauel) scheinen mit dem Lütersschen Hof zeitgleich zwischen 1380 und 1390 errichtet worden zu sein.[46]

Schon am 7. Januar 1446 heißt es in einer Urkunde, dass der Herzog Friedrich von Braunschweig-Lüneburg, Bernhards Sohn, der Kirche seinen Hof zu Flackenhorst überließ, „dar nu tar tyd lutters uppe wohnt". Der Wortlaut der Urkunde des Klosterarchivs Wienhausen ist folgender:

---

[46] Nds. HptStA Celle Br. 61 Nr. 857 I und II. Am 5. Dezember 1830 änderte sich der Name der Besitzerfamilie durch Heirat von Lüters in Müde. Vgl. Blazek, Matthias, „Die Lüterssche Sippe im Celleschen – Stammhof der Familie liegt in Flackenhorst", Sachsenspiegel 31, Cellesche Zeitung vom 31. Juli 2004.

Propst Helmholt, Äbtissin Katharina von Hoya, Priorin Mette von Oppershausen und der Konvent des Klosters Wienhausen bekunden, dass Herzog Friedrich von Braunschweig und Lüneburg einen Teich um ihre Güter „to deme buge“ herum angelegt hat, nämlich um zwei Höfe, deren Ertrag in 15 Schillingen, zwei Scheffeln Roggen, zwei Spanndiensten nach Schwüblingsen, vier Handdiensttagen, fünf Rauchhühnern, Meierung und Abmeierung an beiden Höfen und 21 Pfennigen am Hofe des dortigen Kirchherrn bestand, wofür ihnen der Herzog als Entschädigung seinen Hof in Flackenhorst unter Vorbehalt gewisser Rechte überlasst.[47]

Na Christi ghebort verteinhundert jar dar na in deme sesundeveirtigesten jare ame frigdaghe negest na der hilghen driger koninghe daghe. [zwei Siegel von Propst und Konvent]

Noch 225 Jahre später wirkte sich diese Kirchenschenkung dadurch aus, dass im Bockelskämper Hausbuch 1669 Hennig Lüters Hof Seiner Fürstlichen Durchlaucht bei der Propstei in Wienhausen gehörte, weswegen er sowohl dort als in der Burgvogtei Celle diente.

Auszug aus dem Register des Amtes Zelle, 1482-1492

Dorf	*Zahl der Höfe*	*Abgaben in Mark*
Bocelskampe	*7 ½ Hoffe, 13 Kothen*[48]	*3*
Flackenhorst	*2 ½ Hoffe*	*1*

...

Die politische Situation in den Lüneburger Landen änderte sich 1495: Mit dem in dem Jahr zwischen Heinrich dem Älteren und Erich dem Älteren geteilten Fürstentum Wolfenbüttel und Calenberg zählte das Welfenhaus fortan vier Linien nebeneinander: Lüneburg, Grubenhagen, Calenberg und Wolfenbüttel. Drei von ihnen starben bis 1648 aus, und zwar Calenberg (1585), Grubenhagen (1596) und Wolfenbüttel (1634). Die allein überlebende Lüneburger Linie, von der Nebenlinien in Gifhorn, Harburg und Dannenberg abzweigten, erbte den Gesamtbesitz, teilte ihn aber 1635 erneut in die Fürstentümer Lüneburg, Calenberg und Wolfenbüttel auf, indem die ältere Nebenlinie Dannenberg Wolfenbüttel übernahm, die jüngere Hauptlinie wiederum die beiden anderen Fürstentümer Lüneburg und Calenberg.

Diese einzelnen Linien standen sich mehrfach feindselig gegenüber. Besonders gravierend wurde diese Feindschaft in der Hildesheimer Stiftsfehde sichtbar, in der Lüneburg auf der Seite des Bischofs von Hildesheim gegen Calenberg und Wolfenbüttel stand und trotz der gewonnenen Schlacht bei Soltau am 28. Juni 1519 unterlag. Die hildesheimische Partei fügte den Calenbergern und Wolfenbüttlern zwar in der Schlacht bei Soltau eine vernichtende Niederlage bei – doch der Sieg auf militärischem Felde ging auf dem politischen Felde wieder verloren. Kaiserlicher Druck bewirkte, dass am Ende im Quedlinburger Vertrag von

[47] Nds. HptStA Celle Or. 100 Kloster Wienhausen Nr. 12.

[48] Kötner waren nach Professor Dr. Heinrich Pröve Handdienstpflichtige. Den Grundbestandteil der Kötnerhöfe bildete das Haus, die Kote, im Gegensatz zu der Hufe der Höfner.

1523 das Stift Hildesheim den größeren Teil seiner Ämter an die beiden welfischen Nachbarn verlor.

Den Einstieg für die neuzeitliche Entwicklung der Dörfer Bockelskamp und Flackenhorst bilden Angaben über die Kötnerstelle Nr. 20 in Bockelskamp. Ausgerechnet von diesem Gebäude, das bereits 1897 eingestürzt ist, sind frühe Details zur Baugeschichte bekannt. Der königliche Kreisbauinspektor in Lüneburg Eduard Schlöbcke (1852-1936) berichtete bereits im Jahre 1914 von diesem Haus, das auf dem Luchtriegel (Tiefe des Fletts) die Jahreszahl 1508 getragen habe.[49] Hans von Freeden zufolge (1938) handelte es sich hierbei um die Kötnerstelle Nr. 20, die über Generationen hinweg im Besitz der Familie Hasselmann gestanden hatte.

Das Haus war in den Jahren 1701 und 1717 umgebaut und erweitert worden und stürzte 1897 ein. Da das Kammerfach und auch das vordere Fach mit dem Vorschauer nach Ausweis der Bauinschriften aus dem Anfang des 18. Jahrhunderts stammten, glaubten Schlöbcke und nach ihm Ernst-August Steinbrink[50] annehmen zu dürfen, dass das Haus ursprünglich nur aus Deele und Flett mit seitlichen Kübbungen bestand. Demgegenüber ist jedoch anzunehmen, dass auch dieses Haus ursprünglich über ein Kammerfach und über ein vorderes Halbfach mit schrägem Vorschauer verfügte.[51]

In „Wörter und Sachen – Zeitschrift für indogermanische Sprachwissenschaft, Volksforschung und Kulturgeschichte“, Band 7-9 (1921), S. 45, heißt es über dieses Haus:

Ab und zu kommt es aber auch vor, daß der Backofen in den alten niedersächsischen Herd auf dem *Flet* aufgenommen ist. So in einem schon 1508 erbauten Haus in Bockelskamp bei Celle, wo der 3 ½ Meter breite und 4 ½ Meter lange Herd in seinem Inneren zwei Backöfen für 40 Brotlaibe und auf seiner Oberfläche vier Kochstellen und zwei Kessel enthielt. Da aber doch auf dem Herd gekocht wird, fällt diese interessante Einzelerscheinung natürlich außer unsere Frage.

Hof- und Viehschatzregister der Großvogtei Celle von 1511

Es folgt das Hof- und Viehschatzregister der Großvogtei Celle von 1511.[52] Das Viehschatzregister wurde gesondert an späterer Stelle niedergeschrieben.

Die Vogtei Flotwedel steht jeweils an dritter Stelle in den Einzelregistern. Die Unterteilung ist folgende:

---

[49] Schlöbcke, Eduard, „Siedlung“, in: Lüneburger Heimatbuch, hrsg. von Otto und Theodor Benecke, Band 2, Bremen 1914, S. 73-154.

[50] Steinbrink, Ernst-August, Hausgefüge im Flotwedel (Provinz Hannover) (Forschungen zur Landes- und Volkskunde, Bd. 7), Oldenburg 1941.

[51] Eitzen, Gerhard, Bauernhausforschung in Deutschland – Gesammelte Aufsätze 1938-1980 (Veröffentlichungen des Landwirtschaftsmuseums Lüneburger Heide Nr. 14), Heidenau 2006, S. 453.

[52] Nds. HptStA Foto 2 Dep. 37 II D 8 a.

Vogedye Vlothwedel

Nygenhagen
Obershußen
Schepelße
Bockelße
Bokelskamp
Brokeld
Ekelyngh vor den Bolen
Nygenhoue
Smedt Ekelingen
Langhelingh
Vlethmer
Muden

Hans von Freeden nennt im Kapitel „Hofbesitzerfolge“ des „Dorfsippenbuchs“ von 1938 die Namen der darin aufgeführten Hofbesitzer aus Bockelskamp und Flackenhorst, soweit sie zuzuordnen beziehungsweise zu ermitteln waren.

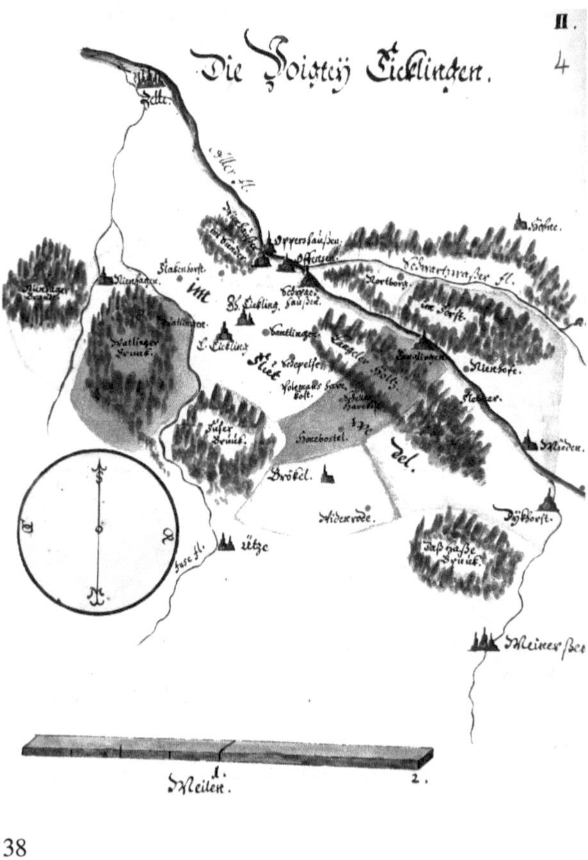

Die Vogtei Eicklingen, in: Johannes Mellinger, Atlas des Fürstentums Lüneburg um 1600, Bielefeld 2001

Kirchliches

Eine für die Reformationsgeschichte des Fürstentums Lüneburg wichtige Urkunde datiert vom Jahr 1529.

In zwei inhaltlich ziemlich gleichen Schreiben gab Herzog Ernst dem Kloster St. Michaelis am 13. Juli 1529 und dem Rat von Lüneburg am 15. Juli 1529 über sein bisheriges Vorgehen in Sachen der Religion Auskunft und forderte sie zur Annahme der Reformation auf. Diese Urkunde ist für die Reformationsgeschichte des Fürstentums Lüneburg wichtig.[53]

1529 wurde die erste Predigerordnung erlassen und 1564 die erste offizielle Lüneburger Kirchenordnung. Die jüngeren Söhne von Ernst dem Bekenner, Heinrich und Wilhelm, schufen mit dieser Kirchenordnung, die erstmals eine umfassende Regelung des gesamten Kirchen- und Schulwesens anstrebte, den Rahmen für eine weitere Entwicklung der evangelischen Kirche im Fürstentum Lüneburg.

Arbeit von Urbanus Rhegius

Celler Prediger hatten auch an der weiteren Ausbreitung der Reformation im Lande Lüneburg und darüber hinaus in Niedersachsen hervorragenden Anteil. Urbanus Rhegius beseitigte durch einen zweimaligen längeren Aufenthalt in Lüneburg die dortigen Widerstände, weilte 1535 in der Stadt Hannover und arbeitete eine Kirchenordnung für diese aus. 1538 ordnete er das Kirchenwesen in der Stadt Minden. Gottschalk Kruse wurde 1527 nach Harburg berufen und führte die Reformation in Stadt und Amt Harburg aus. Matthias Mylow wurde 1528 Pastor in Dannenberg; Matthäus Ginderich, 1528 aus Wesel nach Celle geflohen, seit 1529 Pastor und Superintendent in Bardowick, und Martin Ondermark stellten 1534/35 in Emden eine Kirchenordnung für Ostfriesland auf, und Jakob Damman, ein Sohn des Kannengießers Henning Damman in Celle, wurde der Reformator der Grafschaft Schaumburg.[54]

Durch die Reformation wurde das Archidiakonat Wienhausen, dem Celle (und auch Westercelle) angehörte, aufgelöst.[55] Statt seiner entstand 1531 die Superintendantur Celle, die aus Kirchspielen der früheren Archidiakonate Wienhausen und Beedenbostel gebildet wurde, denen man die zum Archidiakonat Ahlden gehörigen Gemeinden Gr. Hehlen und Winsen a. d. Aller beilegte.[56]

---

[53] Zeitschrift des historischen Vereins für Niedersachsen 1888, S. 69 ff., mitgeteilt von Adolf Wrede, siehe Blazek, Matthias; Bütepage, Günther, Dorfgeschichte Wiedenrode, Celle 2004, S. 25 f.

[54] Ricklefs, Jürgen, Geschichte der Stadt Celle, Celle 1976. Herzog Ernst hatte den überzeugten Lutheraner Urbanus Rhegius 1530 auf dem Reichstag in Augsburg kennengelernt und ihn nach Celle berufen.

[55] Archidiakonat = Einteilung des bischöflichen Sprengels in Archidiakonate, an deren Spitze der Archidiakonus oder Probst stand, meistens Angehöriger eines ritterbürtigen Geschlechts. Wienhausen war Archidiakonat von Hildesheim.

[56] Cassel, Clemens, Die Stadt Celle zur Zeit Herzog Ernst des Bekenners, zitiert in: Laue, Heinrich, Schulrat i.R., Festschrift zur Einweihung der Evangelisch-lutherischen Christuskirche Westercelle am 20. Oktober 1962, Celle o. J., S. 6.

Die reformatorischen Kirchenvisitationen in den welfischen Landen 1542-1544 wurden von Karl Kayser überliefert. Die Kirchenvisitation im Herzogtum Lüneburg unter Herzog Ernst dem Bekenner im Jahre 1543 gibt Auskunft über die Einkünfte von Pastor und Küster in Wienhausen an Korn, Hafer, Gerste und Buchweizen.[57]

In diese Zeit fällt ein Ereignis, das den Blick der Öffentlichkeit nach Bockelskamp zog: Am 19. Februar 1532 starb laut Briefwechsel Philipp Melanchthons (1497-1560) Herzog Heinrich der Mittlere von Lüneburg (1468-1532), Henricus Medius, der Sohn Ottos des Großmütigen und Annas von Nassau und letzte katholische Herzog Celles, auf der Jagd bei Bockelskamp.[58]

Der Rektor Johann Heinrich Steffens (1711-1784) wird konkreter (1785): „Nach der gemeinen Tradition soll er krank von der Jagd nach Wienhausen gebracht, und daselbst auf dem Schlosse verschieden seyn."[59]

Heinrich der Mittlere wurde im Kloster beigesetzt, wenn auch nicht unmittelbar im Klausurbereich, sondern in der Klosterkirche. In der Zeitschrift des Historischen Vereins für Niedersachsen heißt es 1857: „Der Herzog Heinrich der Mittlere von Braunschweig-Lüneburg starb am 26. (nach andern Angaben am 19.) Februar 1532 in Wienhausen und ist daselbst beigesetzt. Mit der Einschreibung seines Todestages mag die sechste Hand im Nekrologe begonnen haben."[60]

Der Verstorbene war erst wenige Jahre vorher, 1530, von der Reichsacht losgesprochen worden und hatte seine letzten Tage in Zurückgezogenheit in Wienhausen verlebt.

Olaf Klose schreibt im Band Niedersachsen und Bremen des Handbuchs der historischen Stätten Niedersachsens: „In der Gemeindekirche steht ein *Grabmal* von Albrecht v. Soest für den 1532 in einem früheren Jagdschloß hier verstorbenen Hz. Heinrich d. Mittleren v. Br.-L."[61]

---

[57] Kayser, Karl, Die reformatorischen Kirchenvisitationen in den welfischen Landen 1542—1544, Göttingen 1897, S. 462 f.

[58] Melanchthons Briefwechsel, kritische und kommentierte Gesamtausgabe / im Auftrag der Heidelberger Akademie der Wissenschaften hrsg. von Heinz Scheible, Stuttgart 1977, S. 207. KR 1504/05 S. 74r. - Isenburg I, Tafel 71. Vgl. Göttingische Anzeigen von gelehrten Sachen unter der Aufsicht der König!. Gesellschaft der Wissenschaften 1777, S. 775.

[59] Steffens, Johann Heinrich, Auszug aus der Geschichte des Durchlauchtigsten Gesammthauses, Hannover 1785, S. 374 ff.

[60] „Das Nekrolog und die Verzeichnisse der Pröbste und Aebtissinnen des Klosters Wienhausen. Nach den Originalquellen bearbeitet don H. Böttger." In: Zeitschrift des Historischen Vereins für Niedersachsen, hrsg. unter Leitung des Vereins-Ausschusses, Jahrgang 1857, Hannover 1855, S. 183 ff., 232 (Anmerkungen).

[61] Handbuch der historischen Stätten Deutschlands, Bd. 2: Niedersachsen und Bremen, hrsg. von Olaf Klose, Stuttgart 1958, S. 423.

Viehschatz und Zehntrechte

Wegen der Verkehrslage, zugleich aber auch wegen der allgemeinen Pferdeliebhaberei von ganz Niedersachsen, war die Pferdezucht im Dorf Bockelskamp hoch entwickelt. Schon im Jahre 1589 wurden für 22 Höfe, auf denen Pferde gezüchtet wurden, 117 Stück gezählt, das heißt, durchschnittlich je Hof fünf Pferde. Bei gleicher Gelegenheit wurde die Summe von 248 Kopf Rindvieh, auf 23 Höfe verteilt, genannt, je Hof also reichlich zehn Kopf.

In jenem Jahr, 1589, wurde in Eicklingen ein aktuelles Viehschatzregister („Schatzbeschreibung auff das Viehe zu einem Eindt fachtenn Schatze, Flutwedell Ao p. 89") aufgestellt.[62]

Der Heimatforscher und Lehrer (Rektor in Steinförde) Friedrich Barenscheer (1892-) entnahm dieser Schatzbeschreibung für Bockelskamp die Zahl von 259 Rindern und 135 Schweinen.[63] Einen genauen Blick werfen wir trotzdem in dieses Verzeichnis hinein:

Schatzbeschreibung auff das Viehe zu einem Eindtfachtenn Schatze.

Flutwedell Ao p 89

(...)

Bockelskamp

Jacob Krußе

14 ß – 11 rinder, 6 schw:

Hinrich Langenn

1 f 10 ß – 5 pf:, 18 rinder, 10 schw:, 3 schaffe

Engelke Eblinges

1 f 22 ß – 7 pf:, 20 rinder, 20 schw:, 6 schaffe

Henning Hartmans

1 f 7 ß – 5 pf:, 16 rinder, 6 schw:, 6 schaffe

Hinrich Bodeker

12 ß – 2 pf:, 7 rinder, 2 schw:

(Latus 5 f 17 ß)

Drewes Brandes

1 f 10 ß 10 d – 6 pf:, 16 rinder, 6 schw:, 11 schaffe

Tileke Luters

1 f 4 ß 8 d – 6 pf:, 13 rinder, 6 schw:, 2 schaffe

Hanns Brauns

1 f – 5 pf:, 10 rinder, 4 schw:, 6 schaffe

---

[62] Nds. HptStA Foto 1 Nr. 313 (alt: 8 c Nr. 1a, Wasserschaden).

[63] Barenscheer, Friedrich, Chronik des Frachtfahrerdorfes Bröckel, Celle 1963, S. 28, 29.

Henning Krußenn
6 ß 2 d – 9 rinder, 3 schw:, 7 schaffe, 10 Imm
Castenn Gardener
1 f 6 ß 2 d – 6 pf:, 15 rinder, 5 schw:, 2 schaffe
(Latus 5 f 13 ß 8 d)
Cort Horens
1 f 6 ß – 5 pf:, 15 rinder, 6 schw:
Hanns Meyer
1 f 20 ß 8 d – 5 pf:, 19 rinder, 14 schw:, 26 schaffe
Helmeke Meyer
2 f 9 ß 6 d – 7 pf:, 24 rinder, 17 schw:, 33 schaffe
Der Schaffer
14 ß 8 d – 44 schaffe
Hinrich Butepage
23 ß 2 d – 5 pf:, 6 rinder, 3 schw:, 8 schaffe, 9 Imm
(Latus 7 f 2 ß)
Luteke Runde
22 ß 4 d – 6 pf:, 7 rinder, 4 schw:, 4 schaffe
Hinrich Muiden
1 f 6 ß 2 d – 7 pf:, 13 rinder, 5 schw:, 10 schaffe
Luteke Haueckhorst
12 ß – 3 pf:, 4 rinder, 4 schw:
Ludeke Koneken
3 ß 8 d – 3 rinder, 2 schaffe
Der Schwen
1 ß – 1 rindt
Castenn Hauemester
16 ß 6 d – 2 pf:, 9 rinder, 3 schw:, 3 schaffe
Der Herde
3 ß 6 d – 3 rinder, 1 schw:
(Latus 3 f 17 ß 2 d)
Lutke Muggewinckel
20 ß 10 d – 3 pf:, 12 rinder, 5 schw:, 1 schaff
Hinrich Buimans
17 ß 2 d – 3 pf:, 8 rinder, 3 schw:, 5 schaffe

Flackenhorst

Simen Luters

2 f 9 ß 6 d – 8 pf:, 25 rinder, 15 schw:, 7 schaffe, 20 Imm

Hanns Butepage

1 f 19 ß 8 d – 8 pf:, 18 rinder, 16 schw:, 5 schaffe

Luteke Krauwell

1 f 16 ß – 7 pf:, 18 rinder, 12 schw:, 6 schaffe

(Latus 7 f 11 ß 2 d)

Es folgt *Brockell* (Bröckel).

Wohnhaus in Flackenhorst, 1999. ***Foto: Blazek***

Reichlich Pferde im Flotwedel

Wenn wir uns das Viehschatzregister von 1589 ansehen, können wir feststellen, dass die Dörfer hier im Flotwedel über reiches Pferdematerial verfügten. Als Grundlage hierzu dienten die vielen Weiden und Bruche, die den Fohlen und Mutterstuten reiche Nahrung boten. Jeder Bauer musste für Nachwuchs sorgen, denn um ein Pferd zu kaufen, brauchte man sehr viel Geld. Außer den Celler Hengsten, von denen einige bei dem Bauern Heinrich Homann (Hingst-Homann) in Wathlingen standen, gab es auch Privathengste auf dem Hof Nr. 1 (Blickweden-Schacht) in Bokelberge. Es waren Schimmelhengste. Das war auch der Grund, weshalb hier in Nienhof und Umgebung so viele Schimmel gingen. Sämtliche Fracht musste früher mit Pferden befördert werden, da es außer Schiffen und Kähnen eine andere Möglichkeit nicht gab. Zu den Transportgütern gehörten neben Kaffee und Gewürzen auch Bier, Wein, Tuche und vor allen Dingen auch Salz. Letzteres aber fuhren mehr die Bauern aus Sülze und Umgebung. Es hieß: „Dä Sälter kummt."

Die alten Frachtfuhrwagen waren blau oder grün und hatten hölzerne Achsen. Da die Ware vor Wind und Wetter geschützt sein musste, wurde der Wagen mit einer Plane überspannt. Der Frachtfuhrmann hatte die ganze Verantwortung und musste für evtl. auftretenden Schaden aufkommen. Die Fuhrleute waren mit einem blauen Leinenkittel und einem Dreimaster bekleidet. Ihr ganzer Stolz aber waren ihre Pferde. Die meisten der Frachtfuhrleute waren Bauern, also Hofbesitzer. Da sie oft ein ganzes Jahr unterwegs waren, ohne zwischendurch nach Haus zu kommen, mussten die Frauen mit den Knechten und Mägden den Hof allein bewirtschaften. Es ist auch vorgekommen, dass ein Frachtfuhrmann einen Auftrag nach Leipzig, Wien, sogar nach Triest zu fahren bekam. Wenn er die Ware dann abgeliefert hatte, erhielt er oft vom selben Handelsherrn wieder einen Auftrag gen Norden. Der Kreuzkrug, der Heidkrug und der Schaperkrug vor Celle waren echte Frachtfuhrmannswirtschaften.

Es gab auch bei diesen Fahrten nicht selten Unfälle, die oft mit dem Tode endeten. Diese Fuhrleute, die auf solchen Fahrten ums Leben kamen, wurden dort beerdigt, wo sie starben.

In den Celler Briefschaften des Niedersächsischen Hauptstaatsarchivs, die in Pattensen bei Hannover gelagert sind, finden wir mehrere Streitigkeiten, die im Zuständigkeitsbereich der Amtsvogtei Eicklingen lagen. Untertänige Bitten, die zumeist die hohe Verschuldung der damaligen Landbevölkerung widerspiegeln, Grenzstreitigkeiten, Verbrechen und die behördliche Feststellung der eigenen Rechte stehen in diesen Beständen im Vordergrund. Eine Eingabe der „sembtlichen Leute vndt Einwohner“ der Dörfer Altencelle, Bockelskamp, Nienhagen, Flackenhorst, „zur Burg vndt Mottenhauß“ aus dem Jahre 1593 richtet sich gegen Franz Otto von Offensen, dem durch Ludolf Reineke, Vogt zu Eicklingen, ein Wiesenplatz im Hellebruch zum Nachteil der Petenten vermessen worden war.[64]

Da wird geklagt, dass „Frantz Otten von Offensen durch Ludolff Reineken Voigt zu Eickling ohne vnsere Zuthun, Wißen vndt Consens, vns zu mercklichen großen Schaden praeiudire vndt nachtheil, ein großer geraumer Platz, hinter den Wathlinger Wischen im Hellebruche genandt, belegen, abgemeßen, vndt ihme gemelten von Offensen doselbst eine Wische machen zulaßen, angewiesen werden wollen: vndt solches vnangesehen wir vnsere Eltern vndt Vorfahren vor 10. 20. 30. 50. 100 vndt mehr Jahren als Menschen gedenken können, durch solchen vermeinlich außgemeßenen Platz ...“ Die Viehtrift der dort Berechtigten werde dadurch, dass „solche newgemachte Wische ... gentzlich wirdt praecludirt vndt verschloßen werden“, beeinträchtigt. Dabei sei den Anliegern erst auf dem jüngst zu Wienhausen gehegten Untergericht „die gnedige Verheißung vndt Zusage geschehen“, dass sie in ihren wohlhergebrachten Frei- und Gerechtigkeiten „vnuerruckt vndt vnbetrubet“ [unverrückt und unbetrübt] geschützt werden sollten. Die untertänige Bitte der Menschen an den Fürsten (Herzog Ernst II.) ging dahin, Franz Otto von Offensen zu befehlen, dass er am besagten Ort „keine

[64] Nds. HptStA Celle Br. 61a Nr. 3628.

wiesen oder anderst" machen sollte. Weiterer Schriftverkehr zu diesem Fall ist am angegebenen Ort nicht abgelegt.

Das Geschlecht auf dem Meyerschen Vollhof Nr. 4 geht ohne Unterbrechung und mit nur einem Interimswirt familienkundlich auf 1593, besitzrechtlich und namentlich bis 1428/38 zurück. Als einziger Hofbesitzer im Dorfe konnte Heinrich Meyer 1938 nicht nur auf ein ungebrochenes Besitzerbe, sondern auch auf ein unverändertes Namenserbe seit über 500 Jahren zurücksehen.

Hans von Freeden erwähnte in seinem Werk „Ein Dorf wird Gemeinschaft", dem so genannten „Dorfsippenbuch", eine auf Pergament geschriebene und mit großem Wachssiegel versehene Schenkungsurkunde von Herzog Ernst II. aus dem Jahr 1600 an den Kammersekretär Johan Rodewald, der „hat seit 1586 Herzog Wilhelm und Herzog Ernst zu gnädigem Gefallen gedienet. Deshalb schenkt er ihm erblich einen Wiesenplatz." Diese Wiese wurde wenig später dem Erstmann Cordt Horn in Bockelskamp und Henrich Bütepage in Flackenhorst verkauft. Letzterer gab 1638 für 100 geliehene Reichstaler eine bei Nienhagen belegene Wiese zu Zins und Unterpfand. Interessant: Die Kurhannoversche Landesaufnahme, 111 (1781), nennt südlich von Nienhagen am Nordrand des Forstortes „Brand" den „Bütepagen Sumpf". In Nienhagen sind historisch keine Bütepages nachgewiesen. Vermutlich handelt es sich hierbei also um die besagte Wiese von Henrich Bütepage.

Für von Freeden war die Urkunde „das Glanz- und Prachtstück des Urkundenfundes beim Vollhöfner Luttermann, Flackenhorst".

In den Musterrollen der Wehrpflichtigen von 1605/06 sind Vollhöfner durchweg als Büchsenträger und Kötner[65] mit wenigen Ausnahmen als Hellebardiere[66], 4 Kleinkötner oder Brinksitzer als Träger von Binnaxen (Zimmermannsbeilen) aufgeführt. Die Musterungsrollen jener Zeit entstanden, weil der Celler Herzog angesichts akuter Kriegsgefahr (die Stadt Braunschweig empörte sich gegen ihren Herzog) die wehrfähigen Mannschaften in Stadt und Land mustern wollte.

24 Bockelskamper und Flackenhorster Männer in den besten Jahren sieht der Betrachter 1606 bewaffnet aufmarschieren, zwölf von ihnen führten noch die altertümliche Hellebarde, einer den Spieß und einer die Exe (Axt), aber neun Wehrfähige, die Vollhöfner nämlich, trauten sich schon an die Busse heran. So bewaffnet werden sie wohl in den dreißig schweren Jahren auf Wache gezogen sein.

---

[65] Köthner: Köther a Casa, welche nur einen Kothhof und schlechtes Hauß haben. Diese leisten nur operas manuarias. Sie werden eingetheilet in Groß-Köther, der ein Paar Kühe und Schaafe hält.
Häusling: Häußlingen werden diejenigen genant, die sich bey einem Köther, oder sonst wo eingemiethet, und hierunter werden sowohl Weibs- als Manns-Persohnen verstanden. (Treuer's Chur-Braunschweig-Lüneburgisches Staat-Recht, 1. Hälfte 18. Jh.)

[66] Träger der Hellebarde. Hellebarde (Hellebarte, ursprünglich Helmbarte), Stoß- und Hiebwaffe, besteht aus einer gegen 30 Zentimeter langen Stoßklinge, an deren unterem Ende sich ein Beil (Barte) und gegenüber eine oder mehrere eiserne Spitzen zum Herabreißen der Reiter von den Pferden und zum Eingreifen in die Fugen der Rüstung befindet, an 2 – 2,5 Meter langem Schaft. (Meyers Lexikon, Leipzig 1926.)

Im Jahre 1611 verkauften die Herren von Mahrenholtz ihren Gutsbesitz in Klein Eicklingen und ihre Höfe und Koten in Eicklingen, Wathlingen und Bockelskamp und einige Zehntrechte an die Herren von der Wense.

Der Dreißigjährige Krieg hat auch in unserem Gebiet starke Zerstörung, teils auch Verwüstung, und Opfer bei der Bevölkerung gekostet. Die gequälten Bauern mögen zur Selbsthilfe gegen Marodeure und Plünderer gegriffen haben, aber wohl kaum in dem Ausmaß und in diesem Gebiet, wie bei Heidedichter Hermann Löns in seinem „Wehrwolf" geschildert. Einen kleinen Einblick bietet ein Verzeichnis über die Logiekosten, die das Regiment des Obristen Meyer in der Zeit vom 10. August bis 7. September 1636 in der Vogtei Eicklingen verursacht hat. In Nienhof wurden als Kosten des Carsten Greten aufgeführt: für Bier 8 Taler, für Fütterung 10 Taler und für Speise 4 Taler.

Exkurs:

Niedersachsen im Dreißigjährigen Krieg

Im Dreißigjährigen Krieg hatte Herzog Christian von Braunschweig-Wolfenbüttel als Nachfolger seines Vaters, Heinrich Julius, Administrator von Halberstadt, den Krieg nach Nordeutschland gezogen, als er sich zugunsten seiner Base Elisabeth von der Pfalz in die böhmischen Unruhen verwickeln ließ. Er erlitt zwei Niederlagen bei Höchst und Stadtlohn.

Dem nun nach Niedersachsen vordringenden Heer der Liga stellte sich König Christian IV. von Dänemark als Oberster des Niedersächsischen Reichskreises im Jahre 1625 entgegen und wurde bei Lutter am Barenberge 1626 von Tilly vernichtend geschlagen. Im Frieden von Lübeck musste Christian IV. Niedersachsen preisgeben. Von 1629 an war überall der alte Glaube wiederhergestellt (Restitutions-Edikt).

Durch das Eingreifen der Schweden und des mit ihnen im Bunde stehenden Herzogs Georg von Lüneburg wurden die Kaiserlichen bei Hessisch-Oldendorf 1633 geschlagen und zum Abzug gezwungen.

Mitten im Dreißigjährigen Krieg starb das Haus Wolfenbüttel durch den Tod Herzog Friedrich Ulrichs I. 1634 aus. Das nunmehr allein überlebende Haus Lüneburg nutzte die Gunst der Stunde nicht, sondern teilte das ihm zufallende Erbe erneut auf. Lediglich das Fürstentum Calenberg wurde Lüneburg zugeschlagen. Herzog Georg verlegte dessen Residenz 1636 nach Hannover. Georg nahm auch die Bistümer Minden und Hildesheim in Besitz. Als er 1641 starb, gaben die Welfen im Frieden von Goslar 1642 ihre Position auf und übergaben das Stift Hildesheim wieder den Bischöfen. Sie verloren auch Minden. Erneut wurden weite Teile Niedersachsens zum Schauplatz des Krieges.

Im Jahre 1648 erlitten die Welfen im Westfälischen Frieden weitere Verluste, weil Bremen und Verden an Schweden fielen, während Brandenburg sich Magdeburg, Halberstadt und Minden einverleibte und auch noch den größten Teil der Grafschaft Hohnstein an sich brachte.

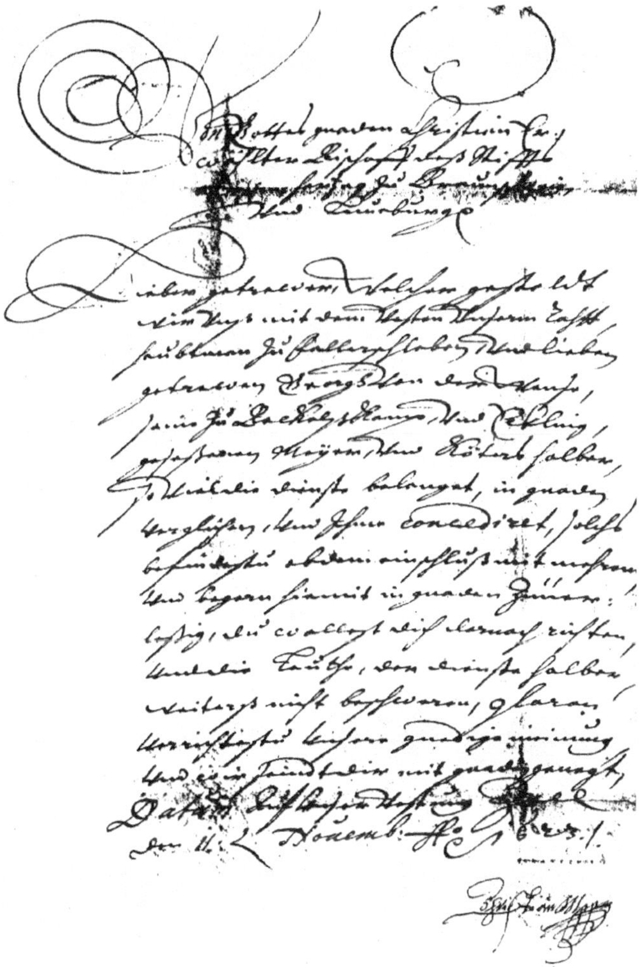

Was die Grunddienstbarkeit anging, darf nicht geglaubt werden, dass der Bauer damals nur der ungehemmten Willkür des Grundherrn ausgesetzt war. So schrieb Herzog Christian am 11. November 1623 zum Schutze der Bauern an seinen Vogt in Eicklingen[67] „... und lieben getrewen Georg von der Wense, seine zu Bockelskamp, vnd Eckling, gesessenen Meyer, vnd Köters halber, so viel die dienste belanget, in gnaden verglichen, vnd Ihnen concediret [zugestanden] ...", und dann duzte er seinen Vogt derb, als Ausdruck seiner Unzufriedenheit: „... du wollest dich darnach richten, vnd die Leuthe, der dienste halber, weiterß nicht beschweren ..."

[67] Nds. HptStA Hann. 74 Nr. 163.

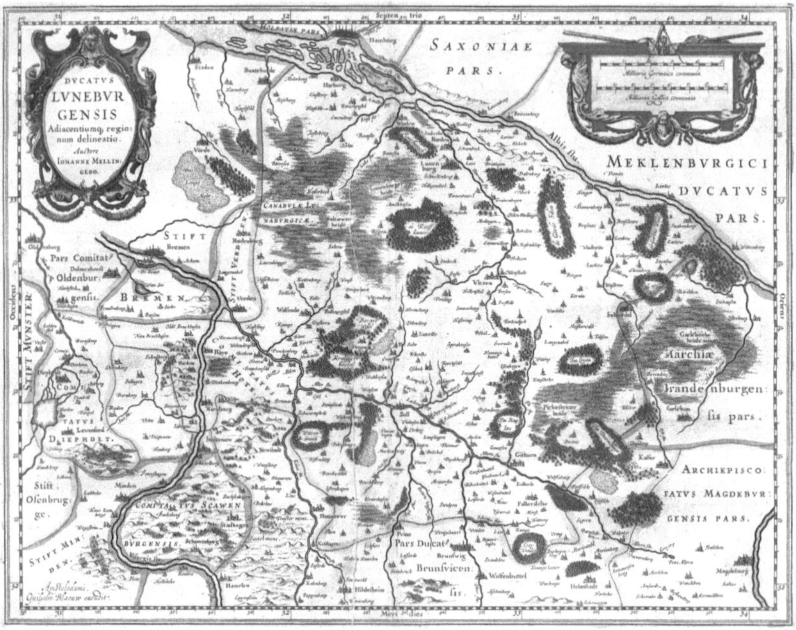

Karte des Fürstentums Lüneburg von Willem and Joan Blaeu, 1645

Ortspartie von Bockelskamp, 2000. *Foto: Ingo A. Müller*

Dienstpflichten und Lagerbuch

Die Kontribution, auch Schatz genannt, ist eine Geldabgabe, die seit dem 15. und 16. Jahrhundert besonders auch als direkte Steuer für militärische Zwecke erhoben wurde. Adel, Ritterschaft, Geistliche und Beamte waren davon befreit. Es handelt sich im Wesentlichen um eine Steuer der bäuerlichen Bevölkerung des platten Landes.[68]

Nach Pastor Wilhelm Bettinghaus waren 1657 dem Gute Klein Eicklingen dienst- und abgabepflichtig aus Bockelskamp Lüdecke Marwedel und die beiden Kötner Heinrich Bruns und Carsten Hasselmann.

Auszug aus dem „Extract aus dem Ambts Eicklingschen Lager-Buch de anno 1666“ unter Berücksichtigung der Veränderungen im „Bockelskämper“ und „Flackenhorster Haußbuch“ von 1669

Die Erfassung der Hofstellen im alten Amt Eicklingen in den sechziger Jahren des 17. Jahrhunderts liegt uns gleich zweimal vor, einmal als „Extract aus dem Ambts Eicklingschen Lager-Buch de Anno 1666“ und einmal als „Das Amt Eicklingen Lager Buch 1669“. Der zuerst angefertigte Auszug präsentiert die Dörfer, beginnend mit Groß Eicklingen, und ihre Höfe tabellarisch mit Ausführungen zu „Empfängt den Hoff“, „Entrichtet“, „Gebäude“, „Länderey“ und „Wiesen“. Das jüngere und eingebundene Lagerbuch präsentiert die Höfe einzeln, Seite für Seite und in Aufsatzform. Vorgeheftet sind später wieder auftauchende Angaben über die Grenzen und Berechtigungen der einzelnen Dörfer.[69]

Mit Ausnahme von fünf Fällen unter 28 berichtet uns das sehr ausführliche Hausbuch von 1669[70] sowohl wie die Statistik von 1770, dass die übrigen 23 Höfe von S. F. D. (Seiner Fürstlichen Durchlaucht, dem Herzog von Celle) empfangen wurden.

An Abgaben war nur der Haferzehnt von allen Höfen nach Celle abzuliefern, alle übrigen Abgaben, Fleischzehnt, Hühner usw., waren dem Kloster Wienhausen übereignet.[71] Der persönliche Hand- und Spanndienst musste in Celle ausgeführt werden, wenn er verlangt wurde, grundsätzlich 312 Tage im Jahre. Wenn es sich aber, wie aus dem Hausbuch hervorgeht, nur um Dienste zur Jagd und sechs Tage zum „Burgvesten“, zum Mist laden und zur Heumahd in der Schäferei gehandelt hat, so kann dieser Dienst bei weitem keine 312 Tage in Anspruch genommen haben, ist also wahrscheinlich in Bockelskamp nicht so drückend gewesen wie in einem Nachbardorf, wo vier verschiedene Grundherrschaften am Orte waren und so leichter den Dienstzwang ausnutzen konnten. Von den restli-

---

[68] Nds. HptStA Hann. 74 Celle Fach 146 Nr. 1 Vol. I.

[69] Nds. HptStA Hann.74 Celle Nr. 50 und 51.

[70] Bockelskämper Haußbuch de anno 1669, Nds. HptStA Hann. 74 Nr. 51.

[71] Laut Friedrich Barenscheer hatten bis 1823 die meisten Dörfer in der Nähe des Bohlendammes durch das Bruch (Bestandteil der Heerstraße zu der geplanten Stadt Wienhausen) Würste an den Bohlenmann (Straßenaufseher) in Bröckel zu liefern: Bockelskamp 6 Würste, Flackenhorst 3, Groß Eicklingen 7 Würste, ferner Nienhagen 4, Sandlingen 4, Schepelse 3, Paulmannshavekost 1, Wiedenrode 4, auch Wathlingen.

chen fünf Höfen hatten drei die persönliche Gutsherrschaft der Familie von der Wense, einer war dem Generalsuperintendenten zu Celle pflichtig und der letzte aufgrund einer alten Schenkungsurkunde von 1446 sowohl Seiner Fürstlichen Durchlaucht als dem Kloster in Wienhausen abgabepflichtig. Von 1669 bis zur Zeit der Ablösung im 19. Jahrhundert ist keine Veränderung, Übereignung oder gar Verpfändung von einer Grundherrschaft zur andern wahrzunehmen.

Stichwort „Burgfestdienste“:

Die in den ältesten Zeiten zum Bau und zur Besserung der herzoglichen Burg nötigen Arbeiten mussten von unseren Bauern geleistet werden. Die so genannten „Burgfesten“ dienten später der Instandhaltung der Amtsgebäude, Brücken und Wege. Daneben aber mussten die Pflichtigen auch Arbeiten der verschiedensten Art im Dienste der Landesherrschaft verrichten, im Besonderen die herrschaftlichen Gärten und Ländereien in Ordnung halten. Als während des Dreißigjährigen Krieges Schloss und Stadt Celle zu einer Festung ausgebaut werden sollte, da hätte man die Arbeit am liebsten unseren Bauern allein überlassen. Dafür konnte die Stadt ihnen notfalls Schutz vor den wilden Kriegshorden bieten. Zu einer solchen Zuflucht werden unsere Dorfbewohner allerdings kaum Zeit gehabt haben. Dann mussten sie mit ihrem Vieh und ihren eiligst zusammengerafften Habseligkeiten in die Wälder fliehen, bis die Gefahr vorbei war.

Wenn auch Burgfestdienste durchweg nur an wenigen Tages des Jahres zu leisten waren, so bedeuteten sie dennoch eine unerträgliche Belastung für die „Pflichtigen“. Herzog Friedrich glaubte zwar, auf die Dienstleistungen seiner Bauern nicht verzichten zu können, zumal es galt, die Verteidigungsanlagen der Stadt Celle erheblich zu verstärken. Das ist auch geschehen, sodass während des ganzen Krieges kein Feldherr auch nur versucht hat, die „Vestung Zell“ zu berennen.

Aus dem Lagerbuch von 1669 greifen wir uns einige Angaben heraus:

In den vorgeschalteten Ausführungen heißt es unter anderem:

Der Ambtsvögtey heüßer beschreibung

Der vogtey gebeüte welche mit einen Knick Zaun umbher verwehrt stehen nahe Beim Dorffe am Felde, welche in ao. 1616 bei Frantz Beckers Zeiten, wie der alte Ambtsvogt Baltzer Reineke, so seine Eigene wohnung gehabt, verstorben(,) erbawt worden, welcher Platz dan von unterschiedenen Eingeseßenen dieses Dorffes so ihr Länderey alda gehabt, erhandelt, unnd denenselben eine ergetzligkeit auß den Gemeine weiden angewiesen worden.

Gebewde 1.) daß Wohnhauß 2.) daß Newe Gebeüt die Küche genandt, worinne die Ambtstube ist 3.) hieneben ein klein Gebeüte, worinn 2 Kammern 4.) der Pferdestal so vor 2 Jahren erst gebawet, 5.) die Scheüre, 6.) daß Backhauß wobei ein wagenschauer 7. der Schaffstall 8. Ein klein Viehstall, 9. daß Pfordthauß, welches sich der ambtsvogts vor 3 Jahren auf seine eigene Kosten bawen laßen 10.) daß Schweinhauß, 11.der alte Pferdestall,12.daß gefengniß

Acker, welche bey den Dienst gehörig

der Eickhofs Camp Bei Klein Eickl. belegen von 1 hbt einfall

Wiesen welche zu dem Dienst gehörig

1. wiese die Esewiese genant, unnd bei Klein Eickl. belegen, gibt Jährlich fuder heu
2. die stockwiese Bei Havekost — — — — — — — — — 3 fuder
3. die Langlinger wiese bei Offensen belegen, gibt Jährlich — 6 fuder
4. die Klosterwiese bei Sunder gibt Jährlich — — — — 8 fuder

Garten, Bey der Voigtey Ein Küchen garten, so mit einem Schrankzaun befestiget

Hopfengarten deren seint 2 alß zu Brokl und Eickl. vorhanden. Die auf Kauffdauer ist bißhero der Cammer berechnet, anietzo aber haben sich d. Ambtsvogt d. Eickl. gepachtet und Jahrlich 4 rT davon entrichtet.

Kühe, seint nicht vorhanden, nur daß daß fischen zu Langlingen wovon eine Ecke im allerstrom gepachtet, wofür Er Ihr. Durchl. Jahrlich 30 Th: erlegen muß, Sonsten ist auch eine stehende See Bei wienhausen, auch von dar ab den allerstrohm aufwerts reine etliche Zoge, so bei die Vogtei gehoren unnd der Ambtsvogt mit dem Netz alleine zu fischen berechtigt.

Im Lagerbuch selbst werfen wir zunächst einen Blick auf „der Nienhäger Hueth, Trifft und wayde“:

Fängt sich an aus Nienhagen über die Brücke nach dem Dremmelberg bey Dieffenbulten, und so fortan bey der Müggenburg herumb durch das Borgtorffische ein zum andern ein in den Brande,und wieder aus demselben in das wattlinger holtz ein zum andern ein, ingleichen in das heinieser holtz Meinerschen theils eins zum andern ein, Vnt mit den Pferden im Bohlenbrock herumb.

Plaggenhau.

Uff dem Kirchen Stieg die todeloh hinan, biß zum höltzern kreutz, müßen aber – 9 fuß von den bäumen abbleiben, sonst seynd Sie straffbaar.

Zehnten

Der Korn Zehnte gehoret S: hochf: Durchl: zu, unnd wird nach der Probstey Wienhuesen gebracht,

Fischerei nichtß

Höltzung o.

Dann folgen die sechs Vollhöfe und 13 Kötnerstellen Nienhagens mit ihren Abgabe- und Dienstpflichten und schließlich (nachgetragen) der freie Hof von Caspar Lange, der von Schatz, Kontribution und Diensten befreit war.

Nach Nienhagen folgt zunächst das Bockelskämper und dann das Flackenhorster Hausbuch. Letzteres hier abzubilden, fällt nicht schwer, da dort nur drei Höfe vorhanden waren. Allerdings finden wir auch einen Vergleich aus dem Jahre 1769, der nicht ohne Grund in das Buch mit eingebunden wurde.

Flackenhörster Hauß=Buch

De Anno 1669.

Hueth Trifft und Weide

Ist der Bockelßkamper in allem gleich,

Der Korn und Fleischzehnte

wirt insgesambt nach der Probstei Wienhausen gezogen

Fischerey

hat Henni Lüeterß in der fueße am Schlee Klint einen ohrt, woselbst er mit dem Netz fischen darf, hat auch von Horn Lange auß Bockelßkamp, einen ohrt, an selbiger gegent zur heuw, item

hanß dalmans auß Flackenhorst einen fluß von den schwartzen Kuhlen biß an die hohe Horst woselbst er mit dem Netz zu fischen berechtigt

Holtzung – o.

Auf den nächsten drei Seiten folgen – mit anderer Handschrift – die beiden Vollhöfe und der Halbhof. Mit dem Zusatz „modo" wurden die Namen der Besitzer später aktualisiert:

Henni Lüterß modo Simon.

Ein Vollerhoff: gehöret S. F. D. bey die Pröbstey zu Wienhausen, Empfängt dahero; dienet bey dieselbe und auch die Voigtey mit dem vollen waagen so offt es Ihm angesaget wird, auch zur Jagd und Burgvesten, Entrichtet dabeneben in das Eicklingische register an Bedegeld – 16 ß. 6 d. Pröbstey Zinß – 1 Thlr, 24 ß., 1 hun der Pröbstey, und 1 hun nach dehm Closter wienhausen. item 1 Scheppel roggen Zinßkorn nach Zell.

am Rand ergänzt: *„hat empfangen ao 84 mit 10 rTr. und 1 rTr. weinkauffs gelder"*

Besitzet

Hauß und hoff, 1 Backhauß, 1 Spicker, 2 Scheuren, 1 Viehstall, 1 wagenschur, 1 garten und 1 Eichhoff.

Länderey.

93 Stück Landes, von – 11 Schefl. 10 himbten Einsaat.

Wiesenwachß.

5 wiesen – thun – 15 fuder Hew. (nachgetragen:) *sind zu sammen nahe bey Flackenhorst belegen.*

Henrich Bütepage modo Hans Hinrich

Ein Vollerhoff: gehöret S. F. D. Empfängt daher; dienet deroselben mit dem vollen waagen so offt es Ihm angesaget wird, auch zur Jagd und Burgvesten, Entrichtet dabeneben in die register an Bedegeld – 16 ß. 6 d. Haußzinß – 1 Thlr, Zinßhüner – 3. 1 Schefl Zinßkorn nach Zell.

(nachgetragen:) *wiesen Zinß 16 ß und 10. Eyer*

Besitzet

Hauß und hoff, 1 backhauß, 1 Spicker, 2 Scheuren, 1 Viehstall, 1 wagenschur, 1 Garten, 1 Eickhoff.

Länderey.

74 Stück, von – 11 Scheffel ½ himbten Einfall.

Wiesenwachß.

7 wiesen, thun – 17 fuder Heu. (nachgetragen:) *1. der große Hasenbuch, 2. kleine Hasen Buch, 3. die Bemwiese, 4. die kleine Wähle, 5.die große Wahle, 6. die ramwiese, 7.bey Nienhagen belegen.*

Lüdecke Krauel modo Hans Hinrich.

Ein halberhoff: gehöret S. F. D. Empfängt daher; dienet mit dem halben waagen so offt die riege an Ihn kompt, auch dienet er zur Jagd und Burgvesten. Entrichtet dabeneben in die register an Bedegeld 16 ß. Haußzinß – 1 Thlr – 8 ß., item – 3 hüner. (nachgetragen:) *10. Eyer*

Besitzet

Hauß und hoff, 1 backhauß, 2 Scheuren, 1 Spicker, 1 Viehstall, 1 Garten, 1 Eickhoff.

Länderey.

32 Stück, von – 6 Schefl, 2 hbt. einfall.

Wiesenwachß.

3 wiesen, thun – 11 fuder Heu. (nachgetragen:) *1. die dam wiese, 2. die hage wiese, 3. die Rokesaß wiese.*

Dann folgt der besagte Vergleich vom Jahre 1769:

Actum an der Fuhse ohnweit Flackenhorst den 5. Sept.1769.

Alß man zu Ausrichtung des in Betreff der zwischen den Herrschafftl. Hoff Fischerei Pächter Lade in Zelle und den Einwohner Simon Bütepage zu Flackenhorst streitig gewordenen Fischerei Grentze in der Fuhse von Königl.und Churfürstl. Großvoigtey unterm 25. Jul. d. J. erhaltenen Hochgeneigten Aufftrages zu versuchen die Sache auff eine gütliche Ahrt zu vermitteln und in Richtigkeit zu bringen, den heutigen Tag bestimmt hatte, und sich nebst denen Beamten der Burgvoigtey anhero verfüget hatte: So erschienen in loco der streitigen Fischerei Grentze der Ladung gemäß, der Hoff Fischerei Pächter Lade aus Zelle und Simon Bütepage aus Flackenhorst.

Denenselben

wurde das Commisharium eröffnet, und insonderheit Bütepage nach Vorschrifft deßelben ermahnet, bei denen vorliegenden Irrungen den Weg eines gütlichen Auskommens einem kostbaren Procesh um so mehr vorzuziehen, weil eines Theils das objectum litis von so geringem Belange, und derselbe andern Theils wegen des so sehr mangelnden Beweises nicht wol höffen dürffe, daß der Weg Rechtens ihm seine mahnende Forderung völlig bestätigen werde.

Beide Theile zeigeten hierauff nochmahls ihre praetendirte Fischerei Grentze an, nemlich der Fischerei Pächter Lade die seinige bis an den Pagenföhrt, Simon Bütepage die seinige aber über Pagenföhrt ohngefähr 365. Schritte weiter hinaus bis an die so genandte Mehsen Wiese wo vormahls die Alten Zeller Schweine Ställe gestanden haben sollen, wovon man aber keine Merckmahle mehr finden konte wobei Simon Bütepage zwahr anfänglich auff seine Forderung daß alhie die Grentze bestimmet werden solle, bestand, nach weiterer Vorstellung aber kahm der Vergleich dahin zu Stande, daß mit Einwilligung Simon Bütepagen der streitige tractus solchergestalt getheilet wurde, daß davon vom Pagenföhrt (: in deßen Benennung beide Theile überein kahmen :) ab 150. Schritte in gerader Linie Simon Bütepagen zu seinem Antheile gelaßen, und hieselbst die Grentze zwischen deßelben und der Herrschafftl. Fischerei festgesetzet und folglich die übrige 215. Schritte der bis anhero bis an Mehsen Wiese streitig gewesenen distance der Herrschafftl. privativen Fischerei beigeleget wurden, und wurde auff der also bestimmten Grentze sogleich ein Pfahl mit dem Zeichen der Zellischen Hoff=Fischerei eingesetzet.

Womit Terminus beschloßen wurde.

Actum et supra.

in fidem, Th. Mölling

Regist. den 13. Oct. 1769.

Vorstehender Vergleich ist von Königl. und Churfr. Großvoigtei per Rescriptum vom 25. v. M. bestätiget worden.

Th. Mölling

Ca. 1669 wurde das „Manthal Buch / Darinnen die Nahmen verzeichnet/im kleinen wie auch großen Flodtwedel" gedruckt. Es ist ein zeitgenössisches Einwohnerbuch, in dem die Hofbesitzer entsprechend ihrer Qualität aufgelistet wurden. In folgender Reihenfolge sind die Dörfer aufgeführt: Langlingen, Nienhof, Müden, Flettmar, Hohnebostel, Havekost, Böckelse, Schepelse, Sandlingen, Groß Eicklingen, Klein Eicklingen, Nienhagen, Bockelskamp, Wienhausen, Oppershausen, Offensen und Nordburg. Flackenhorst, Bröckel und Wiedenrode sind nicht genannt.[72]

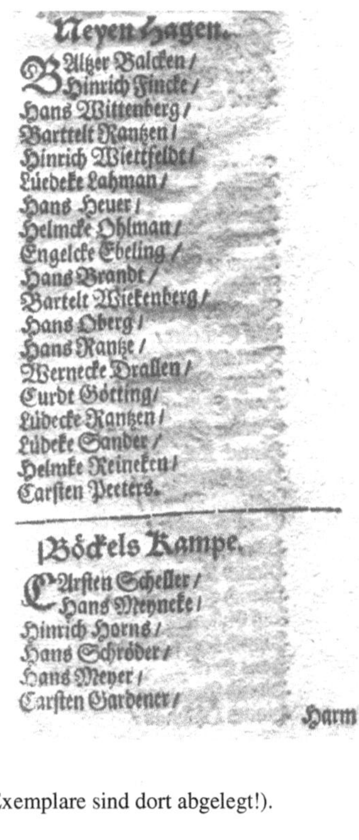
Neyen Hagen.
Baltzer Balcken /
Hinrich Fincke /
Hans Wittenberg /
Barttelt Rantzen /
Hinrich Wiettfeldt /
Lüdeke Lahman /
Hans Heuer /
Helmcke Ohlman /
Engelcke Ebeling /
Hans Brandt /
Bartelt Wiekenberg /
Hans Oberg /
Hans Rantze /
Wernecke Drallen /
Curdt Götting /
Lübecke Rantzen /
Lübeke Sander /
Helmke Reineken /
Carsten Peeters.

Böckels Kampe.
Carsten Scheller /
Hans Meyncke /
Hinrich Horns /
Hans Schröder /
Hans Meyer /
Carsten Gardener /
Harm

[72] Nds. HptStA Hann. 74 Celle Nr. 69 (ca. 40 ungefalzte Exemplare sind dort abgelegt!).

Böckels Kampe.

Carsten Scheller/
Hans Meyneke/
Hinrich Horns/
Hans Schröder/
Hans Meyer/
Hans Gardener/
Harm Meyneken/
Hennige Lütters/
Hans Dalman/
Lüdeke Krauel/
Tielle Lütters/
Hinrich Büttpage/
Berndt Hilsen/
Lücke Paapen/
Lücke Runden/
Hinrich Hardtman/
Helmcke Grotwaldt/
Hans Meldauw/
Hans Wittenberg/
Hinrich Beuman/
Hinrich Krusen/
Lüdeke Hartman/
Heuer Hasselman/
Hinrich Bruns/
Helmke Krusen.

Ein Einzelfall berichtet uns von Schwierigkeiten bei der Patengestellung. „Am 13. Januar 1697 wurde auf C.H.Hs. Hof vor dem Pferdestall ein Kind gefunden mit beigefügten Namenspapieren, worüber die Hochfürstliche Regierung bedeutet, solches Kind zu taufen. Aber um meiner Sicherheit willen und meiner Unterrichtung habe ich am 24. Januar an den Obersuperintendenten Eichfeld geschrieben, habe nach 31 Tagen Antwort erhalten, solches Kind zu taufen. Ist flugs geschehen. Gevattern sind meine Pastoris Frau, Meister Hans Schulzen, Gärtner allhier, Frau Hedwig Schellers, exmater Hoyer Hasselmann, Bockelskamp. Die sonst erwähnten Mannsleute waren nicht zu Hause." Die feine, pastörliche Andeutung, 31 Tage auf allerhöchste Antwort haben warten zu müssen, deutet auf eine verborgene, kritische Einstellung hin.

Besonders die Kindersterblichkeit war bis in das 18. Jahrhundert hinein enorm. Krankheiten, wie Frieseln, Stickhusten oder Schürken (Krämpfe der Kinder), löschten in plötzlicher Folge einem gebeugten Ehepaar alle blühenden Kinderleben aus. Damals machte die hohe Geburtsziffer allerdings den Ausfall durch die Todesfälle mit Überschuss wieder gut. Einzig in der Bockelskämper Geschichte da stehend ist die Todesursache des Hans Hilse (Kötnerstelle Nr. 15) 1708: Im Alter von 42 Jahren wurde er von einem tollen Hund gebissen, wie sie gerade in diesen Jahren besonders gefährlich waren. Er erholte sich zwar von den Wunden, erlag aber nach 20 Wochen der wiederauftretenden Krankheit. Ilsebey Meyers, seine Frau, musste 1709 dem Hof in Jürgen Hering aus Sandlingen einen neuen Herrn geben.

Überhaupt ist es mehr als aufschlussreich, was die Verzeichnisse der Kopulierten und Verstorbenen im Pfarramt Wienhausen preisgeben. Orthographisch weichen die dortigen Angaben ein wenig vom im Dorfsippenbuch Geschriebenen ab. Die ersten Angaben im Verzeichnis der Kopulierten (1695-1749), die Bockelskamp betreffen, lauten:

copuliret 8 July 1696 Casten Meyer und Metta Krusen Hinrichs Tochter in Bockelsk.

Lüdeke Krauel, Flackenhorst, ∞ Ilsa Bütepage 21.10.1696

Hanß Kruse, Bockelskamp, ∞ Cathrina Ebelings 21.10.1696

Hanß Warneken ∞ Margreta Ebelings, Bockelskamp 14.02.1697

Anno 1697

12. Bruno Gardener in Bockelskamp und Ilsa Bütpagen Casten Eggelmans Witwe, Copul. 25 Trin.

Anno 1700

Hans Wittenberg in Bockelskamp und Anna Hedewig Bümans Lüdeke Bümans in Bockelskamp Tochter d 27. Octob.

Anno 1701

1. Ernst Dietrich Linnemann, Bockelskamp, ∞ 08.02.1701 Magdalene Elisabeth Wietfelds, Hinrich Wietfelds in Neuenhagen nachgelaßene Tochter.

Spruchbalken in Flackenhorst. ***Foto: Blazek***

In Flackenhorst lesen wir auf dem Spruchbalken bei Thölings am Wirtschaftsgebäude:

♥ WER JESUM CHRISTUM RECHT ERKENNET DER HAT SEIN ZEIDT WOL ANGEWENT ♥ SIMON LVTERS SOPUIEE MEYERS ♥

Simon Lüters hatte die aus Helmerkamp stammende Sophie Meyer 1708 geheiratet.

Im Jahre 1719 wurde die „Acta betr. den Umfang des s. g. großen und kleinen Flothwedels und dessen Schnede" begonnen.[73] Hier ist nicht nur das oben genannte Manthey-Buch (Manthalbuch) archiviert: In den Jahren 1721 und 1732 verordnete die Königlich-Großbritannische Regierung in Hannover die Beschreibung der Grenzen der Ämter oder Amtsvogteien. Geheimrat Andreas Gottlieb Freiherr v. Bernstorff, Minister von 1705 bis 1726, forderte mit Ver-

[73] Nds. HptStA Hann. 74 Celle Nr. 69.

ordnung vom 16. Juli 1721 die „Gräntz-Beschreibungen“ unter anderem der Amtsvogtei Eicklingen, um „bey vorhabender Untersuchung verschiedener Streitigkeiten“ ein Hilfsmittel an der Hand zu haben. Kammerpräsident und Geheimrat Heinrich Freiherr Grote forderte unter dem 18. November 1737 Risszeichnungen der Amtvogteien ein.

Die Grenzbeschreibung der Amtsvogtei Eicklingen, von der der Entwurf noch vorliegt, rührt her aus dieser Zeit, der Handschrift und der Ablagestelle nach von 1727:

Der Ambtsvoigtey Eick=
lingen
Grentz = Beschreibung

Aus der Fuhse bey Nienhagen in die Sullage von dar an Marrettigs Wiese hinumb auff das Rämmelbritz hinvon wieder ab an des Junckern camp hinan biß zu der Dannhorst, von der Dannhorst gleich hinab bis zum höltzern Kreutz, von dar bis auff die Große Kuthhorst, von dannen sie entlang (?) gehet über die Lütgen Kuthhorst in die Töse und darinnen so fort entlang bis in die Aue, und an deren entlang her in die Diestelwisch, von dar gleich entlang bis die Fuhse und Aue zusammenfließen von dannen an der Fuhse entlang wieder herauff bis an die schwartze Kuhlen, von dar über den Brammer Klink, und denn zwischen Krauels Horst und Flackenhörster Felde entlang nach Lütgen Mottenhauß, und von dar dichte fürbey auffs Homeisters Lütgen Bogen camp, bis über den großen Bogen camp hinüber für den Heyd camp fürbey hinter der Findelso, bis an die Aller, an der Aller herauff, bis an das Horn gebäu (:oder nach der hiesigen Benennung Horens, in Bockelskamp Wün oder Camp:). Von dar über die Aller hinüber auff Wilckens Camp auff den Hohen Berg bey der Kuhlen darauff nach des Junckern Wense genandte Nacken-Wisch und dann auf Jürgen Schmidts Rethwinckel auff die großen Schnee Kuhlen, alsdann den mittelweg hinan Ostenwehrts durch das Oppershäuser Feld, an einen Baum von dar entdal nach der Aller, bis an dieselbe, und an derselben entlang von dar in der Kalten Küchen auff die Duwenhorst von der Duwenhorst auff den Brandtwisch=Graben, von dar auff die Sieben Büchen von dar bis an das Schwartz Wasser in demselben mitten entlang an den einen Damm, vorne den Hartzhorn belegen, vom nien Damm im Wasser wieder entlang bis an den Ringeloh. Vom Ringeloh ab bis auff den Schneedt Stein, da der Weg nach Giffhorn gehet, vom Schneedt stein ab auff Bockelberg, von Bockelberg in die Aller. In der Aller entlang bis an den Bieselförth, von Bieselforth ab auff Warns Kettel=Haacken von dar auff den Schnecken graben und dann auf den Greven Hoff, vom Greven Hoff den Weg entlang bis auff den Siedersdamm hieran ab am Knicke entdahl bis auff Wiedenrode, von dar ab den Weg entlang bis auf den Schnöthförth und von hier auff Küsters Wiese, in den Ring belegen, auf der Wiese den Hagen entlang bis auff die Kohl Stette von der Kohl Stette auff die Witwenwiese und so forth auff Dinecken Hagen von dar auff den Schlagbaum hinter der Herren wiese die Katzhorn genandt, und dann auf Klappenburgs Baum von dar ab am Ochsen gehege heran nach dem Ützer Bruche, vorm Ützer Bruche herum bis an die Fuhse, und die Fuhse gantz entlang bis an die Süllage.

[Die auch im Entwurf unterstrichenen Begriffe sind mit weitergehenden Randnotizen (Hinweise auf angrenzende Ämter und Gerichte) bedacht, die in den abgehenden Bericht einfließen sollten, z. B.]

Aus der Fuhse: Hier gräntzet die Ambtsvoigtey Eicklingen mit dem Gerichte Wathlingen
in die Töse: Hier stoßen auff der andern Seite des Gerichts Wathlingen und des Ambts Meinersen Gräntze zusammen
bis in die Aue: Hieselbst, wenn man die Eicklingische Grentze herunter und bey einer Engelke Ebeling und Hanß Hoyer aus Nienhagen zu gehorigen Wiese kommet, endiget sich (Wortwiederholung) auff der andern Seite der Aue des Ambts Meinersen und fanget des Ambts Burgtorff Grentze wieder an.

an die Fuhse (letzte Zeile): Hier stoßet das Ambt Meinersen an das Gerichte Wathlingen, welches sonsten biß alhier eine kleine distance gantz in dem Bezirck hiesiger Ambt Voigtey lieget.

In Bezug auf die Wegeverhältnisse weiß Friedrich Bruns in den Quellen und Darstellungen zur hansischen Geschichte zu ergänzen: „Wer von Bremen nach Magdeburg reiste, schlug normalerweise die Straße über Braunschweig ein. In jüngerer Zeit ist jedoch auch ein direkter Weg belegt, der bei Bockelskamp hinter Celle die Braunschweiger Straße verließ und – zuerst am linken, dann am rechten Aller-Ufer – auf Gifhorn zu lief, dort die Aller abermals überquerte und in einem südlichen Bogen (Alt-) Wolfsburg erreichte.[74]

Die Bockelskämper klagten 1723, dass die Nienhäger zu viele Wiesen hätten, die aus der Hut und Weide genommen worden wären (Hegewiesen), so dass sie darauf nicht hüten könnten. Die Behauptung der Bockelskämper, die Nienhagener hätten zwei Reuterwiesen (als Äquivalent für die Einquartierungskosten der Soldaten), zwei Bullenwiesen (zum Unterhalt des/der Gemeindebullen) und eine Schützenwiese, stieß sofort auf Seiten der Nienhagener auf Widerstand. Die Wiesen seien nur klein – jeweils zwei Reiter- und zwei Bullenwiesen. Eine Schützenwiese sei ihnen zwar versprochen worden. Sie hätten aber keine bekommen.[75]

Allen Ortschaften zwischen Burg und Wettmar, Celle und Weferlingsen stand eine mehr oder weniger große Fläche des herrschaftlichen Großen oder Müggenburger Moores (häufig „Wildes Moor“ genannt) als Torfmoor zu. Auch Bockelskamp bezog hier den gelben losen Torf. Es war genau der Bereich, der heute vom Straßenzug „Kurfürstendamm“ in Großmoor umschlossen wird, der den Dorfschaften der Amtsvogtei Eicklingen im Jahre 1747 angewiesen worden war. Zur Lagerung des gestochenen Torfs diente zwei volle Jahrhunderte die herrschaftliche Torfscheune („Torfscheure“). Die Torfscheune war von Bäumen umgeben und hatte sagenhafte Maße: 35 bis 38 Meter in der Länge und ca. zwölf Meter in der Breite. Heute würde das gewaltige Bauwerk in den jüngeren

[74] Bruns, Friedrich, Quellen und Darstellungen zur hansischen Geschichte, hrsg. v. Hansischen Geschichtsverein, Lübeck 1967, S. 279.
[75] Gedicke, Jürgen, Nienhagen – Geschichte eines niedersächsischen Hagendorfes, Nienhagen 1990, S. 94.

Bereich des Großmoorer Friedhofes und dessen Nachbargrundstück hineinragen. Der „Anfuhr-Platz“ war noch gewaltiger: Er hatte eine Länge von rund 850 Metern (in Richtung Dorfgemeinschaftshaus)![76]

Torfstich südlich von Celle – das Vorwerk und Gasthaus Müggenburg 1907/08. Repro: Blazek

Im 18. Jahrhundert begannen die Schützenfeste in wüsten Gelagen und Raufereien auszuarten. So wurden durch Regierungsschreiben vom 4. Juli 1710 die Schützenfeste in kleinen Städten und Flecken verboten, und bereits am 7. Juli 1710 erließen die Kurfürstlich Braunschweig-Lüneburgischen Geheimräte für den ländlichen Bereich eine Verordnung, wonach den Amtsvögten auferlegt wurde, die gänzliche Einstellung des öffentlichen Scheiben-Schießens und so genannter „Pfingst-Biere“ zu erwirken und auch „nachtrücklich“ zu überwachen. Bereits erzielte Gewinne von „so genandten Scheiben-Königen“ waren dem dörflichen Gemeinwohl, z. B. „zu Unterhaltunge Ihrer Prediger Wittwen“, zuzuführen. Am 10. November 1732 wurde von Amts wegen aus Hannover nachgefragt, ob solche Verordnung „zum effect gebracht“ wäre.

Mit den Regierungsschreiben des Jahres 1710 ging ein dauerndes Hin und Her von Verboten und Erlaubnissen an. Aufgrund der zahlreichen Anträge auf Wiederzulassung der öffentlichen Scheibenschießen lockerte König Georg II. mit Erlass vom 30. September 1741 das Verbot. Die Schützenfeste wurden wieder gestattet, „woselbst vormahls öffentliche Schießen gehalten worden“, selbstverständlich unter der Beachtung der erforderlichen Vorsicht und dem Vermeiden von „übermäßigen Gesöff ... und allerhand Schlägereyen und Unlust“, und zwar „an einem unschädlichen von der Obrigkeit anzuweisenden Ort“, während am 12. August 1750 ein königlicher Erlass diese Erlaubnis wieder zurücknahm. Am 21. Juli 1751 wurde das Verbot wieder rückgängig gemacht.

Laut Otto Frohnert, der als ehemaliger Vorsitzender des Schießsportvereins SSV Bockelskamp und Flackenhorst für das 50-jährige Jubiläum im Jahre 2003 eine kleine Chronik zusammengetragen hat, wurde der erste Schützenkönig von Bockelskamp bereits im Jahre 1747 ausgeschossen.

[76] Blazek, Matthias; Evers, Wolfgang, Dörfer im Schatten der Müggenburg, Celle 1997, S. 79.

Im Jahre 1756 trat Caspar Wilhelm Scheller von der Kötnerstelle Nr. 13 im Alter von zwölf Jahren für sechs Jahre in die Dienste als Soldat des Herzogs in Wolfenbüttel. Inzwischen war seine Mutter gestorben, und er wurde von Amts wegen während zweier Monate gesucht, und zwar bei den damaligen Nachrichtenverhältnissen vergeblich. Nach Ablauf dieser Zeit wurde die Kote seinem jüngeren Bruder Johann Heinrich übergeben. Etwa zehn Tage nach dieser Amtsentscheidung traf ein Brief des Ältesten ein:

Hoch-Wollgebohrener Herr, hochzuehrender Herr Oberhauptmann.

Meine freundliche Bitte ist an den Herrn Oberhauptmann daß sie die Gnade wollen Vor mir haben und lassen mir meinen Hof Nr. 13 in Bockelskampe vermieten, un daß ich nicht im stande bin ihn anzunehmen Weill ich mich auf 6 Jahre Vermietet Bey Ihre Durchl. Pris von Wolfenbütteln. Nun kann ich nicht wieder aus den dienst kommen bis die 6 Jahre verflossen seyen und so wollte ich Ihn gerne selbsten annehmen, bitte Ihre Hochwollgebohrenen daß sie die Gnade vor mich haben und sorgen vor mich daß mir der Hof wenns möglich iß solange augehalten wird bis ich hier meine Zeit ausgedienet.

Verbleibe ihre Hochwollgebohrenen
Hochzuerrenden Herrn Oberhaubtmann
demütigster Knecht
Casper Wilhelm Scheller.

Das scheint jedoch dem Amtmann ans Herz gegangen zu sein, und er machte hinter seine Entscheidung ein Fragezeichen. Doch nun setzten ihm die Vormünder des jüngeren Bruders die Pistole auf die Brust „Und zeigten an, wie der 2. Schellersche Sohn auf dem Hofe nicht länger bleiben, sondern sich vermieten wolle, sofern er nicht von der Königl. Großvogtei die Versicherung erhielte, daß er den Hof beständig behalte und von seinem abwesenden, ältesten Bruder demnächst nicht vertrieben werden sollte, auf welchen Fall er den Hof annehme und sich darin verheiraten wollte. Da sie nun mit dem Hofe keinen andern Ausweg wüßten, indem das Haus alt und baufällig, mithin zu besorgen, daß solches gar darniederfallen und der Hof wüster werden dürfte ehe der abwesende älteste Sohn sich wieder einstellete, so wollten sie bitten, es in die Wege zu richten, daß der 2. Schellersche Sohn die verlangte Sicherheit erhalten und demselben fortan Herrschaftliche Kote für sich und seine Erben auf Beständig eingethan werden möchte. Unterschrift: Campe Voß.“ ... „23 October 1756 durch öffentliche Bekanntgabe in der Amtsstube und den Intelligenzblättern wird angeordnet, daß Joh. Hinrich Scheller der Inhaber der Kote Nr. 13 ist.“

Böse Wochen vom Herbst 1757 bis zum Frühjahr 1758

Vom Herbst 1757 bis zum Frühjahr 1758 hielten 3000 Franzosen unter Herzog Louis François Armande du Plessis de Richelieu Celle besetzt.

Durch das Bündnis Englands mit Friedrich dem Großen wurde auch Kurhannover an die Seite Preußens in den Krieg geführt. Man versuchte zwar zunächst, neutral zu bleiben, wurde aber bereits 1757 das Angriffsziel der Franzosen, die durch Friedrichs Niederlage bei Kolin (18. Juni) ermutigt waren. Mit einem

Heer von 100000 Mann unter Marschall d'Estrées besetzten sie zunächst die preußischen Gebiete von Westfalen und Ostfriesland und drangen dann über die Weser nach Hannover vor. Die Armee des Herzogs von Cumberland stellte sich zwar den Franzosen entgegen, wurde aber in der Schlacht bei Hastenbeck (Kreis Hameln-Pyrmont) am 26. Juli 1757 geschlagen. Daraufhin konnte Marschall Richelieu, d'Estrées Nachfolger, die Eroberung Hannovers und Hessens vollenden und weiter in das Halberstädtische eindringen. Die „Observationsarmee" wich immer weiter zurück und wurde am 8. September zur Kapitulation von Kloster Zeven gezwungen, wonach die hannöverschen Truppen jenseits der Elbe im Lauenburgischen Quartier nahmen, die übrigen Truppen aber in ihre Heimat zurückkehren sollten.[77]

In diese Epoche fällt dieses Ereignis: Am 26. September 1757 wurde im Gehölz bei Flackenhorst ein Fuhrmann von Franzosen sterbend aufgefunden. Sein Name ist unbekannt geblieben.

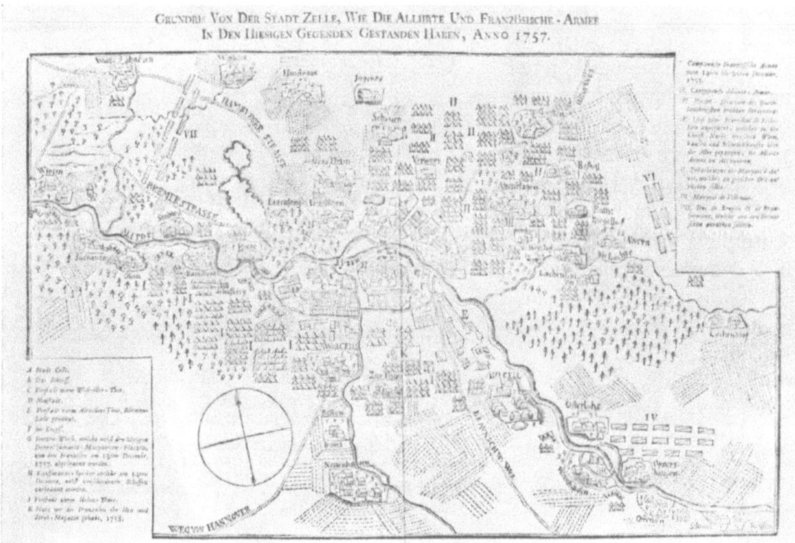

Karte von der Stadt Celle und ihrer Umgebung, „wie die alliirte und französische Armee in den hiesigen Gegenden gestanden haben", aus dem Jahre 1757. ***Repro: Blazek***

Nicht nur vom Boden als Prozessobjekt erzählen die Urkunden des aus Havekost stammenden Hinrich Scheller, der in dem schicksalsvollen Kriegsjahr 1758 als zweiter Mann und Interimswirt des Lütersschen Hofes Anna Fricke aus Päse geheiratet hatte, sondern auch „vont leive Vieh". Als der Königliche Hoffischereipächter 1765 die Fischgerechtigkeit um 350 Schritte zu weit auf Hofesgrund ausgeübt hatte, kamen Bütepage und Scheller und nahmen die Netze und Fische fort, worauf sie verklagt wurden. In der Klageschrift heißt es: „als denn meine

[77] Literatur: Thielen, Maximilian Fr., Die Kriege der Östreicher und ihrer Verbündeten vom Jahre 1756 bis zur gegenwärtigen Zeit, Erster Teil: Der siebenjährige Krieg, Wien 1836. Vgl. auch: Blazek, Matthias, Helmerkamp – unser Dorf, Hohne 2009, S. 135 ff.

fischers am 25 Julius dar oben in der Fuhse gefischet haben, sind die Einwohner von Flackenhorst gekommen und ihn das netz nebst den gefangenen fischen anderen zubehören Zeugs abgenommen, als deren Nahmen Bütepage Hauswirt et Scheller, so in Lüters Hof anjetzo Wirt ist.“ Sie mussten die Netze zurückgeben, erreichten aber 1769, dass am Wasser 125 Schritte vom strittigen Punkt entfernt ein neuer Grenzpfahl gesetzt wurde. Wieder einmal hat die liebe Seele Ruh, aber nicht lange. Dann sind es die Schafe, die zu einem Prozess Ursache geben. Alle Flackenhorster Bauern haben bisher ihre Schafe mit denen der Bockelskämper zusammen weiden lassen. Nun aber verlangten die letzteren, dass man die Tiere jeden Tag hin- und herbringen sollte. Das gab den Flackenhorstern Ursache, einen eigenen Schäfer zu halten, was den Bockelskämpern wieder nicht passte. Eine endliche Gerichtsentscheidung ist in den Akten leider nicht zu finden.

„Wenn der alte Herr Scheller in seinem Grabe wüßte, daß man jetzt in seinen Akten stöbert, die ihm soviel Kummer bereitet haben, daß man jetzt versucht, ihn und sein Rechtsverlangen zu verstehen, er würde sich die Hände reiben, um so mehr, als ihn Aufregung, Ehrenkränkung und Kummer frühzeitig in das Grab getrieben haben“, resümierte Hans von Freeden später.

Ambts-Voigteyen im Lüneburgischen und Zellischen.

Burg-Voigtey zu Zelle.
Herr Johann Benedict Brüggemann, Burg-Voigt.

Bergen.
Herr Iustus Gottlieb von Püchler, Ambts-Voigt.

Burgwedell.
Herr Bodo Christoph von Alten, Ambts-Voigt.

Bissendorff.
Herr Georg Wilhelm, Freyherr von Spörcken, Land-Raht, Drost, auch Ambts-Voigt.

Beedenbostell.
Herr Ludowig Diedrich von Post, Ambts-Voigt.

Eicklingen.
Herr Ioachim Ernst von Grothe, Ambts-Voigt.
Herr Friedrich Gabriel Riefkohl, Ambtschreiber.

Essel.
Herr Iohann Michaël Benecke, Ambts-Voigt.

Fallinbostell.
Herr Friedcirh Wilhelm von Estorff, Ambts-Voigt.
Herr Achatz Friederich Bockelmann, Ambtschreiber.

Hermansburg.
Herr Friedrich Anthon Bünting, Ambts-Voigt.
Herr Gustav Ernst Deichmann, Ambts-Verwalter.

Ilten.
Herr Wilhelm Iohann von Rehden, Ober-Hauptmann und Ambts-Voigt.

Soltow.
Herr Georg Wilhelm von Hohnstedt, Ambts-Voigt.

Winsen an der Aller.
Herr Friedrich Christoph von Wittorff, Ambts-Voigt.
Herr Siegfried Iust von Börtticher, Commissarius zu Wienhausen, soll auf denen Gerichts-Tagen zu Eicklingen mit auf die Ambt-Stube gehen, die Jura zu observiren.

Klöster.

Auszug aus dem „Königlich Groß-Britannisch- und Chur-Fürstl. Braunschweig-Lüneburgischen Staats-Calender aufs 1737. Jahr“. Repro: Blazek

Aus der Geschichte der Schule: 1651-1849

Nachrichten über das Bockelskamper Schulwesen reichen bis ins 17. Jahrhundert zurück. Damals, im absolutistischen Zeitalter, wurde die allgemeine Schulpflicht (wieder) eingeführt. Wegen der allgemeinen Wehrpflicht benötigte man Menschen mit Kenntnissen in Lesen, Schreiben, Rechnen und Leibesertüchtigung. Die Einführung der Schulpflicht zielte in erster Linie auf die Disziplinierung der Untertanen.

Rechtsgrundlage waren die zumeist in den Jahren ab 1649 in den protestantischen Territorien eingeführten Schulordnungen. Sie traten an die Stelle der Rechtsvorschriften, die bis dahin in Kirchenordnungen wie der Kirchenordnung für das Fürstentum Lüneburg von 1564 festgelegt waren. August der Jüngere, Herzog zu Braunschweig und Lüneburg, „erließ 1651 eine vortreffliche Schulordnung", verlautet im Band 1 der Allgemeinen Deutschen Bibliographie (1875).[78]

Die neuen Schulordnungen enthielten Vorschriften über Schulzeit, Sommerschule, Visitation, Schulgeld, Disziplin, Katechismuslehre und Schulhäuser. Mit diesen Schulordnungen wurden in unserer engeren Heimat die allgemeine Schulpflicht und der Schulzwang für „Knaben und Mädchen" eingeführt. Die Verwaltung und Beaufsichtigung wurde kirchlichen Behörden übertragen.

Diese Schulordnungen sind Beleg dafür, dass damals bereits in den Dörfern um Hannover und Celle Unterricht gehalten worden ist.

Sowohl in den welfischen Gebieten als auch im Hochstift Hildesheim bestand die Schulpflicht für Kinder im Winter. Sie betraf Kinder im Alter von sechs bis zwölf Jahren und dauerte von Michaelis bis Ostern. Im Sommer bestand wegen der Erntearbeiten nur an zwei Tagen Schulpflicht.

Nach dem Dreißigjährigen Krieg musste die Schule im ganzen Land erst wieder neu eingerichtet werden. Hierum kümmerte sich die Regierung in Celle, und in den Jahren 1663/64 wurden große Inspektionen der Kirchen und Schulen vorgenommen. Der herzoglich Cellische Obersuperintendent Dr. Joachim Hildebrand (1623-1691) erschien persönlich in den einzelnen Orten, und seine Erfahrungen auf diesen Reisen waren trübe genug. „Viele Lehrer", schrieb er im Visitationsbericht, „wenn sie Schule halten, treiben sie ihr Handwerk oder gehen im Felde herum, den Immen oder ihrer Nahrung nach, lassen die Kinder in der Schule

---

78 Vgl. Krumwiede, Hans-Walter, Kirchengeschichte Niedersachsens, Göttingen 1996, S. 280. Erste Schulordnungen für das Fürstentum Lüneburg aus dem 17. Jahrhundert hat Klaus-Dieter Bossow in einem gleichnamigen Sammelwerksbeitrag (in: Zeitdokumente – Fünftes Heimatbuch für den Landkreis Lüneburg, Husum 2004) vorgelegt. Zum Schulwesen im Kurfürstentum Hannover vgl. Kunst, Dierk, Die Entwicklung der allgemeinbildenden Schulen in Göttingen von der Universitätsgründung bis zum Ende des 19. Jahrhunderts (1734-1877) (= Europäische Hochschulschriften, Reihe 3: Geschichte und ihre Hilfswissenschaften, S. 225), Frankfurt a. M. 1984.

müßig sitzen oder befehlen die Aufsicht über dieselben ihren Frauen und Mägden."

Die ersten Lehrer führten ein ärmliches Leben. Wenn sie nicht neben der Schule her Landwirtschaft betrieben hätten, wären sie bei dem geringen Lohn, den sie bezogen, bestimmt verhungert; denn meistens hatten sie eine große Familie zu versorgen. Vielfach zogen die Lehrer hierzulande mit ihren Kindern wöchentlich oder monatlich wechselnd von Haus zu Haus, um reihum Schule zu halten. Ein Teil des Lohns war der „Reihetisch". Danach hatten alle Bauern des Dorfes, je nach Besitzstand, den Lehrer unterschiedlich lange zu beköstigen.

Pastor Wilhelm Bettinghaus schrieb über die Geschichte der Schule zu Bockelskamp: „Im Jahre 1651 war Wienhausen noch die einzige Schule im ganzen Kirchspiele. Einige Jahre später finden wir aber Schulen auf allen Außendörfern. Ja selbst das kleine Flackenhorst stellte im Jahre 1699 bei der Behörde den Antrag, es möchte ihm gestattet werden, einen eigenen Lehrer anzustellen. Der Antrag wurde aber abschlägig beschieden. Der Lehrer in Bockelskamp erhob Widerspruch, weil seine Einnahme dadurch geschmälert würde. Die Schule daselbst ist eingerichtet in der Zeit von 1651 bis 1696. Das Jahr kann nicht angegeben werden."

Einem Bericht des Pastors in Wienhausen aus dem Jahre 1688 ist zu entnehmen, „daß die Ortschaft Bockelskamp bisher keine Schule gehabt, sondern die Jugend durch ihre in Bestellung genommenen Schulmeister in ihrem Schweinehirtenhäuschen informieren lasse. Weil aber dasselbe gar so klein, so sehen sich die Eingesessenen genötigt, neu anzubauen." Pastor Francke aus Wienhausen überzeugte die Bockelskamper zwar, dass es richtiger sei, statt eines Erweiterungsbaues ein neues Schulhaus zu errichten, doch wie sollten sie bei allen Lasten und Abgaben, die sie an Staat und Kirche zu leisten hatten, auch noch die Gelder für einen aufwendigen Schulbau aufbringen?

Der Grundriss des Schulhauses ist uns in den Akten erhalten geblieben. Es war ein merkwürdiges Gebäude, ein Schulhaus ohne Klassenraum. Offenbar konnte man sich nicht von dem Gedanken frei machen, die Wohnung des Lehrers von der des Schweinehirten zu trennen. Beide wohnten nach wie vor unter dem gleichen Dach, beiden gemeinsam war die große Diele, von der aus die Zugänge in die beiden 2-Raum-Wohnungen führten. Diese Diele war allerdings recht geräumig, 21 Fuß mal 22 Fuß: 462 Quadratfuß. Das entspricht einem Flächenraum von 39,22 Quadratmetern.

Die Namen folgender Lehrer sind aus den Pfarrakten bekannt:

Bernhard Thieß, um 1696

Andreas Niewerth von 1702-1715. Er starb am 13. Juli 1715, Lebensalter: 48 Jahre

Jürgen Dietrich Alms von 1716-1754. Er starb am 27. Februar 1754 im Alter von 70 Jahren.

Einmal gab es eine Zeit, in der sich die Flackenhorster eine eigene Schule wünschten. Darüber erfahren wir aus den archivierten Akten des Landkreises Celle.

Lehrer Andreas Niewerth aus Bockelskamp beschwerte sich (17. November 1710) bei der Fürstlichen Regierung in Celle darüber, dass die Flackenhorster Bauern sich einen eigenen Lehrer hielten. Das aber konnte er, „weil es die höchstdringende Not erfordert", nicht zugeben, war er doch auf die gewiss nicht zu hohen Schulbeiträge, die die Eltern zu leisten hatten, angewiesen.

Hans von Freeden wird bezüglich der Bittschrift recht konkret:

Fern von einer solchen war im Jahre 1710 unser Schulmeisterlein von Bockelskamp. Zwischen den alten Urkunden ist ein Bittbrief von ihm erhalten. Mit seiner kleinen, zaghaften, ein wenig zittrigen und doch geschnörkelten Handschrift schreibt er ein demütiges Bittgesuch „an die Herren Geheimbten Räthe und Consistoriiassessoren". Die bösen Flackenhorster wollen ihre Kinder nicht nach Bockelskamp zur Schule schicken, sondern haben ihren eigenen Schulmeister angenommen. Diese erhielten ihre Bezahlung damals in Naturalien. Nun kann er nicht umhin, die hohen Herren „abermals zu beunruhigen, weils die höchstdringende Not erfordert", daher sein „höchstflehendliches Suchen und demüthigstes Bitten, sie geruhen gnädigst, daß mir Armen doch mein Bislein Brot nicht vor dem Munde entzogen werden möge". Zur Beruhigung etwaiger mitleidiger Seelen soll mitgeteilt werden, daß dem „unterthänigsten Knecht A.N." die Genugtuung wurde, daß er bald alle seine Schäflein wieder weiden durfte.

Allzusanft werden die derben Bengels wohl nicht mit den Nerven des demütigen Schulmeisterleins umgegangen sein, schon allein wegen kräftigen Lärms ihres Schuhwerks. Auf derbem, grauen Papier finden wir zwischen den Urkunden eine rätselhafte Riesen-Schusterrechnung, worauf der Meister als repariert aufzählt zusammen 29 Paar Stiefel, 89 Paar Schuhe und etliche Tüffeln, insgesamt für 32 Reichstaler, d. h. teils besohlt, „vorgestoßen, mi hinder flicken versehen, herrummgenäht, gekapt, für frau ein tüfel gemacht". Wehe der Hausfrau von heute, die eines Abends ihrem Manne eine solche Rechnung vorzulegen wagte. Ist das nun eine Lebensrechnung oder auf welche Spanne Zeit erstreckt sich die Reparatur? Die Quittung besagt, daß in bar zunächst ein Taler abbezahlt wurde, dann in Natural 10 Fuder Brennholz und 4 Himpten Kartoffeln, blieb Rest 5 Taler und 33 Groschen.

Dem Geheimen Ratskollegium in Celle waren die Vorgänge nicht unbekannt, hatten doch die Flackenhorster bereits 1699 um Zuweisung eines Lehrers gebeten. Wenn ihnen auch die Regierung die Bitte abschlug, so hatten sie sich dennoch über alle Ordnungen der Obrigkeit hinweggesetzt und, wie aus den Vernehmungsprotokollen zu schließen ist, nacheinander fünf Lehrer in ihrem kleinen Dorf beschäftigt. Einen von ihnen hätten sie dem Pastor in Wienhausen vorgestellt, der aber hätte ihn „weder examinieren noch acceptieren" wollen.

Als nun die höchste Landesbehörde durch das Gesuch Niewerths von dem Ungehorsam der Flackenhorster Bauern erfuhr, beauftragte sie den Amtsvogt zu

Eicklingen mit der Untersuchung des Falles. „Wir vermerken dabei, daß die Einwohner des Dorfes Flackenhorst allenfalls durch Zwangsmittel dahin anzuhalten sind, daß sie den angenommenen Schulmeister wieder demittieren und ihre Kinder nach Bockelskamp zur Schule schicken müssen.“ Die Flackenhorster, der Amtsgeschworene Simon Lüters und Simon Bütepage (auch im Namen ihres Miteinwohners Lüdeken Krauls), betonten zwar, dass sie, „was ihnen von der Obrigkeit anbefohlen würde, gern parierten und gehorsame Untertanen wären“, wollten aber dennoch ihren Lehrer nicht entlassen. Sie begründeten ihre Einstellung, wie folgt:

In Flackenhorst gab es zu der Zeit zwölf Kinder, die zum Teil noch nicht einmal sechs Jahre alt waren, dennoch aber bei Herbst- und Winterszeiten, auch im Frühjahr, wegen des vielen Wassers und Eises und wegen der schmalen Stege nicht ohne Gefahr für Leib und Leben die Schule im Nachbarort besuchen konnten. So waren zwei Jahre zuvor die beiden Kinder des Simon Bütepage beim Überschreiten eines Steges ins Wasser gefallen. Sie konnten zwar gerettet werden, hatten sich aber so sehr erkältet, dass sie nur mühsam am Leben erhalten wurden.

Im Übrigen beriefen sich die Flackenhorster auf die von Herzog Wilhelm im Jahre 1696 erlassene so genannte Dannenberger Schulordnung, „daß bei jedem Dorf eine Schule gebaut werden sollte“.

Solche Schule gäbe es auch in dem nur aus fünf Höfen bestehenden benachbarten Nordburg, obgleich dieses zusammen mit Offensen und Schwachhausen unter einer Bauernschaft stünde. Auch in Nordburg waren die Wege zum Schulort bei den großen Überschwemmungen nicht zu passieren. – Die Flackenhorster verpflichteten sich, im Laufe des Sommers eine eigene Schule zur Erziehung ihrer Kinder zu errichten und „solche mit einem guten Subjekt zu versehen, welchen sie gehörigen Ortes zur Examination präsentieren und notdürftig unterhalten wollten“.

Wenig später erschienen sie noch einmal auf dem Amt zu Eicklingen und erklärten unter anderem: „In Bockelskamp besuchen bereits 52 Kinder die Schule. Kommen unsere 14 Kinder noch dazu, so wird der Klassenraum doch wohl reichlich eng werden.“ Im Übrigen, so meinten sie, hätte der Bockelskamper Lehrer genug mit den Kindern seines Dorfes zu tun, wenn er sie alle ordentlich informieren wolle. Sie warfen ihm gar vor, dass es mit seiner Wissenschaft schlecht bestellt sei, „daß er eine sehr schlechte Hand schriebe und nicht einmal die Rechtschreibung beherrsche, geschweige denn einen Brief aufsetzen könne. Darüber hinaus sei er auch in der Rechenkunst sehr wenig erfahren, welches doch billig von einem Schulmeister heutzutage erfordert werden sollte. Es könnten nicht alle Kinder die Höfe erben, es könnten auch nicht alle auf den Höfen bleiben. Sie müßten schon soviel lernen, daß sie geschickt würden, vornehmen Leuten aufzuwarten, gleich wie denn auch ihres Wissens einige Bockelskamper Kinder zu Ehrenstellen gekommen und sehr hübsche Leute geworden seien, davon noch frische Exempel vorhanden.“

Nun, so ganz schlecht kann also die Schule nicht gewesen sein. Und dass der Lehrer imstande war, einen Brief aufzusetzen, das weisen die Akten aus.

Der Amtsvogt hatte Verständnis für die Wünsche der Flackenhorster. Er kannte die Gefahren, die mit dem Schulweg verbunden waren, vor allem in Zeiten der Überschwemmungen. Er unterstützte deshalb auch den Entschluss der „3 Eingesessenen von Flackenhorst, in den sauren Apfel zu beißen und auf ihre Kosten eine eigene Schule zu bauen und ihren Schulmeister mit zulänglichem Unterhalt versehen zu wollen“. Sie erboten sich sogar, dem Bockelskamper Lehrer, um dessen Einkünfte nicht zu schmälern, für jedes ihrer schulpflichtigen Kinder 1 Gutengroschen zu geben. Das Konsistorium jedoch lehnte ihre Bitte ab. Notfalls, so meinte es, könnten die Eltern ihre Kinder bei schlechtem Wetter zu Hause behalten und sie des Sommers desto fleißiger in die Schule schicken. So mussten denn die Flackenhorster ihren Lehrer entlassen. Der Amtsvogt aber hatte „mit gehörigem Nachdruck darüber zu wachen, daß dem ohne einige Widerworte ein gebührendes Genüge geschehen müsse“.

Nun, es ging sehr autoritär zu, und die „Untertanen“ gehorchten der Obrigkeit, die nun einmal Gewalt über sie hatte. Wie autoritär, das ist auch einer alten Bockelskamper Schulordnung zu entnehmen: „Wer den Lehrer beleidigt, ihm nicht mit Achtung begegnet, soll exemplarisch bestraft oder zum nächsten Landgericht eingewroget werden. Wer ihm in seinem Hause oder in Gegenwart der Kinder in den Lehrstunden ungebührlich begegnet, soll auf das empfindlichste bestraft werden, weil dies ein Bruch des Hausfriedens ist.“

Das Zusammenleben der Familien des Lehrers und des Schweinehirten war in Bockelskamp wenig erfreulich. Lehrer Alms beschwerte sich am 30. September 1718 über seinen Mitbewohner Wilhelm Eggeling, insonderheit über dessen Frau. Oft kam es zu wüsten Schimpfereien, zu „losen Worten“. Da der Lehrer befürchtete, „bei diesen Leuten nicht allein um Glimpff und Ehre, sondern auch um Leib und Leben kommen zu können“, so bat er ganz untertänigst, ihm doch dahin zu verhelfen, dass er „eine Wohnung möge allein haben, darin er doch sein bißchen Brot in Ruhe und Frieden könne genießen“.

Dieser Wunsch ist ihm nicht erfüllt worden. Die unhaltbaren Zustände im Schulhaus haben noch weit über hundert Jahre bestanden.

Die Verbesserung des Schulwesens auf dem Land hielt auch im 18. Jahrhundert an, sodass nunmehr eine weitgehende Alphabetisierung der Bevölkerung erwartet werden kann, zumal die landesherrliche Schulordnung von 1734 streng genommen die Schulpflicht verlangte. Hierzu trug die verbesserte Lehrerausbildung wesentlich bei und die Berichtspflicht der Pastoren über das Schulwesen. Mit der herzoglichen „Verordnung, wegen der Schul-Information, auch öffentlicher Catechismus-Lehre“ vom 29. November und 10. Dezember 1734 wurde das schulpflichtige Alter um zwei Jahre bis zur Vollendung des 14. Lebensjahres verlängert.

Die Pfarrakten aus Wienhausen nennen die nachfolgenden Lehrer:

Ludolf Bangemann von 1754-1769. Er starb den 10. Mai 1769 an der Brustkrankheit, 40 Jahre alt.

Lüdecke Graue von 1769-1799. Er starb am 5. Januar 1799 im Alter von 59 Jahren.

Im Jahre 1770 waren im Kirchspiel Müden Schulen in Müden, Flettmar, Nienhof und Dieckhorst nachweisbar. In einer tabellarischen Übersicht von 1770 wurden die Gehälter von Küsterei und Schule getrennt angegeben. Neben dem Küstergehalt in Bröckel konnte Johann Heinrich Capell auch noch als Lehrer 28 Taler und 22 Groschen vereinnahmen; denn er unterrichtete 70 Kinder in seiner Schule. Damit stand diese an Kinderzahl an zweiter Stelle im Flotwedel. Nur Langlingen mit 94 Kindern übertraf die Kinderzahl Bröckels. Alle übrigen Kinderzahlen blieben darunter: Müden (Aller): 59 Kinder, Groß Eicklingen und Klein Eicklingen: 55, Flettmar: 52, Nienhagen: 42, Wienhausen und Bockelskamp mit Flackenhorst je 36, Offensen mit Schwachhausen: 32, Oppershausen: 30, Sandlingen und Schepelse: 21. Die geringsten Kinderzahlen wiesen Nordburg mit 15, Hohnebostel mit 14 und Wiedenrode mit 10 Kindern auf. Dementsprechend waren aber auch die Einnahmen. So bezog Johann Heinrich Germs mit 7 Reichstalern 12 Groschen in Wiedenrode auch das niedrigste Gehalt, und Johann Christoph Hartmann in Nienhof bei 16 Schulkindern mit 8 Reichstalern 24 Groschen und Johann Heinrich Osterloh in Hohnebostel mit seinen 9 Reichstalern 22 1/2 Groschen hatten auch nicht viel mehr.

Doch nicht die Kinderzahl muss für das Gehalt entscheidend gewesen sein; denn sonst hätten Schulmeister Johann Knop in Eicklingen mit 53 Reichstalern und 27 Groschen und der Küster in Müden (Aller) mit 39 Talern und 12 Groschen bei ihrer geringen Kinderzahl von 55 bzw. 59 den Bröckeler Küster beispielsweise nicht im Gehalt übertreffen können. Für die Schulfreudigkeit im gesamten Flotwedel spricht es, dass alle Schulen bis auf Hohnebostel und Wiedenrode damals bereits ihre eigenen Schulhäuser besaßen und dass nicht wie in anderen Dörfern der Heide reihum bei den Bauern der Unterricht abgehalten werden musste.

Bis zum Jahre 1777 hat das Schulhaus keinen Klassenraum besessen. Der Unterricht wurde, wie das vielerorts der Fall war, in den Bauernhäusern gehalten. Nach einem Wienhäuser Schulbericht kam es vor, dass die zu unterrichtenden Kinder sich zusammen mit einer Wöchnerin oder mit kranken Leuten im gleichen Raum befanden. Das waren unhaltbare Zustände, die Regierung verlangte, tragbare Verhältnisse zu schaffen. Nun, es wurde ein zusätzlicher Raum geschaffen, der ausschließlich den Zwecken des Unterrichts dienen sollte. Er hatte eine Größe von 20,5 Quadratmetern und sollte 60 Kindern Platz bieten – eine nach unseren Begriffen unmögliche Lösung der Raumfrage.

Die Pfarrakten aus Wienhausen nennen die nachfolgenden Lehrer:

Johann Rodewald von 1800-1818. Er war vorher in Nordburg, kam von hier nach Müden a. d. Aller.

Johann Friedrich Kühne von Michaelis 1818-1834. Er starb den 21. November 1834 im Alter von 67 Jahren 7 Monaten und 5 Tagen.

Johann Heinrich Wietfeldt aus Ahnsbeck unterrichtete von Ostern 1835 bis zum 1. Oktober 1882 in Bockelskamp. Vorher, von 1824 bis 1835, hatte derselbe in Nienhof unterrichtet. Verheiratet war Wietfeldt mit Anna Marie, geb. Meyer. Ihnen wurde 1827 eine Tochter geboren. Und nicht nur dann: Am 28. September 1829 erblickte Auguste Emilie das Licht der Welt. Am 23. Februar 1832 war es Christine Charlotte und am 20. September 1834 Cathrine Sophie Marie.

Jener Lehrer Wietfeldt berichtete am 20. Oktober 1849 an die Kirchenkommissarien in Wienhausen über die Wohnverhältnisse unter anderem: „Die Wohnstube enthält nur eine Fläche von 150 Qu.-Fuß (= 12,8 Quadratmeter). Sie ist [umgerechnet] 4,38 Meter lang und 2,92 Meter breit, und wird nur von der Breitseite erleuchtet." Das hatte zur Folge, dass es auf dem entgegengesetzten Ende im Winter schon am frühen Nachmittag dunkel wurde. Zudem war die Wohnstube nur durch eine dünne Wand vom Schweinehirtenhaus getrennt. „Man kann daher jedes Wort verstehen, was im Nachbarraum gesprochen wird. Wie leicht kann von dem Gehörten ein Mißbrauch gemacht werden." Resigniert fügte der Lehrer hinzu: „Man hat recht viel von Trennung von Kirche und Schule geredet. Ich halte es aber für richtiger, daß man die Schule vom Schweinehirtenhaus zu trennen sucht. Hierdurch würde nicht nur das Ansehen des Lehrers, sondern auch das der Schule gehoben." Sanitäre Anlagen gab es in diesem Haus natürlich nicht. Erst nach wiederholten Aufforderungen erklärte sich die Gemeinde bereit (1842), für den Lehrer und den Gemeindehirten einen gemeinsamen Abort zu errichten. Damals wurde auch – für beide Familien – ein neuer Brunnen gebaut.

Doch es gab noch andere Probleme. Dazu Lehrer Wietfeldt am 20. Oktober 1849: „Ein Rohr vom Schulofen nach dem Schornstein anzulegen, halte ich für unmöglich, denn der Boden, unter dem es angelegt werden muß, ist mit Heu und Stroh belegt, das oft zwischen den Brettern durchhängt." – Es fehlte also ein Schornstein, es fehlte an Raum, es fehlte an allen Ecken und Kanten. Die kirchliche Aufsichtsbehörde verlangte, dass die Missstände zu beseitigen seien, dass der Lehrer zudem mehr Bodenraum benötige, dazu auch einen Holzstall und einen Backofen.

Um allen Übeln abzuhelfen, schlug Wietfeldt vor, das von zwei Häuslingsfamilien bewohnte Gemeindehaus zum Schulhaus einzurichten. Dieses Haus lag mitten im Dorfe. Es konnte bei dem Bau erhöht werden, sodass es nicht, wie das beim damaligen Schulhaus der Fall war, im Winter wie eine Insel aus dem Wasser ragte. Zudem bot sich die Gelegenheit, dort bei der Verkoppelung einen Hausgarten anzulegen. Noch lieber wäre es dem Lehrer natürlich gewesen, wenn die Gemeinde ein neues Schulhaus gebaut hätte. Doch dazu war sie nicht bereit. Wahrscheinlich war sie dazu auch gar nicht in der Lage, erforderte doch zu der Zeit die Ablösung der grundherrlichen Lasten wie auch die Durchführung der Verkoppelung von unseren Bauern eine starke geldliche Belastung, Kapitalaufwendungen, die sie ohne die Hilfe der Landeskreditanstalt Hannover nicht hätten aufbringen können. So beschloss man also, das alte Schul- und Hirtenhaus auszubauen.

Die im Wohnhaus vorhandenen Ställe wurden zu Kammern eingerichtet, die erforderlichen Stallungen in einem kleinen Nebengebäude untergebracht. Die Baukosten wurden von den Grundbesitzern im Verhältnis der Größe der Höfe getragen. Zu dem Stroh musste der Vollhöfner 4 Schöfe liefern, der Kötner 2, der Brinksitzer 1 Schof.

Lehrer Wietfeldt besaß das Vertrauen seiner Gemeinde, die ihm seinen Fleiß und seine Gewissenhaftigkeit dankte, indem sie alles tat, um ihm das Leben erträglich zu machen. Erhebliche Zuwendungen gelegentlich der Gemeinheitsteilungen und der Verkoppelungen verbesserten die wirtschaftliche Lage ihres Lehrers, dem der Pastor Ostermann am 16. August 1876 unter anderem bescheinigte: „Der gegenwärtige Inhaber der Schulstelle, Herr Wietfeld, ist ein alter Mann, der vor fünf Jahren sein 50jähriges Dienstjubiläum gefeiert hat, der gleichwohl mit Lust und Liebe sein Amt ausrichtet, so daß seine Schule ohne Zweifel eine der besten der Parochie ist.“

Von 1856 bis 1887 legte Johann Heinrich Wietfeldt eine Dorfchronik für Bockelskamp an, die später dem „Dorfsippenbuch“ als wertvolle Grundlage dienen sollte.

Im Jahre 1882 trat Johann Heinrich Wietfeldt in den wohlverdienten Ruhestand, nach mehr als 60 Dienstjahren. Er starb in Bockelskamp am 17. März 1887 im Alter von 82 Jahren 6 Monaten und 20 Tagen. Schullehrer Ludwig Krüger in Nienhof notierte in der dortigen Schulchronik:

(...)

Es ist auf kurze Zeit ein Westermann aus Meinersen hier gewesen, der von hier in das Wendland versetzt ist. Auch Wietfeld, aus Ahnsbeck stammend, ist vor Köhne, der aus Metzingen stammte, eine Zeit hier gewesen + von hier nach Bockelskamp versetzt.

Dem Wietfeld wird nachgerühmt von hier aus, er sei ein reger Lehrer gewesen, und da ich denselben in Bockelskamp habe kennen gelernt, so kann ich die Richtigkeit dieses Urteils aus eigener Anschauung verbürgen.

Quelle:

Paul Borstelmann: Schulsorgen im Flotwedel, in: Heimatkalender für die Lüneburger Heide 1981, Celle 1980, S. 44 ff., unter Bezugnahme auf die Archivakten des Landkreises Celle

Die Anfänge der Brandverhütung in Bockelskamp und Flackenhorst

Wohltätig ist des Feuers Macht,
wenn sie der Mensch bezähmt, bewacht,
und was er bildet, was er schafft,
das dankt er dieser Himmelskraft;
doch furchtbar wird die Himmelskraft,
wenn sie der Fessel sich entrafft,
einhertritt auf der eignen Spur,
die freie Tochter der Natur.
Wehe, wenn sie losgelassen,
wachsend ohne Widerstand,
durch die volkbelebten Gassen
wälzt den ungeheuren Brand!
Denn die Elemente hassen
das Gebild' der Menschenhand.
Aus der Wolke
quillt der Segen,
strömt der Regen;
aus der Wolke ohne Wahl
zuckt der Strahl.
Hört ihr's wimmern hoch vom Turm?
Das ist Sturm!
Rot wie Blut
ist der Himmel;
das ist nicht des Tages Glut!
Welch Getümmel
Straßen auf!
Dampf wallt auf!
Flackernd steigt die Feuersäule,
durch der Straßen lange Zeile
wächst es fort mit Windeseile.

Aus: Friedrich Schiller,
Das Lied von der Glocke (1799)
zitiert in: Lüneburger Lesebuch für die Oberstufe, 1906, S. 170 ff.

Bis zur Mitte des 18. Jahrhunderts baute sich in Niedersachsen die Feuerlöschhilfe allgemein auf den Feuerlöschordnungen der Städte und Länder auf. Sie suchten der Gefahr hauptsächlich durch feuer- und baupolizeiliche Vorschriften und durch die Verpflichtung der Bürger zu einer allgemeinen Löschhilfe zu begegnen. Auf die Maßnahmen zur Brandverhütung wirkten sich diese Vorschriften sehr fruchtbringend aus, während sie für die aktive Brandbekämpfung völlig unzureichend waren.

Während die fürstlichen Anordnungen zur Brandverhütung im 16. Jahrhundert auf das Wohl der Untertanen bedacht gewesen waren, betrachteten die Landesherren im 17. Jahrhundert infolge ihrer absolutistischen Staatsauffassung Brandkatastrophen, die stets mit beträchtlichen wirtschaftlichen Verlusten verbunden waren, als Einbußen staatlichen Wohlstandes, das heißt, als Einbußen ihrer Macht und infolgedessen auch ihres Ansehens bei anderen Fürsten.

In den vergangenen Jahrhunderten hatten Feuersbrünste verheerende Auswirkungen. Dafür gab es zwei Gründe: Einmal führte die Bauweise der strohgedeckten Häuser, die ausnahmslos als Fachwerkbauten errichtet waren, zu erheblicher Brandgefährdung, und zum anderen gab es noch keine organisierte Brandbekämpfung.[79]

Zwar verbot die Landesherrschaft aus Sicherheitsgründen wiederholt das Eindecken der Häuser mit Stroh, konnte jedoch nicht erreichen, dass dieses Verbot auch befolgt wurde. Auch die Aussicht auf steuerliche Begünstigungen beim Bau von „steinernen und mit Ziegeln gedeckten Häusern“ konnte die Menschen nicht davon abbringen, auch künftig Bauernhöfe, Heuerlingshäuser, Scheunen, Speicher und Backhäuser als engmaschige, strohgedeckte Fachwerkbauten zu errichten.

1589 wurde verboten, Holz oberhalb einer Feuerstelle aufzubewahren. Neue „Rähmen“ (die Hölzer, die die Ständer des Bauernhauses der Länge nach miteinander verbinden) sollten mit Stein gemauert und überwölbt sein. 1686 und 1714 wurden Rauchfänge aus Holz verboten. Es war auch verboten, mit Kienlichtern, Leuchten und Lampen in die Scheunen zu gehen. Es gab Vorschriften über die abendliche Abdeckung des offenen Herdfeuers mit dem Feuerstülper. In den Dörfern sollten schon 1719 monatliche Feuervisitationen stattfinden.

Unterm 6. Oktober 1618, also während des Dreißigjährigen Krieges, erließ Herzog Christian zu Braunschweig und Lüneburg eine Polizeiordnung, deren 14. Kapitel von der Abwendung von Feuersbrünsten und Brandschäden handelt, in welcher auch schon der Feuerspritzen Erwähnung geschieht. Auf den Dörfern sollte womöglich jeder einen Feuerhaken haben und jedes Dorf etliche Leitern, Reichere lederne Wassereimer.

Das Fürstentum Braunschweig-Lüneburg wurde zu dieser Zeit von einem der schlimmsten Kriege überschattet, den die Menschheit je erlebt hatte: dem Drei-

[79] Über den ländlichen Hausbau siehe ausführlich: Klages, Ulrich, Das ältere Bauernhaus im Flotwedel und seinen Nachbargebieten – Neue Befunde zum ländlichen Hausbau im 16. und frühen 17. Jahrhundert, Suderburg 2001.

ßigjährigen Krieg. Eine schlimme Zeit, nämlich den Niedersächsisch-Dänischen Krieg, hatte das Cellische gerade hinter sich, aber noch immer zogen Soldaten plündernd durch die Dörfer.

Das Bedürfnis, in dem durch den Dreißigjährigen Krieg und die in Folge aufgetretener Seuchen schrecklich heruntergekommenen und verarmten Lande die Ordnung wiederherzustellen, und, was uns hier namentlich interessiert, auch gegen das Überhandnehmen der Feuersbrünste einzuschreiten, veranlasste die Machthaber in den verschiedenen Landesteilen zum Erlass von Polizei- und Feuerordnungen. So erschien die Allgemeine Verordnung des Herzogs Georg Wilhelm vom 23. Dezember 1678 wegen der Feuerstellen, das Regierungsausschreiben de dato Zelle (Celle) 20. März 1685 und das Edikt vom 22. Juni 1687 gegen das Moor- und Haidebrennen.

Als am Abend des 25. Mai 1695 in Wathlingen ein Riesenbrand ausbrach, war die Frage zu lösen, woher man das viele Bauholz nehmen sollte. Die ausgedehnte Forst der Gemeinde reichte nicht aus, und der Grundherr bat darum die Regierung, sie wollte auch die Holzungen des Flotwedels zur Lieferung von Bauholz mit verpflichten. Es erging darauf an die Amtsvogteien Meinersen, Eicklingen und Burgdorf die Aufforderung, an die Geschädigten in Wathlingen Holz zu angemessenen Preisen zu verkaufen.[80]

Heiratswillige zahlten Groschen in die Feuergerätekasse

Alle oben beschriebenen Verordnungen und Maßnahmen galten allein der Vorbeugung und Feuerverhütung. So wichtig das auch war, so fragt man sich doch, was wohl geschah, wenn trotz allem ein Feuer ausbrach. In dem durch den Dreißigjährigen Krieg ausgesogenen Lande fehlte es vielfach an den nötigen Mitteln, um das Feuerlöschmaterial zu vermehren und zu verbessern. Diesem Übelstande allmähliche Abhilfe zu schaffen, erließ Herzog Georg Wilhelm am 19. November 1695 ein Edikt, wonach jeder Voll- und Halbhöfner, wenn er heiratete, bevor er getraut wurde, 6 Mariengroschen und jeder Kötner 3 Mariengroschen erlegen musste. Aus diesen Mitteln sollte ein Fonds gebildet werden, aus dem Feuerleitern usw. angeschafft werden sollten. In der, „auff Unser Residentz Zelle“ gegebenen Verordnung wurde den Räten, Oberhauptleuten, Drosten, Beamten, Gerichtsherren, Predigern „und insgesambt allen Unsern Unterthanen“ befohlen, dass „*... hinfüro ein jeder voll- oder Halb-Hoffner / so heyrahtet / ehe und bevor er getrauet wird / 6. Mgr. / ein Köther oder Brincksitzer aber 3. Mgr. zu dem Behueff erlegen / auch die Prediger die Copulation nicht ehender verrichten sollen / biß solche Gelder an ihnen ausgezahlet / welche dann dieselbe von ihnen anzunehmen / ...*“[81]

Geheimrat Gerlach Adolph von Münchhausen in Hannover fragte am 6. Juli 1764 in einer Rundverfügung an die Ämter und Amtsvogteien im Fürstentum Lüneburg, ob das Edikt von 1695 „bey dasigem Amte in Observantz [Bestandteil des Gewohnheitsrechts] sey“.

---

[80] Pröve, Heinrich, Wathlingen – Geschichte eines niedersächsischen Dorfes, Celle 1925, S. 149.

[81] Nds. HptStA Hann. 74 Burgdorf I Nr. 1583.

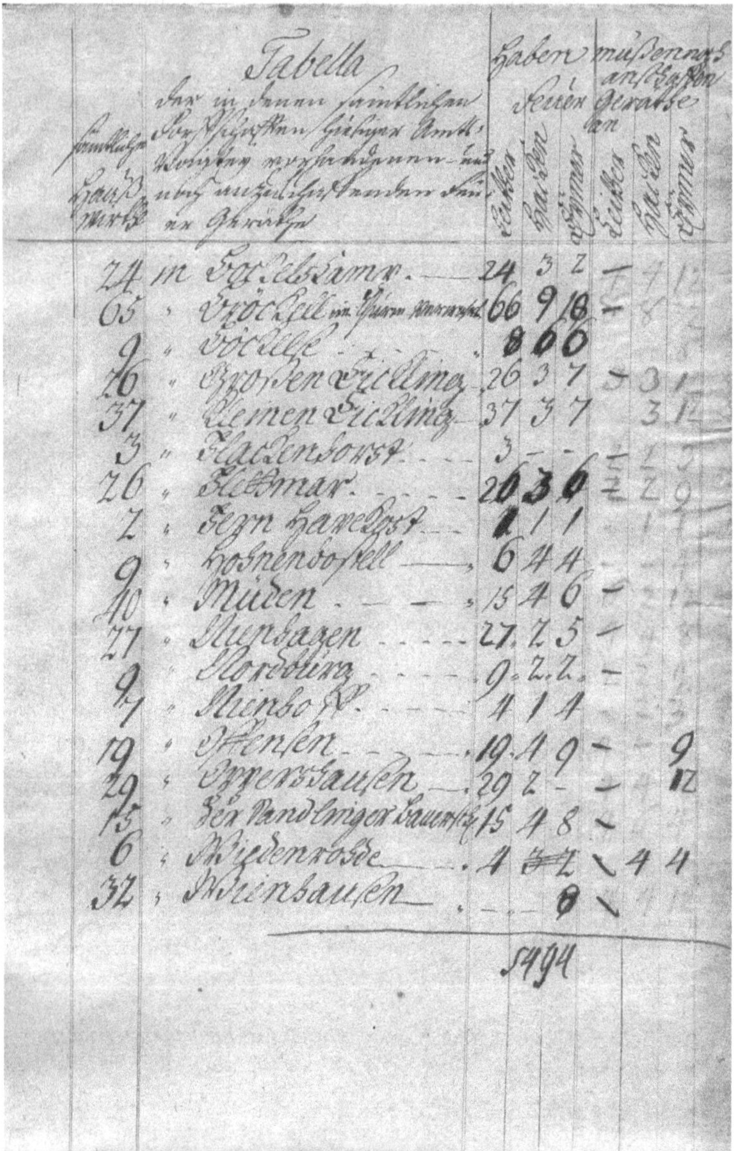

Tabella der in denen sämtlichen ... Dörfern gehörigen ... vorhandenen und anzuschaffenden Feuer Geräthe

sämtliche Hauswirthe		Haben Feuer Leitern	Haken	Eimer	müssen noch anschaffen Geräthe Leitern	Haken	Eimer
24	in Bockelskamp	24	3	2	–		
65	„ Bröckel im Thurm ...	66	9	18	–		
9	„ Bröckelse	8	6	6			
26	„ Großen Eicklingen	26	3	7	–	3	1
37	„ Kleinen Eicklingen	37	3	7		3	1
3	„ Flackenhorst	3	–	–			
26	„ Flettmar	20	3	6		2	
2	„ [illegible]	1	1	1			
9	„ Hohnenbostell	6	4	4			
10	„ Müden	15	4	6	–		
27	„ Nienhagen	27	2	5	–		
9	„ Nordburg	9	2	2	–		
4	„ Nienhof	4	1	4			
19	„ Offensen	19	1	9	–	–	9
29	„ Oppershausen	29	2	–	–		12
15	„ der Wendlinger Bauerschaft	15	4	8	–		
6	„ Wiedenrode	4	~~3~~ 2		\	4	4
32	„ Wienhausen	–	–	8	\		

5494

← Im Jahre 1754 wurde eine Tabelle aufgestellt, in der die Feuerlöschgeräte der zur Amtsvogtei Eicklingen gehörenden Dörfer aufgelistet waren. Ausgesprochen gut war Bröckel ausgestattet; dort wurden allerdings auch 65 Hauswirte gezählt. Und: In Bröckel wurde Löschgerät im Turm verwahrt.

Die Tabelle hat acht Spalten, in denen die Zahl der „sämtlichen Haußwirthe", der Dorfname, die Zahl der vorhandenen Leitern, Feuerhaken und ledernen Feuereimer und die Zahl der anzuschaffenden Leitern, Haken und Eimer notiert sind. Auf der Soll-Seite wurden zunächst 9 Eimer für Offensen, 12 Eimer für Oppershausen, 4 Haken und 4 Eimer für Wiedenrode eingetragen. In den meisten Fällen entsprach die Zahl der vorhandenen Feuerleitern der Zahl der Haushalte. Wenn nicht – extrem war es in Müden an der Aller, wo auf 40 Hauswirte nur 15 Leitern kamen – waren offensichtlich keine Neuanschaffungen angezeigt.[82]

Fast überall fehlte es an Eimern

Dadurch, dass auf der Soll-Seite außer den besagten vier Forderungen zahlreiche Eintragungen mit einem radierbaren Stift getätigt wurden – fast überall fehlte es an Eimern (Bockelskamp hatte nur 2, Wienhausen offenbar keine!) – genügt der Blick auf die vorhandenen Geräte. Der Übersicht halber wird die Tabelle zudem umgestellt:

Tabella

der in denen sämtlichen Dorffschafften hiesiger Amts=Voigtey vorhandenen und noch anzuschaffenden Feuer Geräthe

in Bockelskamp, 24 Hauswirte, vorhanden 24 Leitern, 3 Haken, 2 Eimer
Bröckell, 65 Hauswirte, „im Thurm verwahret" vorhanden 66 Leitern, 9 Haken, 16 Eimer
Böckelse, 9 Hauswirte, vorhanden 8 Leitern, 6 Haken, 6 Eimer
Großen Eickling, 26 Hauswirte, vorhanden 26 Leitern, 3 Haken, 7 Eimer
Kleinen Eickling, 37 Hauswirte, vorhanden 37 Leitern, 3 Haken, 7 Eimer
Flackenhorst, 3 Hauswirte, vorhanden 3 Leitern, - Haken, - Eimer
Flettmar, 26 Hauswirte, vorhanden 26 Leitern, 3 Haken, 6 Eimer
Fern Havekost, 2 Hauswirte, vorhanden 1 Leiter, 1 Haken, 1 Eimer
Hohnenbostell, 9 Hauswirte, vorhanden 6 Leitern, 4 Haken, 4 Eimer
Müden, 40 Hauswirte, vorhanden 15 Leitern, 4 Haken, 6 Eimer
Nienhagen, 27 Hauswirte, vorhanden 27 Leitern, 2 Haken, 5 Eimer
Nordburg, 9 Hauswirte, vorhanden 9 Leitern, 2 Haken, 2 Eimer
Nienhoff, 7 Hauswirte, vorhanden 4 Leitern, 1 Haken, 4 Eimer
Offensen, 19 Hauswirte, vorhanden 19 Leitern, 4 Haken, 9 Eimer
Oppershausen, 29 Hauswirte, vorhanden 29 Leitern, 2 Haken, - Eimer
der Sandlinger Bauersch., 15 Hauswirte, vorhanden 15 Leitern, 4 Haken, 8 Eimer
Wiedenrohde, 6 Hauswirte, vorhanden 4 Leitern, ~~3 Haken, 2 Eimer~~
Wienhausen, 32 Hauswirte, vorhanden - Leitern, - Haken, 9 Eimer

[82] Nds. HptStA Hann. 74 Celle Nr. 1273.

In Kladde wurden im Jahre 1765 die im Amt vorhandenen Feuerlöschgeräte aufgelistet. Leitern fehlten offensichtlich fast überall:[83]

Zu Bockelskamp sind		*5 Eimer*	*1 Hake*
zu Flackenhorst		*2 —*	*1 —*
— Sandlingen		*8 —*	*5 —*
— Nordburg		*6 —*	*4 —*
— Oppershausen		*6 —*	*2 —*
— Wienhausen		*8 —*	*——*
u. 2 Leitern.			
— Offensen	*Leitern 6*	*9 —*	*3 —*
— Bröckel	*17*	*17 —*	*7 —*
— Müden		*6 —*	*4 —*
— Honebostel	*16*	*13 —*	*12 —*
— Flettmar	*10*	*——*	*2 —*
— kleinen Eicklingen		*8 —*	*3 —*

In den archivierten feuer- und baupolizeilichen Akten der Ämter des früheren Fürstentums Lüneburg sind die Anstellungen, Instruktionen und vorgenommenen Visitationen der Feuergeschworenen nachzulesen. In Bezug auf das Amt Eicklingen ist die Aktenlage ab 1792 umfassend.[84]

Das Königliche Churfürstliche Amt Eicklingen (Amtsvogt Leopold Meyer, Amtschreiber Georg Unger) richtete sich mit einem Umlauf am 10. Januar 1792 an alle Amtsgeschworenen. Hintergrund war das schlechte Befolgen der bisherigen Verfügungen zur Brandverhütung.

Es ist dem Amte zur Wißenschaft gekommen, daß die bisherigen Verfügungen zu Verhütung der Feuers Gefahr hin und wieder schlecht befolget werden und so gar einige Amts Unterbediente denen die Unteraufsicht auf das gemeine Beste anbefohlen, sich groben Beleidigungen ausgesetzt sehen, Wir finden daher nöthig, in dieser Rücksicht zu verordnen:

Tobak rauchen in Ställen und Scheunen untersagt

1.) *daß, wo es noch nicht geschehen ohnverzüglich die Nachtwachen angestellet werden sollen und zwar bey 5 rT. Strafe, wenn solches binnen 8 Tagen nicht geschiehet, weshalb wir von den Amts Geschwornen Bericht erwarten.*

2.) *Das Tobacks Rauchen in Ställen, Scheuren und anderen gefährlichen Orten, es sey mit oder ohne Kapsel, wird bey ordnungsmäßiger Strafe verboten, an ohnschädlichen Orten zwar verstattet aber nicht ohne Kapsel.*

3.) *Die Haltung der Feuer Glocken und Verwahrung der Ofen mit eisernen Thüren wird nachdrücklichst und bey Strafe eingeschärft und es ist bey den Feuer Visitationen welche die Geschworne von Zeit zu Zeit ohnvermuthet vorzunehmen haben, sorgfältig dahin zu sehen, ob daran Mängel erscheinen welche zur Wroge zu notiren sind.*

[83] Ebenda.

[84] Nds. HptStA Hann. 74 Celle Nr. 1275.

4.) *Alle Flachsarbeit bey Licht das trocknen des Flachses am Ofen wird bey nachdrücklicher Strafe untersagt.*

5.) *Das Schießen bey Gelegenheit des Neuen Jahrs der Hochzeiten, so wie überhaupt nochmals verboten.*
Wer dagegen handelt wird zur Wroge geschrieben und die Geschworne sind befugt sich der Gewehre zu bemächtigen und solche ans Amt zu liefern.

6.) *Alle Unterthanen die nicht Herbergierer sind wird das beherbergen fremder Leute, welche nicht allein zum Stehlen Gelegenheit suchen, sondern auch zu Feuersbrünsten Veranlaßung geben können, nochmals bey Strafe untersagt. Endlich*

7.) *wird sämtlichen Geschwornen zur Pflicht gemacht daß sie sorgfältig dahin sehen, ob auch die Backöfen hin und wieder eine feuer gefährliche Lage haben und davon ohngesäumt Bericht zu erstatten.*

Der Umlauf war von allen Amtsgeschworenen zu unterschreiben.

Die Flachsarbeiten boten wieder Grund zur Intervention, als bekannt wurde, dass noch immer Flachsarbeiten bei Licht oder bei einer Leuchte geschahen. Der neue Umlauf vom 12. September 1797 wurde nicht nur an die Amtsgeschworenen, sondern auch an die Prediger gerichtet. Dabei hatte Amtsvogt Meyer erst am 13. Oktober 1796 in einem Zirkular an alle Gemeinden des Amts Eicklingen mitgeteilt, dass ein Brand in Hänigsen „dem Vernehmen nach" durch Flachstrocknen am Ofen entstanden sei.

Amtsvogt Meyer hatte aber auch späterhin allen Grund, die Amtsgeschworenen erneut zu instruieren. Einleitend brachte er am 16. September 1800 zu Papier: „Man erfähret mißfällig und es sind besondere Fälle zur Anzeige gekommen, daß bey der jetzigen Flachs Arbeit Mißbräuche einschleichen, die den bekanntgemachten Verordnungen zuwider sind", ... um dann erneut Regeln über die Flachsarbeit anzuführen.

Nach dem Eid der Feuergeschworenen waren alle Häuser des Zuständigkeitsbereichs alle Vierteljahr einmal genau zu visitieren. Feuerfächer, Feuerrahmen, Feuerherde und Backöffen sollten so beschaffen sein, dass dadurch keine Brandgefahr zu erwarten war. In jedem Haus sollte ein Feuerstülper vorhanden sein, sowie eine „untadelhafte Stallleuchte" und natürlich Leiter, Haken und Eimer „in brauchbarem Stande". Außerdem war danach zu sehen, ob Holz vor dem Ofen oder gar in den Rauchlöchern getrocknet wurde. Schließlich war zu prüfen, ob die Asche weit genug von den Gebäuden, auch nicht auf den Mist, geschüttet werde. Wahrgenommene Mängel sollten sofort dem Königlichen Amt angezeigt werden.[85]

Mit Äxten und Mistgabeln zum Feuer eilen

In der Eicklinger Feuer- und Baupolizeiakte ist auch ein „Extract aus dem bekannten kleinen Auszuge der Landes-Verordnungen, Celleschen Theils. — Hannover 1803" abgelegt. Im Abschnitt „Von Feuersbrünsten und deren Verhü-

[85] Nds. HptStA Hann. 74 Celle Nr. 1275.

tung“ heißt es: „Bey entstandener Feuersbrunst muß jeder männliche Einwohner mit Aexten, Mistgabeln und Feuereymern bey dem Feuer sich einfinden, und den Befehölen sowohl der Obrigkeit, als dererjenigen, welche zur Aufsicht bestellt sind, gehorsam seyn, bey Strafe des Karrenschiebens.“

Amtsseitig wurde den Amtsgeschworenen im Amt Eicklingen unter dem 14. Januar 1815 aufgegeben, unter Zuziehung der Feuergeschworenen „von Zeit zu Zeit“ Feuervisitationen vorzunehmen „und dabey ohne Ansehn der Person scharf durchzugreifen“. Der Empfang des Zirkulars wurde wieder von den Amtsgeschworenen quittiert, wieder in der Reihenfolge des Verteilers: Sandlingen: J.B. Kniepf, Bröckel: Ludewig Scheller, Groß Eicklingen: Meinecke, Klein Eicklingen: Jhhr. Pröve, Nienhagen: Wiekenberg. Bei dieser Korrektheit blieb es nicht aus, dass beispielsweise Wiekenberg in Nienhagen notierte:

25ten Jan abends 5 Uhr erhalten, Abschrift davon genommen
Nienhagen am 27ten Jan. 1815.

Das Zirkular ging auch an die Amtsgeschworenen zu Langlingen, Böckelse, Flettmar, Müden und Nienhof, allerdings gesondert. Extra wurden auch die Amtsgeschworenen zu Bockelskamp, Wienhausen, Oppershausen, Offensen und Nordburg beliefert.

Schnelle Antwort kam vom Amtsgeschworenen Müller in Wienhausen, der bereits am 21. Januar 1815 die Feuervisitation in Wienhausen durchführte. Am gleichen Tag verfasste er die 7 Punkte umfassende Mängelliste. In vier Fällen fand er in der Brandmauer einen Fuß hoch über dem Ofenloch einen hölzernen Riegel vor.

Hausvogt Vordank wurde daraufhin sofort – am 23. Januar – schriftlich angewiesen, sich „baldmöglichst“ nach Wienhausen zu begeben und die betreffenden Hausbewohner „unter ausdrücklichem Vorbehalte der bereits verwirkten Strafe – jedem bei fünf rT. Strafe anzubefehlen, durchaus binnen drey Tagen von der Bekanntmachung an die bemerkte Feuer-Gefährlichkeit gänzlich wegzuschaffen ...“

Der Amtsgeschworene Hasselmann, der in Bockelskamp am 30. Januar 1815 mit den beiden Feuergeschworenen die Feuervisitation im Dorfe durchführte, fand in der Wohnung des Kötners Ludolf Marwedel,

daß in der Brandmauer zwischen der Stube und der Thiele Holz verbaut, nähmlich Siemer und Riegelholtz und [unter] der Öffnung der Ofenlöcher sehr nahe
Da es baufällig scheint, so hat man Feuersgefahr dabey zu befürchten.
Wie auch auf nähmliche Weise in des Köthner Syemonn Bütepage Behausung solches befunden.

Am 26. Februar 1817 wurden einmal wieder alle Amtsgeschworenen durch das Königliche Amt Eicklingen angeschrieben: „Bey dem anhaltenden und heftigen Winde haben die Amtsgeschwornen ihre Aufmerksamkeit auf Feuersgefahr zu verdoppeln und die Feuer-Geschwornen zu unerwarteten Visitationen, sowie die Einwohner zur Vorsicht pflichtmäßig aufzufordern, imgleichen die Nachtwächter zu ihrer Schuldigkeit anzuhalten und sie von Zeit zu Zeit zu controlliren“.

Am 14. September 1818 sah sich das Königliche Amt Eicklingen einmal wieder geneigt, wegen der Flachsarbeiten zu intervenieren. Es sei angezeigt, dass Mannespersonen mit brennender Pfeife zwischen den mit dem Braken beschäftigten Frauen gesehen worden seien:

Tobak rauchen bei Flachsarbeiten wurde mit Gefängnisstrafe geahndet

Es ist zur Anzeige gekommen, daß die Unvorsichtigkeiten bey der Flachsarbeit wieder einreißen und sogar Mannespersonen mit brennender Pfeife zwischen den mit dem Braken pp. beschäftigten Frauenspersonen gesehen seyn sollen.

Um nun der dadurch leicht entstehenden Feuersgefahr vorzubauen wird hiedurch Folgendes bestimmt und festgesetzt:

1.) wer mit der Tobaks=Pfeife im Munde bey den genannten Flachsarbeiten betroffen wird, soll, die Pfeife mag noch brennen oder bereits ausgegangen seyn, unabbittlich mit Gefängnisstrafe belegt werden. Wer aber in solchem Falle wider Verhoffen auf Geheiß eines Geschwornen oder Amts=Unterbedienten sich nicht sofort nach Haus und von den Arbeitern wegbegiebt, soll ohne Anstand als widerspenstig arrestirt und zum Empfang seiner gebührenden Strafe gefänglich hier eingeliefert werden.

2.) die benannten Flachsarbeiten dürfen durchaus nicht bey Licht geschehen und sollen bey Mondenschein nur bis neun Uhr Abends geduldet werden. Jeder Hauswirth oder Hausbewohner, der diesem Befehle nicht nachkommt und diese Arbeiten bey Licht oder länger als neun Uhr Abends in seinem Hause oder auf seinem Hofe pp. duldet, soll dafür mit strenger Geldstrafe und nach Befinden der Umstände mit Gefängnisstrafe belegt werden.

3.) sollen diese an sich nützlichen und nothwendigen Arbeiten aber nicht allein ohne Gefahr für andere geschehen, sondern es sollen auch dabey alle sonst schon verbotenen Gelage und Zusammenkünfte nicht geduldet werden.

Was die Bezahlung für die Feuervisitationen anlangt, erfahren wir von einer Aktennotiz des Amtes Eicklingen vom 1. Oktober 1818. Der Amtsgeschworene Krüger aus Offensen hatte nachgefragt, was man für die Visitationen von jedem Hause nehmen oder fordern dürfte, bzw. ob auch die kleinen Feuerstellen oder Baracken dasselbe geben müssten wie die Bauer-Feuerstellen. Bezüglich der Bauerschaft Offensen stellte Krüger fest, dass bis dato von jedem Feuerherd bei jeder Visitation ein Gutergroschen Konventionsmünze genommen worden sei, der je zu einem Drittel in die Beutel der beiden Feuergeschworenen und des Amtsgeschworenen wanderte.

Heute erscheint dies alles selbstverständlich, aber 1824 erließ die soeben ins Leben gerufene Königliche Großbritannisch-Hannoversche Landdrostei Lüneburg (die spätere Bezirksregierung Lüneburg) ein Rundschreiben, demzufolge noch immer Korn bei Licht, das heißt, Kerzen oder Laternen, gedroschen wurde, was mit fünf Talern bestraft wurde und wovon dem „Denunzianten“ ein Drittel zukam. Man darf das Wort „Denunziant“ nicht im heutigen Sinne des Wortes verstehen. Gemeint war damals derjenige, der das feuergefährliche Verhalten aus Brandverhütungsgründen pflichtgemäß anzeigte.[86]

Die Feuerversicherungen ersparten dem Hausbesitzer nicht nur einen Teil der Folgen, die sich durch ein Schadenfeuer ergaben, sie haben anscheinend bei der Obrigkeit den Verdacht erweckt, dass „der warme Abriß" nicht ganz ungewöhnlich werden könne. So fragte die Burgvogtei Celle im Jahre 1824 bei der „Kgl. Amtsvoigtey Eicklingen" an:

Instruktion für die Taxatoren

„Da nach einem Landdrosteylichen Bericht Nr. 5787 vom 7. May d.J. verschiedene Obrigkeiten die Vermuthung geäußert haben, daß den jetzigen Feuersbrünsten zum Theil absichtliche Brandstiftungen zum Grunde liegen, wozu mitunter das übermäßig hohe Taxatum zu verleiten scheine: so bin ich beauftragt worden, eine Instruction für die Taxatoren zu bestimmen und soll ich zugleich angeben, wer zu den Taxationen zu gebrauchen seyn würde ..." Es wurde danach gefragt, 1. wer taxierte, 2. wieviele Personen („Meister") die Taxationen vornahmen, 3. welches Entgelt die Taxatoren erhielten, 4. welche Reisekostenvergütung den Taxatoren gezahlt würde.

Der Ledereimer von H. F. Hoppe in Sandlingen, im Besitz von Ulrich Giesecke. Foto: Blazek

Darauf antwortete die Amtsvogtei Eicklingen am 31. Mai 1824:

ad 1) Die Taxation gewöhnlicher Gebäude der Bauern-Gehöfte ist unter Aufsicht des Hausvoigts mit Zuziehung des Amtszimmermeisters und wo wegen Maurerarbeiten es nothwendig war, mit Zuziehung des Maurermeisters Müller verrichtet worden.

ad 2) Durch Vorstehendes beantwortet.

ad 3) Für die Taxatoren, es mögen ein oder zwei zugegen gewesen sein, sind a) von einem Bauern-Wohngebäude 4, b) von jedem Nebengebäude 2... .

ad 4) Die Reisen im Amte werden zu Fuß abgemacht und ist darauf nichts vergütet worden.[87]

Missstände bei der Brandbekämpfung in den Flecken und auf dem platten Lande veranlassten Landdrost Burchard von der Decken in Lüneburg, am 28. März 1826 in neun Paragraphen eine klare Einteilung der Mannschaften anzuordnen. Der Grund lag auf der Hand:

[86] Bessenrodt, Otto, 100 Jahre Freiwillige Feuerwehr Burgdorf 1871-1971, Burgdorf 1971, S. 28. Über die Geschichte der Landdrosteien lies ausführlich: Blazek, Matthias, Von der Landdrostey zur Bezirksregierung – Die Geschichte der Bezirksregierung Hannover im Spiegel der Verwaltungsreformen, Stuttgart 2004.

[87] Entnommen aus: Köneke, Wilhelm; Schmidt-Harries, Helmut; Eicklingen, a. a. O., S. 389 f.

Da bei der Löschung der in den Flecken und auf dem platten Lande stattfindenden Feuersbrünste oft nicht die zu einer schleunigen Dämpfung des Brandes erforderliche Ordnung beobachtet, auch bei solchen Feuersbrünsten für die Sicherung der zu rettenden Sachen nicht gehörig gesorgt wird; so hat das Königliche Cabinets=Ministerium für nöthig erachtet, daß den Obrigkeiten in folgender Instruction eine Anleitung zu Feststellung einer guten Ordnung in dem Verfahren bei ausbrechenden Feuersbrünsten in den Flecken und auf dem platten Lande gegeben werde.

§. 1.

Das Hülfspersonal bei Feuerlöschungen zerfällt:

1) in die Sprützen=Leute, an den Orten, wo sich Feuersprützen befinden;
2) in die Hülfsleute; und
3) in die Berger der Effecten.

Auf diese Instruktion hin brachte Hausvogt C. W. Vordank in Eicklingen am 11. Juni 1826 eine Einteilung der Mannschaften zu den verschiedenen Feuerspritzen des Amtes Eicklingen zu Papier. Vermutlich wird nur an wenigen Stellen eine Änderung des Status quo vorgenommen worden sein. Die Dorfschaften waren mit festen Diensten zu den vorhandenen zwei herrschaftlichen und zwei gemeindeeigenen Feuerspritzen eingeteilt, wie folgt:[88]

Einteilung der Spritzenmannschaften 1826

A.

Eintheilung der Ortschaften hiesigen Amts zu den verschiedenen Feuersprützen desselben

I.) Zu der herrschaftlichen Feuersprütze zu Gr. Eicklingen

1.) Dorfschaft Gr Eicklingen
2.) Dorfschaft Kl Eicklingen
3.) Bauerschaft Bockelskamp
4.) Bauerschaft Nienhagen

II.) Zu der herrschaftlichen Spritze zu Wienhausen

1.) Dorfschaft Wienhausen
2.) Dorfschaft Oppershausen

III. Zu der Gemeinde Sprütze zu Muden

1.) Dorfschaft Müden
2.) Dorfschaft Flettmar
3.) Bauerschaft Hohnebostel
4.) Dorf Nienhof.

IV. Bey der Gemeinde Sprütze zu Brökel

1.) Die Dorfschaft Brökel + Katzhorn

[88] Nds. HptStA Hann. 74 Celle Nr. 1273.

2.) Die Bauerschaft Sandlingen
3.) Die Dorfschaft Wiedenrode

B.

Besonders anzustellende Sprützen-Aufseher oder Sprützen-Meister

ad I Bey der herrschaftlichen Sprütze zu Eicklingen, führe ich der Hausvoigt Vordank die Aufsicht, und in meiner Abwesenheit, die unten bezeichneten Rohrführer, Buchholz und Angermann.

ad II Bey der herrschaftlichen Sprütze zu Wienhausen
Der Amtsgeschworne Scheller

ad III Bey der Sprütze zu Müden
Der Amtsgeschworne Wallmann

ad IV Bey der Gemeinde Sprütze zu Brökel
Der Amtsgeschworne Santelmann.

C. zu Rohrführer

ad I Bey der herrschaftlichen Sprütze zu Eicklingen
1. der Schmidt Buchholz
2. der Holzsäger Angermann

ad II Bey der herrschaftlichen Sprütze zu Wienhausen
Für den bisherigen Forstaufseher Meyer, der wegen der Forstaufsicht den Posten an der Sprütze ferner nicht verwalten kann
1.) den Rademacher Gakenholz
2.) den Schmidt Meldau.

ad III Bey der Sprütze in Müden
1. der Schmidt Wulf
2. der Drechsler Nienbuhr.

ad IV Zu der Sprütze in Brökel
1. Schmidt Linneweh
2. Faßb. Kruger
3. Faßb. Grotewold

D. zu Bindemeister

[die Instruktion gab vor, dass sich hierfür vorzüglich Schuhmacher, Sattler und Riemer eigneten]

ad I Bey der Sprütze zu Eicklingen
1. der Schuster Warneke

ad II Bey der Sprütze zu Wienhausen
1. der Schuster Mohwinkel

ad III Bey der Sprütze in Müden
1. der Sattler Willier

ad IV Bey der Sprütze zu Brökel
1. der Schuster Schepelmann Senior

Was nun die Drücker anbetrifft, so sind solche nicht gut namentlich anzugeben und können dazu nur aus den, den respectiven Sprützen, zugetheilten Ortschaften die größten und stärksten Männer, genommen werden, welche, wenn die Ar-

beit streng geht, wenigstens alle halbe Stunde abgelöst werden müßen, daher deren Anzahl nicht unbedeutend seyn kann. Kleine Personen können als Drücker durchaus nicht angestellt werden, weil sie den Auszug nicht vervollständigen können.

Zu den Bergern der Effecten, können nur rechtliche Hauswirthe genommen werden, welche gleichfalls vorher nicht gut auszusetzen sind und es nur von der Anwesenheit derselben, deren Anstellung abhängt und von den Amtsgeschworen die ihre Leute zum Feuer = Platze führen müßen, angestellt werden wozu gewöhnlich die Verwandten der Unglücklichen genommen werden.

Auch haben das hiesige und die benachbarten Aemter sehr starke Cavallerie Einquartierung und noch mehr Cavallerie Beurlaubte, die in voller Uniform auf dem Feuer=Platze erscheinen erscheinen müßen und nach einer bereits sehr alten Verordnung die gebergten Effecten bewachen sollen. Leider muß ich hier bemerken daß beym letzten Brande in Elze, die anwesenden Cavallerie Beurlaubte, sich um nichts bekümmerten.

(...)

Die Ortschaften Langlingen, Offensen, Schwachhausen habe ich nicht eingetheilt, weil, wenn Langlingen eine Sprütze erhält, diese Ortschaften der Langlinger Sprütze zugetheilt werden müßen (...)

Rechtsvorschrift für den Brandschutz im Landkreis Celle wurde die unterm 6. August 1830 von der Landdrostei Lüneburg erlassene Feuerordnung für die Flecken und das platte Land des Landdrostei-Distrikts Lüneburg, in welcher zeitgemäße Vorschriften gegeben und alle männlichen Ortseinwohner vom 16. bis 60. Lebensjahr zum Feuerlöschdienst verpflichtet wurden. Ausgenommen waren jedoch außer den durch das Feuer direkt Bedrohten, die Geistlichkeit, die Schullehrer, Ärzte, Wundärzte und Offizianten, ein Zugeständnis, welches nicht verfehlen konnte, auf das Feuerlöschwesen niederdrückend einzuwirken. Auf dem Lande war dadurch die Intelligenz meist ganz davon ausgeschlossen. Die Nachbarschaftshilfe in der Art geordnet, dass sie erfolgen musste, wenn die Entfernung nicht über eine Meile betrug. Die Dienstmädchen waren verpflichtet, Wasser herbeizutragen. Für den Transport der Spritzen war ein Reihedienst angeordnet. Die zur Bedienung der Spritzen erforderliche Mannschaft wurde von der Obrigkeit bestellt.

Im Jahre 1835 wurde ein weiteres Brandversicherungskataster für das Königliche Amt zu Eicklingen angefertigt.[89]

Am 24. Juni 1849 erlebte Wienhausen seine erste große Feuersbrunst, und gewiss waren die oben genannten vier Handdruckspritzen des Amtes Eicklingen im Einsatz. 40 Menschen verloren ihre Bleibe.

Angaben über die Alarmierung aus dem Jahr 1849

Über die Alarmierung der Dörfer untereinander liegen Angaben aus dem Jahre 1849 vor. Damals mussten in den Orten Personen (Melder) gewählt werden, die

[89] Nds. HptStA Hann. 74 Celle Nr. 1263.

bei einem ausbrechenden Brand sofort die nächste Spritze herbeiholen mussten. Nach Artikel 55 blieben bei einem auswärtigen Feuer auch Wächter im Dorfe, um für die öffentliche Sicherheit Sorge zu tragen.

Die Ortschaften Langlingen, Offensen, Schwachhausen und Nordburg wurden nicht eingeteilt. Sie sollten zu Langlingen gehören, wenn dieses eine Spritze hätte. Bis dahin blieben diese Orte als Reserve für nötige Ablösungen.[90]

Die Feuerordnung von 1830 wurde durch die „Feuerordnung für das Fürstenthum Lüneburg pp. vom 14. November 1865“ aufgehoben. Aufgrund dieser Feuerordnung war für jeden Einwohner eine Regelung für den Brandfall gegeben. Hiernach hatte jeder männliche Einwohner über 18 Jahre die Pflicht, auf schnellstem Wege zur Brandstelle zu eilen. Bei Neubauten wurde fortan die Errichtung von Schornsteinen gefordert und ihre Konstruktion vorgeschrieben: Alle Feuerungsanlagen „... müssen mit Brandmauern, Schornsteinröhren und an den Stellen, wo ein offenes Feuer brennt, mit Rauchfängen versehen ... sein“ und „in allen neu- oder umzubauenden Wohnhäusern müssen die Küchen oder Kochräume durch bis zur Decke hinanreichende dichte Wände von den übrigen Räumen des Gebäudes abgetrennt werden“.

Am 5. Juni 1868 ereignete sich der große Brand in Groß Eicklingen, bei dem 30 Gebäude eingeäschert wurden. Wenig später trugen sich zwei Großbrände in Celle zu, und zwar am 14. Juli 1868 an der Wallstraße und bereits drei Tage später an der Breiten Straße. Das Königliche Amt in Celle wurde tätig. Die „Celleschen Anzeigen“ vom 26. Juli 1868 machten bekannt:

> *Die Gemeindevorsteher und Feuergeschwornen veranlasse ich hierdurch, sich davon zu überzeugen, daß die Löschgeräthschaften sowohl in genügender Anzahl als auch in völlig brauchbarem Zustande in ihrem Bezirke vorhanden sind, letzteres hauptsächlich durch Probiren der Feuerspritzen.*
>
> *C e l l e, den 24. Juli 1868.*
>
> *Königliches Amt.*
> *v o n P f u e l.*

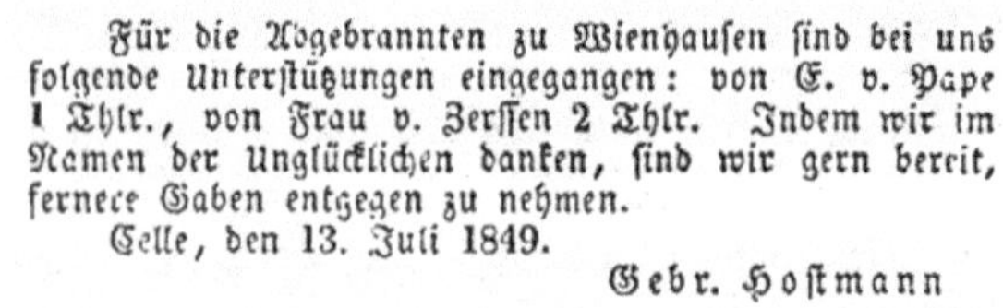
Für die Abgebrannten zu Wienhausen sind bei uns folgende Unterstützungen eingegangen: von E. v. Pape 1 Thlr., von Frau v. Zerssen 2 Thlr. Indem wir im Namen der Unglücklichen danken, sind wir gern bereit, fernere Gaben entgegen zu nehmen.

Celle, den 13. Juli 1849.

Gebr. Hostmann

Am 26. Mai 1871 wurde Wienhausen der rote Hahn aufgesetzt. Diesmal wurden neun Höfe mit ihren Nebengebäuden ein Raub der Flammen. Am 24. August 1871 brannte es in Wienhausen erneut. Diesmal waren mehrere Häuser auf dem Bunger betroffen. ***(Bild: Cellesche Anzeigen vom 14. Juli 1849.)***

Am 16. Juni 1872 brannte das Gehöft des Kötners Wendt in Oppershausen. Zur Hilfe eilten die Spritzen aus Wienhausen, Eicklingen, Langlingen und Lachendorf herbei, wie in der „Celleschen Zeitung“ vier Tage später berichtet wurde.

[90] Köneke; Schmidt-Harries, a. a. O., S. 386 f.

Todesstrafe in Celle Anno 1766

Aus der zweiten Hälfte des 18. Jahrhunderts sind nur wenige in Celle vollzogene Exekutionen überliefert. Einige Frauen wurden zu Beginn des Jahres 1766 wegen nicht näher bezeichneten Diebstahls gefangengenommen. Man rechnete mit der Verurteilung dieses Personenkreises zum Strang. Ob letztendlich allen dieses Schicksal zuteil wurde, ist fraglich, am Ende wurde nur eine Frau namens Perthau namentlich genannt.

Im Nachlass der verdienten Celler Stadtchronisten Clemens Cassel finden wir den Hinweis auf eine weitere Urteilsvollstreckung des Jahres 1766. Der frühere Musketier Beckmann, der seine Frau und seine zwei Kinder ermordet hatte, wurde um den 3. Advent des Jahres 1766 auf dem Weg zum Richtplatz zweimal mit glühenden Zangen angefasst und von unten auf gerädert, d. h. mit eisernen Keulen wurden seine Glieder zerschmettert.[91]

Auf dem Hehlentorplatz vor Celle befand sich der bürgerliche Hinrichtungsplatz; er war bis 1791 Hinrichtungsplatz der Celler Bürger. Die Richtstätte befand sich auf dem Hehlentorfriedhof (auf dem Harburger Berg), außerhalb des Hehlentors, und zwar exakt an der Stelle, wo 1828/29 das Totengräberhaus erbaut wurde.

Das Geschehen bewegte die Menschen. Mag man sonst in den Bibeln auf familiäre Ereignisse hingewiesen haben, so heißt es aber in der Bibel des Vollhofs Nr. 3 in Bockelskamp, seinerzeit Bütepage, heute Langspecht:

Anno 1766 d 22ten october ist eine abscheulige Mordthadt in der Stadt Celle geschehen, vor dem Hellen Tore hinter den walle, ein Mann hat seine fraue und 2 Kinder todt geschlagen der Mann hat geheißen Beckmann ein Invalide hat als Musqetier unter den ehemaligen Freudemannschen Regiment gedienet, ist 8 wochen nachher geredert vorher mit glüenden Zangen gezwicket, der Cörper ist aufs Radt geflochten.

Markus Meumann weist in Sachen Kriminaljustiz in seiner Studie über Findelkinder, Waisenhäuser und Kindsmord auf ein damals bereits einige Jahrzehnte zurückliegendes Ereignis hin. Nach seiner Darstellung blieb die steckbriefliche Suche nach ausgesetzten Kindern oft erfolglos, selbst wenn das Kind „kurtz vorher müßte gebohren sein, in dem es vom Blute noch nicht gereiniget war". Die Bewohner des Kruges in Bockelskamp gaben dem Burgvogt gegenüber am 14. Januar 1697 zu Protokoll, trotz intensiver Suche gleich nach dem Fund des Kindes niemanden entdeckt zu haben.[92]

Literatur:

Matthias Blazek: Hexenprozesse – Galgenberge – Hinrichtungen – Kriminaljustiz im Fürstentum Lüneburg und im Königreich Hannover, Stuttgart 2006, besonders S. 24, 183, 317

---

[91] StA-Ce N6 16

[92] Meumann, Markus, Findelkinder, Waisenhäuser, Kindsmord in der Frühen Neuzeit – Unversorgte Kinder in der frühneuzeitlichen Gesellschaft, Hausarbeit, München 1995, S. 162, unter Berufung auf Nds. HptStA Hann. 74 Celle Nr. 944.

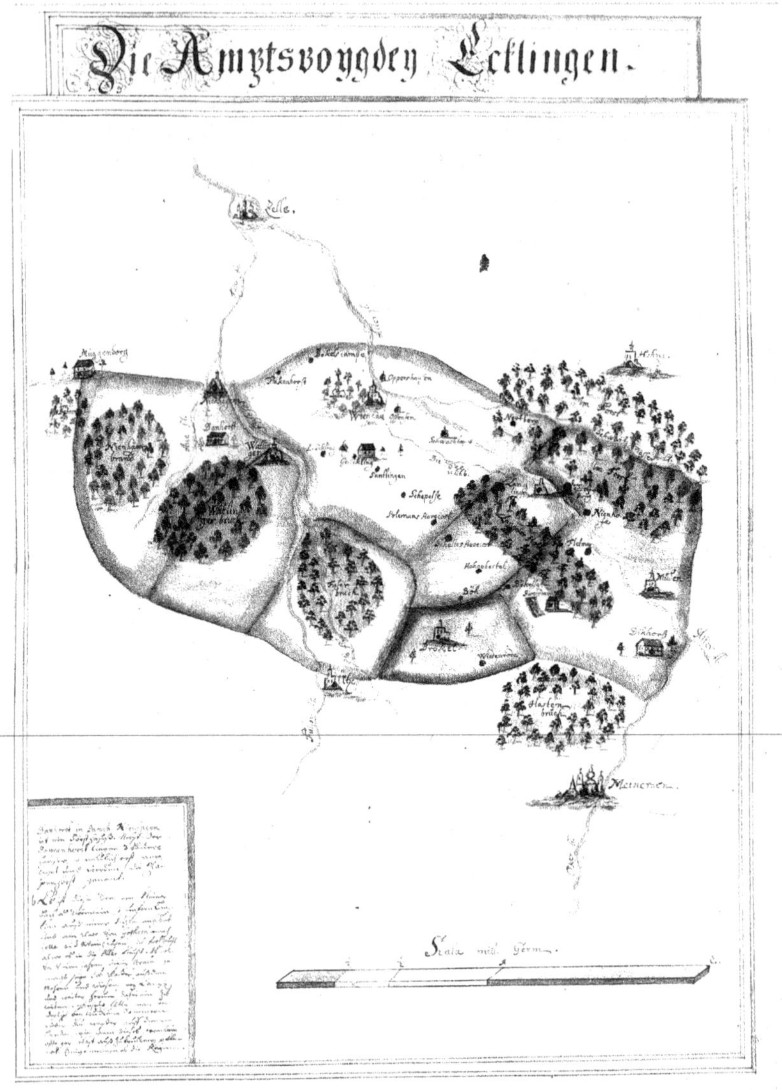

„Die Amptsvoygdey Ecklingen", ca. 1750. Nds. HptStA Mappe 290 Bl. 10

Hut- und Weideberechtigungen der Gemeinde, 1770/71

Die Hut- und Weideberechtigungen von Bockelskamp und Flackenhorst wurden im Forstregister der Amtsvogtei Eicklingen 1770/1771 festgeschrieben. So waren die Bockelskamper und Flackenhorster im Weggenbruch zur Schweinemast berechtigt:[93]

Der Einband lautet:

Der Ambts Voigtey Eicklingen Forst=Register vom 1. May 1770 bis 1. May 1771.

Ab Seite 17 sind die Interessenten-Holzungen bezüglich ihres Ertrages beschrieben. Den Beginn macht Das Langlinger Holz mit einer ungefähren Länge von 7600 Schritten und einer ungefähren Breite von 2600 Schritten.

1. Das Langlinger Holtz (ohngefehrige Lange 7600 Schritte, ohngefehrige Breite 2600 Schritte)

2. Das Eicklinger Holtz (ohngefehrige Länge 2500 Schritte, Breite 1500)
ist belegen zwischen Kleinen Eicklingen, Wathlingen und Bröckel auf morastigen Grund und Boden, bestehet aus lauter Eichen holtze, welches aber sehr verhauen ist, und können bei voller Mast darin fett werden 60 Schweine. Die Aufsicht darin führet der Förster zu Bröckel.

3. Das Bohlen Bruch (ohngefehrige Länge 5220 Schritte, Breite 1494)
erstrecket sich vom Bröckeler Steindamm, welcher es von dem Eicklinger Holtze scheidet, bis nach Wiedenrode, ist gröstentheils morrastig und bewachsen mit Eichen und wenigen Ellernholtze, so auch sehr verhauen, und können bei voller Mast darin fett werden ohngefehr 60 Schweine.

4. Der große See (ohngefehrige Länge 1100 Schritte, Breite 1010)
genutzet süd werts an das Bohlen bruch, ist gleich denselben morastig und bewachsen mit Eichen und Ellernholtze, so sehr verhauen und können bei voller Mast darin fett werden 40 Schweine.

5. Die Wiedenroder Dicken (ohngefehrige Länge 1150 Schritte, Breite 1000)
gräntzen an den großen See südwerts, der Grund und Boden darin ist gleichfalß morastig, und bestehen dieselben aus Ellern und wenigem Eichenholtze, welches letztere zu dem in schlechtem Stande und daher auf Mastung nichts zu rechnen.

6. Die Lauenhorst (ohngefehrige Länge 800 Schritte, Breite 50)
ist belegen an dem Wiedenroder Dicken südwerts und bewachsen mit Eichen und etwa Ellernholtze, so alles in schlechtem Stande, und können bei voller Mast darin fett werden ohngefehr 20 Schweine.

7. Die Telge (ohngefehrige Länge 1800 Schritte, Breite 800)

[93] Nds. HptStA Hann. 74 Celle Nr. 576; die Positionen 3. Das Bohlen Bruch und 12. Der Lange Klindt stehen im Register zwar an der angegebenen Stelle, jedoch ohne die hier ergänzte Nummer.

erstreckt sich in die Länge nach, von dem Graben an der Lauenhorst, bis an den Haveköster Kohl graben und in die Breite von dem Mahrenholtzischen Fleht, bis an die so genandten Rühmen kohlen, bestehet aus Eichen, etwas Büchen, Hainbüchen und etwas Ellernholtze, so in mittelmäßigem Stande, und können bei voller Mast darinn fett werden ohngefehr 20 Schweine ...

8. Die Worthorst (ohngefehrige Länge 1400 Schritte, Breite 600)

lieget ohnfern Wathlingen zwischen der Ehse und Fuhse auf einem etwas wäßerigten Boden, ist fast gäntzlich ruinieret maßen darauf nur hin und wieder noch einige pollsohrn Heester und Eichen befindlich sind, worin die Mast gar nichts mehr importiret.

In obigen von Nro 2 bis 8, incl: specificirten Höltzungen sind berechtiget.

Zur freyen Hued und Weyde die Einwohner zu Großen und Kleinen Eicklingen, samit dem Wenseschen Adel: Hofe daselbst, Bröckel, Wiedenrode, Nienhagen, Sandlingen, Bockelskamp und Flackenhorst, Schepelse, Fern und Paulmannshavekost, ingleichen der zeitige Amtsvoigt hieselbst, und die adel. Höfe zu Wathlingen, somit der gantzen Dorfschaft ferner das Probstey vorwerck mit den Schafen in der großen See, und Durch trift auf der Lauenhorst nach dem so genandten Ruhmen Kohlen ...

9. Die Havekoster Dicken (ohngefehrige Länge 1200 Schritte, Breite 266)
liegen nordwerts am Bohlen bruche auf morastigem Grund und Boden, bestehen aus Eichen und Ellernholtze so im mittelmäßigem Stande, und können bei voller Mast darin fett werden ohngefehr 50 Schweine.

10. Das Schwahnen Bruch (ohngefehrige Länge 640 Schritte, Breite 580)
ist nordwerts an den Haveköster Dicken belegen, auf sumpfigten Grund und Boden, besteht aus Eichen, Haienbüchen und Ellernholtze, so sehr verhauen und können bei voller Mast darin fett werden ohngefehr 30 Schweine.

11. Der Ost Klindt (ohngefehrige Länge 700 Schritte, Breite 640)
gräntzet an das Schwahnen Bruch, hat einen sumpfigten Grund und Boden, und bestehet aus Eichen und wenig Ellernholtze, so ebenmäßig im schlechten Stande und können bei voller Mast darin fett werden ohngefehr 20 Schweine.

12. Der Lange Klindt (ohngefehrige Länge 1280 Schritte, Breite 300).
Ist westwerts am Ostklindt auf einem sumpfigten Boden belegen, und besteht aus wenigen Eichen und Ellernholtze so ebenmäßig ziemlich verhauen, und können bey voller Mast darin fett werden 40 Schweine.

In diesen ... Holtzungen sind berechtiget. / Zur freyen Hued und Weyde die adl. Höfe in Langlingen Schwachhausen und Offensen auch Wathlingen samt allen Einwohnern daselbst, ferner die zu Hohnenbostel, Bröckel Wienhausen, Bockelskampe, Flackenhorst, Nienhagen, Sandling, Schepelse, Fern- und Paulmannshavekost, Großen und Kleinen Eicklingen nebst den Wensischen Hofe daselbst imgleichen der Amtsvoigt hieselbst, und der Hof zu Siedersdamm, auch das Kloster und Probstey vorwerck zu Wienhausen ...

2. Im Cellischen,
mit Inbegriff der Niederhoya- und Dannenbergschen Aemter.

Herr Georg Ludewig, Graf von der Schulenburg, Oberforst- und Jägermeister, General-Lieutenant, auch Cämmerer und Droste zu Scharnebeck

- August Wilhelm von Minnigerod, Oberforstmeister in der Grafschaft Dannenberg, auch im Herzogthum Lauenburg
- Johann Friedrich Rohde, Forstsecretarius.

Ober-Förstere.

Herr Franz Hermann König, zu Bostelwiebeck, in den Aemtern Bleckede, Garze, Lüne, Medingen, Ebsdorf und Oldenstadt

- Ernst Heinrich Müller, zu Wahrenholz, in den Aemtern Giffhorn, Fallersleben, Knesebeck, Clötze, Isenhagen und Bodenteich
- Philipp Wallmann, zu Eitzendorf, in den Aemtern Hoya, Nienburg, Westen, Sieke, Ehrenburg, Alt- und Neubruchhausen, Thedinghausen, Heiligenrode und Liebenau
- Justus Conrad Schröter, zum Fuhrberg, in den Amtsvoigteyen Burgwedel und Winsen an der Aller
- Wilhelm Schlotmann, zu Borstel Amts Winsen, in den Aemtern Winsen an der Luhe, Haarburg, Moisburg und Büthlingen
- Friedrich Conrad von Lüpke, zu Uetze, in den Aemtern Meinersen und Burgdorf
- Friedrich Conrad Ebeling, zu Celle, in der Burgvoigtey, auch den Amtsvoigteyen Bedenbostel und Eicklingen.

Auf dem deutschen Jägerhofe.

Herr Oberförster Johann Heinrich Christoph Rahne, Hofjäger

- Johann Georg Nicolaus Schröter, Windhetzer
- Jürgen Laue, / Alexander Roger Wallmann, } Federschützen
- Johann Nicolaus Greve, Zeugwärter.

Jäger auf dem Jägerhofe.

Herr Johann Christoph Refardt

- Julius Gottlob Kruse
- Friederich Kahle
- N N Koch

Herr

Zuständiger Oberförster war damals Friedrich Conrad Ebeling in Celle. Staatskalender auf das Jahr 1768

13. Das Weggenbruch (ohngefehrige Länge 4200 Schritte, Breite 1031) ist zwischen Wathlingen und Flackenhorst und Kleinen Eicklingen an burgvoigteyl. Gräntze auf einem zwar wäßerigten Grund und Boden belegen, ist bewachsen, mit Eichenholtze, so im mittelmäßigen Stande, und können bei voller Mast darinn fett werden ohngefehr 120 Schweine. Darin sind berechtiget zur freyen Hued und Weyde die Einwohner zu Bockelskamp, Flackenhorst, Sandlingen, Schepelse, Nienhagen, Bröckel, Wiedenrode, Fern und Paulmannshavekost, Großen und Kleinen Eicklingen, samt dem adel. Hofe daselbst, im gleichen die adel. Güter zu Wathlingen mit der Gemeinde und der jetzige Amtsvoigt hieselbst, ferner aus der Burgvoigtei die Einwohner von der Borg, Alten Zelle, großen und kleinen Otten Hauß, jedoch nur bis an den so genandten Wathlinger Stieg ...

14. Der so genandte Nienhäger Brandt bestehet aus folgenden Revieren:

(a) Die Schwartz Dornen (ohngefehrige Länge 2760 Schritte, Breite 440).
Dieser Orth ist belegen, zwischen Wathlingen und Nienhagen an der Ehse und bewachsen mit Eichen und vielen Dornen busch.
(b) Das Hellebruch Gehäge (ohngefehrige Länge 920 Schritte, Breite 440)
lieget zwischen Nienhagen und der Dannhorst, und ist bewachsen mit Ellern und eintzeln Eichbäumen,
(c) Das Gehäge an der Papenhorst (ohngefehrige Länge 230 Schritte, Breite 270)
ist bewachsen mit Ellern und wenigen Eichbäumen.
(d) Das neue Gehäge (ohngefehrige Länge 600 Schritte, Breite 170)
lieget hinter der Dannhorst und bestehet aus Ellern und eintzeln Eich bäumen.
(e) Das Knick Gehäge (ohngefehrige Länge 680 Schritte, Breite 140)
lieget neben dem Wathlingischen Holtze, an der Meinerschen Gräntze und bestehet aus Eichen und Ellern holtze.
(f) Die Koltz Kuhlen (ohngefehrige Länge 900 Schritte, Breite 180 Schritte)
ist belegen an der Töse und der Dannhorst, bestehet aus Eichen und wenigem Büchen holtze.
(g) Der eigentliche Brandt (ohngefehrige Länge 4500 Schritte, Breite 3980)
erstrecket sich von der Koltz Kuhle an der Brecken entlang, bis nach Nienhagen, bestehet aus Eichen, Büchen und Ellernholtze.

In diesen 7 Revieren, worunter keine würckliche Gehäge befindlich, sondern die also genante den Nahmen nur daher bekommen, daß sie wegen des darin gehauenen Weichholtzes, entweder vor dehm einige Zeit in Zuschlage gewesen, oder noch jetzo sind, ist der Grund und Boden mehrentheils sehr sumpfig, und die Höltzung durchgehens im ziemlichen Stande, und können bei voller Mast darin satt werden ohngefehr 300 Schweine. In dieser Höltzung sind berechtiget zur freyen Hued und Weyde die Einwohner zu Nienhagen, Großen und Kleinen Eicklingen, Bockelscamp und Flackenhorst, Fern und Paulmannshavekost, Bröckel u. Wiedenrode, Sandling und Schepelse, imgl. die adel. Höfe zu Wathlingen, samt der gantzen Dorfschaft, ferner die Hänigser Amts Meinerßen, aber nur im Knick gehäge.

Wiederholungs-Tabelle von dem Oeconomischen Zustande der Dörfer insbesondere in der Amtsvogtei Eicklingen

Friedrich Barenscheer entnahm dem Tabellarischen Verzeichnis (Tabellarium) aus den Ämtern der Großvogtei Celle von 1770 insgesamt 189 Einwohner / 25 Besitzer mit 735 ½ Morgen Acker (nur Sandboden), 36 unterrichtete Kinder (mit Flackenhorst).[94]

Das Tabellarium spricht von 100 Hengsten und Stuten in Bockelskamp, dazu 17 Füllen, das heißt, wieder etwa fünf Tiere je Hof (wie 1589).

1770 waren 285 Kopf Rindvieh bei 27 Rindviehzucht treibenden Höfen vorhanden, also wiederum etwa mit zehn Tieren der gleichbleibende Durchschnitt wie 1589. Die Anzahl von 183 Schweinen[95] verteilte sich 1589 auf 24 Höfe, also den mäßigen Durchschnitt von nur acht Tieren, die sich 1770 auf 144 Tiere für 25 Ställe verminderten, nämlich kaum sechs Schweine je Stall. Der bis zum Weltkriege von 1870/71 sich steigernde Rückgang der Schafzucht hat scheinbar schon vor 1770 eingesetzt, denn die Durchschnittszahl beträgt bei dieser Zählung nur fünf Tiere pro Hof im Gegensatz zu sieben Tieren bei 1589. Auch die Immen werden zum Vieh gezählt. Der Flotwedel aber kann sich in der Bienenzucht nicht mit den Dörfern der Nordheide messen. Nur zwei Höfe stellten mit 38 Völkern den Immenbestand dar, der sich 1770 sogar auf nur vier Völker verminderte.

Auch über die Holzgewinnung gibt die Statistik von 1770 Auskunft. Heizmaterial konnte man damals noch aus dem Vollen schöpfen. Soweit nicht der eigene Eichhof am Hause Brennholz hergab, war da das Weggenbruch, heute ein mit wenig Erlen und einigen Eichen bestandenes Wiesenland. Damals war es ein Wald zur Gewinnung von Bau-, Nutz- und Leseholz für alle Bockelskämper, zur Eichelmast bei Deelzucht (Stallhaltung)[96], zur Hut und Weide mit allem Vieh. „Wo sind die 60 Liter Hainbucheneinsaat von 1767 und die 864 Heister von 1769 geblieben, von denen der Förster Engelhard zur Dannhorst[97] bezeugte, dass sie alle gut angewachsen waren?", fragte Hans von Freeden später. „Ja, hundert

[94] Barenscheer, Bröckel, a. a. O., S. 28 f. Die Angaben des Tabellariums sollen auf Erhebungen bis 1760 zurückgehen. (Köneke, Wilhelm; Schmidt-Harries, Helmut, Eicklingen – Beiträge zur Geschichte und den gegenwärtigen Verhältnissen der ehemals selbständigen Gemeinden Groß Eicklingen, Klein Eicklingen, Sandlingen, Schepelse, Paulmannshavekost, Celle 1991.)

[95] Friedrich Barenscheer entnahm dem Viehschatzregister von 1589 – dem ältesten Viehschatzregister unseres Raumes – für Bockelskamp die Zahl von 259 Rindern, 135 Schweinen, und dem Tabellarium von 1770: 189 Einwohner/25 Besitzer mit 735 ½ Morgen Acker (nur Sandboden), 36 unterrichtete Kinder (mit Flackenhorst) (Barenscheer, a. a. O., S. 28, 29).

[96] Nach Friedrich Barenscheer bedeutet das Wort „Deelzucht", dass es Tiere aus eigener Zucht sein mussten, dass also der Bauer nicht Schweine zur Mast zukaufen durfte.

[97] Im Oktober 1700 war „Harm Höffels, Försters zur Tannhorst". Nach den Befreiungskriegen 1813 bis 1815 war der Herr Oberförster Johann Christian Schröder zu Dannhorst für die Ämter Meinersen und Burgdorf stationiert. 1864 wurde „Revierförster Bölsing in Dannhorst" genannt.

Jahre ungehemmter Verbrauch verschlingt ganze Wälder. Dazu hatte das Dorf noch die Nutznießung vom Müggenburger Moor, wo es gelben Torf gab.[98] Aber Unmengen von Holz verlangten allein das Brotbacken und dann die alten Herde mit den offenen Rauchschloten.

Wir erfahren aus der Statistik von 1770, wie sich auch nach dem Siebenjährigen Kriege die alte Beobachtung bestätigt, dass nach jedem Kriege die Anzahl der Knabengeburten überwiegt. In dieser Erscheinung haben wir wohl die psychologische Ursache zu suchen, dass gerade von der Zeit ab bei Eheschließungen ein gewisses Sicherungsbedürfnis festzustellen ist. 1770 kamen auf 11 Jünglinge nur fünf Mädchen, und 31 Knaben mussten mit 26 Mädchen vorlieb nehmen.

Das Reutergefälle in der Statistik von 1770 erwähnt die Lasten, die damals durch Einquartierung und ihre Verpflegung den Bewohnern auferlegt waren. Dass auch durch die Zeit der französischen Revolution Wirkungen sich bis in den Flotwedel erstreckten, beweist folgende Notiz aus dem Geburtsregister 1796: „Heinrich B. wurde aus hiesiger Amtsvogtey als Rekrut ausgehoben, machte den Feldzug mit, und seine damalige Braut begleitete ihn überall hin. Inzwischen gerieten sie beide in französische Gefangenschaft und wurden als Gefangene in das Innere des Landes gebracht. Dort wurde seine Braut von einem Kinde entbunden am 16.05.1795. Wegen der damaligen Revolutionsunruhen konnte das Kind in Frankreich nicht getauft werden, und sie mussten damit solange warten, bis sie in ihr Vaterland zurückgekehrt waren. Ueber dies alles, sowie über den Tag der Geburt des Kindes hat der Vater einen Geburtsschein von dort mitgebracht, der ihm zur Aufbewahrung wieder zurückgegeben wurde."

Nach dem statistischen Buch von Christoph Barthold Scharf hatte Bockelskamp 1777 insgesamt 16 „Feuerstellen", in Flackenhorst waren es noch immer drei.[99]

Nachrichten über Flackenhorst in der zweiten Häfte des 18. Jahrhunderts erhalten wir fast ausschließlich aus den „Hannoverischen Anzeigen", der einzigen Zeitung im Kurfürstentum Hannover. Da heißt es in der Ausgabe vom 3. August 1764, dass Frau Luttermann Erbin der verstorbenen Witwe Noltemeyer, geb. Crauel, sein wollte. Der Nachlass wurde versiegelt, weitere Erben wurden gesucht, die sich im Rathaus melden sollten.

Über den Umgang mit dem herrschaftlichen beziehungsweise probsteilichen (Wienhausen) Feld-, Korn- und Haferzehnten in der zweiten Hälfte des 18. Jahrhunderts erhalten wir hinreichend Informationen aus den „Hannoverischen

[98] Allen Ortschaften zwischen Burg und Wettmar, Celle und Weferlingsen stand eine mehr oder weniger große Fläche des herrschaftlichen Großen oder Müggenburger Moores als Torfmoor zu. Zur Lagerung des gestochenen Torfs diente zwei volle Jahrhunderte die herrschaftliche Torfscheune („Torfscheure"). (Blazek, Matthias; Evers, Wolfgang, Dörfer im Schatten der Müggenburg, Celle 1997, S. 79.)

[99] Scharf, Christoph Barthold, Statistisch-Topographische Samlungen zur genaueren Kentnis alle das Churfürstenthum Braunschweig-Lüneburg ausmachenden Provinzen als die zwote Auflage von dem politischen Staate, Bremen 1791.

Anzeigen" der Jahre 1775 bis 1802. In folgenden Zeitungsausgaben erhalten wir konkrete Hinweise auf Verpachtungstermine:

26. Juni 1775: Verpachtung des Flackenhorster Feldzehnten am 12. Juli auf der Amtsvogtei Eicklingen

14. Juni 1776: Verpachtung des Feldzehnten am 22. Juni auf der Amtsvogtei Eicklingen

28. April 1777: Verpachtung des herrschaftlichen Kornzehnten am 26. Mai auf der Amtsvogtei Eicklingen

5. Juni 1778: Verpachtung des herrschaftlichen Feldzehnten am 22. Juni auf der Amtsvogtei Eicklingen

31. Mai 1779: Verpachtung des herrschaftlichen Feldzehnten am 26. Juni auf der Amtsvogtei Eicklingen

2. Juni 1780: Verpachtung des Probstei-Kornzehnten am 21. Juni auf der Amtsvogtei Eicklingen

22. Juni 1781: Verpachtung des herrschaftlichen Haferzehnten am 4. Juli auf der Amtsvogtei Eicklingen

14. Juni 1782: Verpachtung des herrschaftlichen Zehnten auf ein oder vier Jahre am 24. Juni auf der Amtsvogtei Eicklingen

9. Juni 1786: Verpachtung des herrschaftlichen Kornzehnten am 22. Juni auf der Amtsvogtei Eicklingen

11. Juni 1787: Verpachtung des probsteilichen Feldzehnten am 14. Juni auf der Amtsvogtei Eicklingen

9. Mai 1791: Verpachtung des probsteilichen Feldzehnten am 7. Juni auf der Amtsvogtei Eicklingen

18. Mai 1795: Verpachtung des probsteilichen Feldzehnten auf ein bis vier Jahre am 11. Juni auf der Amtsvogtei Eicklingen

27. Mai 1799: Verpachtung des probsteilichen Feldzehnten am 15. Juni auf dem Amt Eicklingen

16. Juni 1800: Verpachtung des probsteilichen Kornzehnten am 27. Juni auf dem Amt Eicklingen

5. Juni 1801: Verpachtung des probsteilichen herrschaftlichen Feld- und Kornzehnten auf ein oder mehrere Jahre am 11. Juni auf dem Amt Eicklingen

4. Juni 1802: Verpachtung des probsteilichen herrschaftlichen Feld- und Kornzehnten auf ein oder mehrere Jahre am 14. Juni auf dem Amt Eicklingen

Bis zur Erstellung der Kurhannoverschen Landesaufnahme (Landdrostei Lüneburg 1774-81) sind seit der Ersterwähnung im Jahre 1233 nur noch drei Brinksitzer, die Schule und das Hirtenhaus in Bockelskamp und Flackenhorst hinzugekommen.

Josef Riebel kommentierte das zögerliche Siedlungswachstum 1968 so:

In mehr als 500 Jahren ist dieser Zuwachs an Stellen nicht zu nennen. Der Grund dafür lag in der bereits weit überbelegten Flur, war doch ein sehr großer Teil derselben in Hinblick auf die damalige Wirtschaftsweise als wertlos zu bezeichnen. Bezeichnend ist es, daß in all den Registern nie eine Schafherde aufgeführt wird. Versuche waren wohl immer wieder, wie auch in der Neuzeit, daran gescheitert, daß die Tiere bei den sumpfigen Weiden an der Leberegelseuche und der Moderhinke eingingen.

Auf den beiden Verkehrswegen, die unmittelbar am Dorfe vorbeiführten, hatte sich inzwischen ein lebhafter Verkehr entwickelt. Der Weg von Celle nach Gifhorn besteht noch heute und bildet die größte Wohnstraße, während der Weg nach Braunschweig nicht mehr festzustellen ist. Die Frachtfahrer, die im Kruge (Ortsteil Lisenworth) einkehrten, hatten immer Geld im Beutel, weshalb sich ein Bauer nach dem anderen schweren Herzens entschloß, auch als Frachtfahrer den Lebensunterhalt für sich und die Familie zu verdienen. Den geringen Acker und das Vieh versorgten indessen die Frauen und die Alten, auch schon die größeren Kinder. Der Krug wie auch die Schmiede hatten, an 2 Wegen gelegen, eine besonders günstige Lage. (...)

Die beiden „Postwege" bildeten für Bockelskamp Jahrhunderte lang die einzige Verbindung nach draußen. Nach der Karte von 1780 gab es für das Dorf noch keine Straße, dafür aber mehrere Verbindungen zum Postwege.

Von den Celler Grob-Schmiedemeistern wurde unter dem 29. Januar 1796 ein „Verzeichnis von denjenigen Landschmieden", die nicht zum Amt Celle gehörten, eingereicht:

In der Amtsvogtey Eicklingen
1. Randau in Bockelskamp (...)

Gemeint war die Landschmiede des aus Isenbüttel stammenden Christian Randau auf dem Brinksitz Nr. 25.

Der Vietshöfer Brückengeldeinnehmer Johann Andreas Wolters zu Bockelskamp starb im August 1810. „Auf die von den Zollbedienten zu Celle unterm 1 Sept 1810 der ehemaligen Amtsvoigtey Eicklingen geschehene Anzeige, daß Königl. Commission des Gouvernements mittels rescripts vom 29. August 1810 der Witwe des verstorbenen Brückengeld Einnehmers Wolters zu Bokelskamp die fernere Hebung der dasigen Brücken Gelder anzuvertrauen", wurde Charlotte Regine Wilhelmine Wolters nach Niederlegung eines Bürgscheins durch den Celler Bürger und Bäckeramtsmeister Johann Heinrich Bock, wohnhaft am Altenceller Tore, in Höhe von 431 Francs „die fernere Hebung der dasigen Brücken Gelder" anvertraut.

Die Gruppe der Häuslinge

Hans von Freeden schreibt 1938 über Bockelskamp: „Angeschlossen an das gleiche Dorf ist die Bauernschaft Flackenhorst, die 2 Vollhöfe und einen Halbhof umfasst. Mit den 7 Vollhöfen, einem Halbhof, 13 Kötner- und 4 Brinksitzerstellen, dazu Anbauer-, Abbauer- und Häuslingsstellen, ist Bockelskamp wohl ein mittleres Dorf zu nennen.“

Der Landstrich zwischen Celle und Gifhorn, in etwa der Flotwedel, auf einer Karte des Fürstentums Lüneburg aus dem Jahre 1791. Abgedruckt in der Celleschen Zeitung, Repro: Blazek

Das Bockelskämper Hausbuch 1669 nannte beispielsweise Lüttke Pape als Hofinhaber der Kötnerstelle Nr. 14 und stellte fest, dass er außer dem Wohnhaus drei Nebengebäude, darunter ein Backhaus, besaß. In diesem Backhaus wird wohl die 1770 genannte siebenköpfige Häuslingsfamilie etwas beengt gewohnt haben.

Die Häuslinge stellten früher eine große Gruppe in der Lüneburger Heide dar. Mit dem Stichwort ländliche Bevölkerung früherer Zeiten verbindet sich im Allgemeinen nur die Vorstellung einer bäuerlichen Gesellschaft. Dass es Knechte und Mägde auf den Höfen gab, erinnert man auch noch recht schnell. Das war aber beileibe nicht die Gesamtheit der agrarisch arbeitenden Bevölkerung auf dem Land; Tagelöhner und Häuslinge zählten ebenso dazu.

Der Häusling nahm gegenüber dem Gesinde und den Tagelöhnern eine Mittelstellung ein: Er wohnte nicht im eigenen Haus, sondern umsonst in einem Haus des Bauern oder Gutsherrn und bekam von diesem auch einige Morgen Land gestellt.

Als Gegenleistung hatte er, wenn sein Vermieter dies von ihm verlangte, für diesen kostenlos zu arbeiten. Der Bauer sparte auf diese Weise überschüssiges Gesinde ein, das über ein ganzes Jahr hinweg hätte bezahlt werden müssen, aber nur zu bestimmten Zeiten im Jahr, etwa zur Ernte, benötigt worden wäre.

Spätestens im 19. Jahrhundert aber wurden Dienste der Häuslinge und Leistungen der Bauern in Geldwert gegeneinander aufgerechnet, so dass man den Häusling als Kleinpächter, der seine Pachtschuld teilweise oder ganz abarbeitete, bezeichnen kann. Der Ertrag seiner Eigenwirtschaft auf dem gepachteten Land reichte im Allgemeinen nicht aus, um die Familie zu ernähren, so dass der Häusling als Tagelöhner einen Zusatzverdienst anstreben musste, wenn der Familienvater nicht sogar sich auf einem Hof als Knecht über ein Jahr, wobei es meist nicht blieb, verdingte.

Häuslinge waren in der Regel verheiratet und hatten Kinder, und sie führten, da sie in einem eigenen Haus wohnten, einen eigenen Haushalt. Das Gesinde dagegen konnte nicht heiraten, denn es wohnte im Haushalt des Dienstherrn, wo kein Platz war für Gesindefamilien. Verdingte sich also ein verheirateter Häusling als Knecht, so bedeutete das, dass die Frau mit den Kindern einen Haushalt bildete in ihrem Haus und der Mann allein auf dem Hof des Dienstherrn wohnte und arbeitete.

Aus der Vielfalt der Möglichkeiten und Kombinationen geht hervor, dass sich Häuslinge selten auf einen Beruf, eine Erwerbsart beschränkten, vielmehr ihr Auskommen durch Arbeiten in den verschiedensten Bereichen suchten und diese jahreszeitlich, auch tageszeitlich, kombinierten.

Häuslinge arbeiteten landwirtschaftlich ihre Miete und Pacht ab, betrieben eigene Landwirtschaft und Viehzucht, verarbeiteten Flachs, den sie oft selbst anbauten, gingen für Tagelohn oder als Gesinde auf andere Höfe usw. Auch die Landhandwerker, die Schneider und Schuster, wohnten als Häuslinge.

Aber nur wenige Häuslinge konnten es sich leisten, ein ganzes Haus für sich allein zu beziehen, zumeist lebten zwei, vier oder mehr Häuslingsfamilien auf einem Hof, und die Häuslingshäuser auf den Höfen waren eingerichtet als Mehrfamilienhäuser mit winzigen Wohnräumen.

Ein Fortschritt war im 19. Jahrhundert, dass die Schweine und Kühe der Häuslinge nicht mehr ebenfalls im Haus untergebracht waren, sondern im separaten Stall standen. Selbstverständlich waren die Wohnräume jedoch weiterhin auch Arbeitsräume, beispielsweise für das Spinnen und Weben. Leben und Arbeiten geschah in sehr beengten Verhältnissen, und Raum zum Sich-zurückziehen gab es kaum.

Eduard Kück (1867-1937) beschrieb ausführlich den Arbeitsalltag das Jahr hindurch in der Lüneburger Heide um 1850. Demnach war die Hauptbeschäftigung für Knechte und Häuslinge das Heidehauen.[100]

Als Abbauern wurden die Neusiedler des Dorfes im Zeitraum 1860-1914 bezeichnet.

---

[100] „Arbeiter auf dem Lande – Ein Beitrag zur Sozialgeschichte des ländlichen Gesindes, der Häuslinge und Tagelöhner in der Lüneburger Heide vom 17. bis 20. Jahrhundert", Museumsdorf Hösseringen, Materialien zum Museumsbesuch, Nr. 13 (Verfasser: Horst W. Löbert), Uelzen 1991, 2. Auflage, 1996, S. 2 f. Kück, Eduard: Das alte Bauernleben der Lüneburger Heide, Studien zur niedersächsischen Volkskunde, in Verbindung mit dem Deutschen Verein für ländliche Wohlfahrts- und Heimatpflege, Leipzig 1906.

Jahre französischer Fremdherrschaft

Die Jahre 1803-1813 waren für Deutschland die Jahre der französischen Fremdherrschaft. In diesen Jahren, in denen Hannover verschiedenen Herren nacheinander untertan war, hat das Land schwerste Last ertragen und harte Abgaben an Geld, Vieh und Lebensmitteln leisten müssen. Geschaffen wurde das Königreich Westfalen, zu dessen König Napoléon I seinen jüngsten Bruder, Jérôme, am 18. August 1807 erhob, mit Kassel als königlicher Residenz.

„Französische Soldaten im Quartier", zeitgenössischer Stich nach: Revolutions-Almanach, Göttingen 1803

Ganz Europa wurde zu Beginn des 19. Jahrhunderts in Aufregung und in Bewegung erhalten. Im Mai 1803 kam eine große Bestürzung über unser Hannoverland. Die Franzosen standen mit 6000 Mann in Holland und wollten in unser Land einbrechen, weil ein Bruch mit England unvermeidlich war. Dadurch wurde ein allgemeines Aufgebot gegeben: Alles, was waffenfähig war, sollte bereit sein, dem Feind entgegenzugehen. Es wurde alles genau registriert.

Am 26. Mai 1803 wurde eine allgemeine Rekrutenaushebung vorgenommen. Die Hauswirte mussten sich mit Pferd und Wagen an einem bestimmten Ort melden und sich bereithalten, Kriegsfahrten zu machen. Die tapfere hannoversche Armee hielt den Druck der Franzosen aber nicht aus und musste sich zurückziehen. Der Vertrag von Sulingen (3. Juni 1803), den die Herren Geheimräte in Hannover mit dem französischen General Edouard Mortier schlossen, bedeutete den Beginn einer Fremdherrschaft, die sich über zehn lange und schwere Jahre hinzog. Am 4. Juni war der französische General schon in Hannover, und am 6. Juni wurde auch Celle besetzt.

Am 5. Juli 1803 marschierten die Franzosen, von Neustadt a. Rbge. kommend, in Hannover ein. Die Dörfer unserer Heimat begannen wieder, unter Besetzung, Einquartierungen und Kontributionen zu leiden. Die Franzosen nahmen in den Dörfern und Städten alle Kassen an sich, alle Abgaben und Steuern mussten künftig an sie gerichtet werden. In einer alten Akte heißt es: „Die Franzosen kosten unser Land täglich 11003 Thaler an barem Gelde."[101] Im Lande waren 3000 Mann.

[101] Entnommen aus: Klingenspor, a. a. O., S. 215.

Heinrich Pröve ging in der Wathlinger Chronik ausführlich auf die Einquartierungslast jener „Franzosenzeit" ein: „Während die adeligen Güter in früheren Zeiten von eigentlichen Kontributionslieferungen verschont geblieben waren, erkannten die Franzosen in ihnen bald die zahlungskräftigen Stellen. Das Gut Wathlingen zahlte z. B. 1804 für Januar bis April je 10 Rtl., April 1805 38 Rtl. zum französischen Solde. Solche Summen wurden nach einem genauen System errechnet. Der Hauptmann v. Lüneburg leistete für sich selbst 2 Rtl., für seinen Bedienten 2 Rtl., für Köchin und Kindermädchen ebenfalls 2 Rtl. u. s. f. Auch von seinen Zehnteinnahmen mußte der Gutsherr Kriegssteuer geben; die Magazinlieferung vom Zehnten betrug z. B. 1806 80 Rtl. 33 gr.; 1809 leistete das Gut an Kriegsabgaben 287 Rtl., davon 169 Rtl. in Magazinlieferungen (die 17.–20. Lieferung) und 118 Rtl. als Steuer. Auch die Häuslinge wurden zu den Zahlungen herangezogen; nur große Armut konnte davon befreien. Im Jahre 1806 wurde der Gemeinde auf ihr Bitten ein Zahlungsaufschub bis zur nächsten Ernte gewährt; trotzdem sind im nächsten Jahre schon erneut wieder große Rückstände – über 100 Rtl. – zu verzeichnen. (...)"[102]

Jérôme Bonaparte, König von Westfalen, Kupferstich, nach: Napoleon I, hrsg. v. J. v. Pflugk-Harttung, Band 2, 1902

Die Einquartierung drückte hier und da besonders hart, was wir beispielsweise aus einer Eintragung im Kirchenbuch für die Gemeinde Groß Eicklingen ersehen, wo ein Mädchen durch drei französische Soldaten vergewaltigt worden ist.

Mit der Einbeziehung in das Königreich Westfalen änderte sich vieles. Von 1807 bis 1810 gehörten nur die südlichen Teile des Kurfürstentums Hannover zu Westfalen, der nördliche Teil kam Anfang 1810 hinzu.[103] Ab Dezember 1810 gehörte von dem nördlichen Teil des Kurfürstentums Hannover nur noch das „Allerdepartement", das die Gebiete um Hannover, Celle und Uelzen umschloss, zu Westfalen. Der Kreis Celle war nun Bestandteil eines straff nach französischem Vorbild gegliederten Staates.

Das Land wurde ohne Rücksicht auf gewachsene Grenzen in Departements eingeteilt, die Namen von Flüssen enthielten. So bekam das Departement mit dem Sitz in Hannover den Namen „Allerdepartement". Dem Departement stand ein

[102] Pröve, a. a. O., S. 160/61.

[103] Am 1. März 1810 wurde folgender Aufruf erlassen:
„Der Kaiser, mein erhabener Bruder, hat mir durch einen am 14. Januar in Paris geschlossenen Vertrag alle seine Rechte auf Euer Land abgetreten und es mit meinem Königreich Westfalen vereinigt. Heute nehme ich Besitz davon. Das vergangene Unglück muß uns die gegenwärtige Ruhe und die Hoffnung noch weit teurer machen. Es ist mir angenehm zu denken, daß Ihr einerseits weder Euer noch mein Vertrauen verleugnen werdet.
Gegeben in unserem königlichen Palaste in Kassel.
Hironimus Napoléon, Jérôme"

Präfekt vor. Es war untergliedert in Distrikte mit einem Unter-Präfekten an der Spitze. Die nächste Einteilung stellte der Canton dar mit einem Canton-Maire an der Spitze. Canton-Maire des Cantons Uetze-Burgdorf wurde Herr von Lüneburg in Wathlingen; Canton-Maire von Wienhausen und Meinersen war Heinrich Schulze in Meinersen.

„Monsieur le maire“ trieb die Steuern ein

Die untersten Einheiten bildeten die Communen oder Municipalitäten, das waren die Stadt- und Landgemeinden. An die Stelle der Bürgermeister bzw. in den Landgemeinden der Geschworenen traten die Commune-Maires. Deren Aufgabe war es unter anderem, die Steuern einzuziehen.

DÉPARTEMENT DE L'ALLER.

Ce département, qui a pour chef-lieu Hanovre, est formé d'une partie des principautés de Calenberg et de Lunebourg, savoir: du quartier de Hanovre, quelques bailliages du quartier de Laucnau, du quartier de Celle et une partie des quartiers de Lunebourg et de Gifhorn, des cantons de Sarstedt et d'Algermissen détachés du département de l'Ocker, et des cantons d'Obernkirchen, Sachsenhagen et Rodenberg détachés de l'ancien département du Weser.

Les limites de ce département sont: au nord, le grand Empire et l'Elbe; à l'est, le département de l'Elbe; au sud, ceux de l'Ocker et de la Leine; à l'ouest, celui de la Leine et la France.

L'étendue en superficie du département est de 160 ⅕ milles carrés géographiques, ou de 445 lieues carrées, ou de 3,530,747 ⅕ arpens, dont en forêts 432,710 arpens.

La population, non compris les militaires en activité, a été évaluée en décembre 1810, à 242,442 individus, dont 118,631 mâles, 123,811 femelles, 2,754 catholiques, 237,341 luthériens, 530 réformés et 1,817 israélites.

Auszug aus dem Almanach royal de Westphalie von 1813

Die Besatzer gingen sogar daran, die französische Sprache einzuführen. Von ihnen wurden auch erstmals Standesämter gebildet, die mit der peinlichsten Genauigkeit die Geburts-, Heirats- und Sterbeurkunde abzufassen und in ein Register einzutragen hatten. Wilhelm Bettinghaus, Pastor in Wienhausen, schrieb darüber: „Das neugeborene Kind musste dem Standesbeamten von dem Vater in Gegenwart zweier Zeugen spätestens drei Tage nach der Geburt persönlich präsentiert werden, und er in der von ihm, dem Vater und den beiden Zeugen zu unterschreibenden Urkunde ausdrücklich konstatieren, daß ihm ein Kind männlichen oder weiblichen Geschlechts vorgezeigt sei. Bei Sterbefällen hatte er sich mit zwei Zeugen in das betreffende Haus zu begeben, um sich aus eigener Anschauung von dem eingetretenen Tode zu überzeugen. Die Franzosen trauten offenbar den deutschen Standesbeamten nicht und befürchteten, es könnte ein Knabe als Mädchen und ein noch Lebender als tot eingetragen werden, um ihn dem Militärdienst zu entziehen.“ Alles deutete darauf hin, dass die Franzosen recht lange zu bleiben gedachten.

Es kam anders. Was England an kriegstüchtigen Soldaten für die deutsche Legion nicht geworben hatte, musste in den französischen Kriegsdienst treten. Am 12. Juni 1812 fiel Napoléon mit der „Grande Armée“ in Russland ein. Dieses Abenteuer endete bekanntermaßen mit einem verlustreichen Rückzug. Unter den Soldaten Napoléons waren auch 25000 aus dem Königreich Westfalen. Von diesen sollen nur 2000 zurückgekehrt sein. Ein Hans Heinrich Thiele kehrte von diesem Feldzug nicht zurück.[104]

Am 16. Oktober 1813 begann die „Völkerschlacht". In einem dreitägigen Kampf zwangen die verbündeten Preußen, Russen und Österreicher den französischen Kaiser Napoléon I. und seine Besatzungsmacht zum Rückzug.

Nach der Schlacht an der Göhrde konnten sich die Besatzer hier nicht mehr halten. Am 4. November 1813 erhielt Hannover seine frühere Regierung wieder. Hannover bekam nach den Befreiungskriegen bedeutenden Landzuwachs.

Gemälde um 1909.
Foto: Christian Schade

Bewiesenermaßen waren in den Freiheitskriegen und in der Spanischen Legion vier Bockelskämper Männer beteiligt. Aus dem verlustreichen Russlandfeldzug kehrten aus Bockelskamp nicht mehr zurück:

August Henning Deecke, diente in der Westfälischen Fuß-Garde, wurde auf der Retirade 1812 gefangen genommen und starb im Hospital zu Orel (dortige Hospital-Akten),

Johann Friedrich Lüters, Soldat im 8. Westfälischen Infanterieregiment, wurde auf der Retirade 1812 gefangen genommen und starb in Borowsk.[105]

In der Schlacht bei Waterloo, südlich von Brüssel, in der im Jahre 1815 Wellington und Blücher über Napoleon I. siegten, kämpften aus Bockelskamp mit, wie es Pastor Bettinghaus mitgeteilt wurde:[106]

Brinksitzer Heinrich Meyer (Kruse), war Unteroffizier,
Schuhmacher Heinrich Uhde,† 1864,
Interimswirt Lüters, Wachtmeister bei der Kavallerie, hat auch die Kämpfe in Spanien und Portugal mitgemacht.

---

[104] Friedrich Schirmer schrieb im „Celler Soldatenbuch" (Burgdorf 1937, S. 64): „Im Frühjahr 1813 sammelten sich in Celle die kümmerlichen Reste von 28 Reiterregimentern; kaum mehr als 700 Mann waren übrig von etwa 17000 Mann, mit denen die 28 Regimenter ausgerückt waren. In Eis und Schnee waren sie umgekommen, aber auch mancher deutsche Mann kehrte überhaupt nicht oder nur als Krüppel zurück."

[105] Der Speicher, Celle 1930, S. 146 (Berufung auf eine Arbeit des Leutnants Heinrich Meyer in Petersburg von 1817/20, archiviert im Niedersächsischen Hauptstaatsarchiv in Hannover), Der Sachsenspiegel, Beilage der Celleschen Zeitung, Nr. 7, ausgegeben im Oktober 1928 (Ernst Rüther: „Unsere Heimat und Napoleons Zug nach Rußland 1812").

[106] Bettinghaus, a. a. O., S. 64.

Im Königreich Hannover

In Wien tagte vom 18. September 1814 bis zum 9. Juni 1815 unter Leitung des österreichischen Staatskanzlers Klemens Wenzel Lothar Fürst von Metternich sowie unter starkem Einfluss des russischen Zaren Alexander I. und Englands ein Kongress von Herrschern und Politikern aller europäischer Staaten (außer der Türkei) zur Neuordnung Europas nach den Kriegen gegen Napoleon I.

Die Neuordnung Europas erfolgte einmal unter dem Gesichtspunkt der Wiederherstellung der vorrevolutionären politischen Ordnung, zum anderen als territoriale Neugliederung unter dem Gesichtspunkt des Gleichgewichts der Mächte. Der „Wiener Kongress“ bestätigte das Ende des kirchlichen Territorialbesitzes. Hannover, nunmehr Königreich, und das Großherzogtum Oldenburg strichen nun einen beträchtlichen Gebietszuwachs ein.

Nach den Befreiungskriegen 1813 bis 1815 wurden für das Amt Eicklingen Johann Heinrich Bode *„zu Flaenhorst“* als gehender Förster, Otto Georg Albrecht zu Bröckel, tituliert auch Gehägereuter, und in Langlingen Johann Carl Brauns, zugleich mit dem Titel Vogt, als reitende Förster genannt. Viele der damaligen Forstbeamten waren Befreiungskämpfer und Teilnehmer an der Schlacht bei Waterloo gewesen. Viele erlebten noch die 50. Wiederkehr der Siegesfeier der entscheidenden Schlacht gegen Napoleon.[107]

Am 26. Januar 1820 trug der Probst und Zehntpächter Müller zu Wienhausen auf dem Amt Eicklingen vor: „Der Geschworne Hasselmann zu Bockelskamp verweigere der probsteyl. zum Wienhäuser Korn Zehnten gehörenden Zehnten von seiner am Wege bei der Vietshofer Brücke am breiten Kampe, imgleichen am Papen Campe belegenen Zehntlande zu entrichten, sofern er solches nicht mit früchten bestellet, sondern zu Grase liegen lassen und solches Gras eingeerndtet habe.“ Dieser gerichtliche Streit endete im Dezember 1825.

An dieser Stelle verdient es, erwähnt zu werden, dass bis 1823 die meisten Dörfer in der Nähe des Bohlendammes *Würste an den Bohlenmann in Bröckel* zu liefern hatten: Bockelskamp 6 Würste, Flackenhorst 3, Groß Eicklingen 7 Würste, ferner Nienhagen 4, Sandlingen 4, Schepelse 3, Paulmannshavekost 1, Wiedenrode 4, auch Wathlingen, nur Bröckel selbst lieferte keine Würste, obwohl seine Bauern den Bohlenweg bestimmt am meisten genutzt haben. Darin zeigt sich, dass die Bröckeler ursprünglich zur Unterhaltung der Straße herangezogen worden waren. Auf eine Anfrage des Großvogtes in Celle 1729 über die Entstehung dieser Abgabe antwortete der Vogt in Eicklingen: „Der allgemeinen Sage nach soll diese Abgabe daher rühren, daß die Vorfahren dem Bohlenwärter diese Würste geschenkt haben, wenn in dem gemeinschaftlichen Holze Mast gewesen ist“, wahrscheinlich als Geschenk für die Mitbenutzung des Bohlenweges. Später, nach der Anlage des Steindammes, hat die Regierung diese Abgabe für sich eingezogen und sie in Geld umgewandelt. Als 1823 der Antrag auf Ablösung gestellt wurde, rechnete man den Wert einer Wurst auf 1 Gutegroschen und 1 Pfennig.[108]

---

[107] Barenscheer, a. a. O., S. 101; mit leichten Korrekturen anhand des Hannoverschen Staatskalenders auf das Jahr 1818.

[108] Barenscheer, a. a. O., S. 21 (Kapitel „Zehnten“).

Mit allerhöchster Königlicher Genehmigung.

Zellescher Anzeiger nebst Beiträgen.

Mittwoch, am 1ten August 1821.

62stes Stück.

Vorladung.

Zelle. Als auf Ansuchen des Altvaters Johann Heinrich Heineke in Westerzelle, welcher von dem Amtsgeschwornen Johann Heinrich Hasselmann in Bockelskamp dessen zwischen der Stockaue an der Fuhse belegene, die Fuhsen=Wiese genannte Allodial=Wiese aus der Hand gekauft hat, diese Edictal-Citation erkannt ist, so werden alle, welche an die beschriebene Wiese aus irgend einem Grunde dingliche, besonders hypothekarische, Ansprüche machen, zu deren Profession und Liquidation auf den 24sten des nächstkünftigen Monats August, als den Bartholomäustag, sub praejudicio praeclusionis, vor hiesige Amtstube hiedurch verabladet.

Zelle, den 21sten Julius 1821.

Königl. Großbrit. Hannoversche Burgvoigtei.

Klare. Eggers. Kaufmann.

Zu verkaufen.

Zelle. Heute Mittwoch, den 1sten August d. J. und an den folgenden Tagen, Nachmittags von 2 bis 5 Uhr, sollen in weiland Herrn Oberst=Lieutenant Behling Behausung an der Hannoverschen Heerstraße, Zinn, Kupfer, Messing, Eisen und Blech, Betten und Bettstellen, Stühle, Schränke, eine

Zellescher Anzeiger vom 1. August 1821.

Der Kanzleirat Ubbelohde gab 1823 für Bockelskamp 27 „Feuerstellen“ (Haushalte) mit 199 Einwohnern und für Flackenhorst 5 Feuerstellen mit 30 Einwohnern an.[109]

Die Königliche Großbritannisch-Hannoversche Landdrostei Lüneburg erforderte im Jahre 1824 Berichte unter anderem von der Amtsvogtei Eicklingen über den Stand der Landwirtschaft, der Viehzucht und des Gewerbes.

Nach dem Verteilungsregister der Wathlinger Generalteilung von 1827 erhielt die Gemeinde Bockelskamp eine Abfindungsquote von 499 Morgen 9,3 Quadratruten, an Flackenhorst gingen 132 Morgen 72,5 Quadratruten, also die Fläche von 33 Kuhweiden.[110]

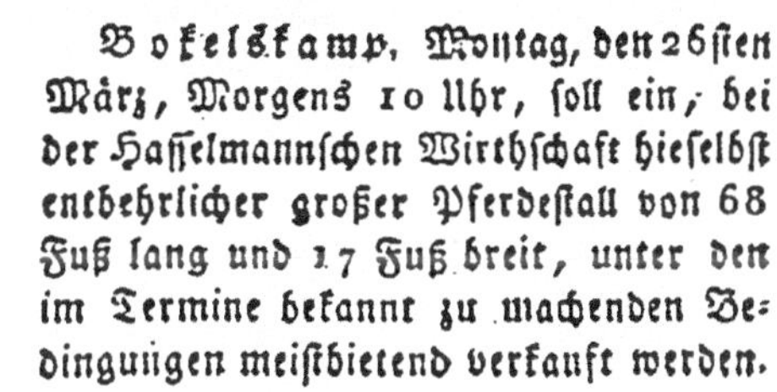
Bokelskamp, Montag, den 26sten März, Morgens 10 Uhr, soll ein, bei der Hasselmannschen Wirthschaft hieselbst entbehrlicher großer Pferdestall von 68 Fuß lang und 17 Fuß breit, unter den im Termine bekannt zu machenden Bedingungen meistbietend verkauft werden.

Zellescher Anzeiger vom 17.03.1827.

Eine Volkszählung erfolgte zum Stichtag 1. Juli 1833. Die nächsten Volkszählungen folgten zum 1. Juli 1836 und zum 1. Juli 1839.[111] Flackenhorst blieb vorerst bei seinen fünf Haushaltungen, wie der Geograph, Redakteur und Pädagoge Heinrich Daniel Andreas Sonne (1780-1832) in seiner Beschreibung des Königreichs Hannover feststellte:[112]

Flackenhorst, 5 H., zur Pf. Wienhausen, „ndöstl. 2/3 St., in der AV. Eicklingen, mit einer Försterei der Inspektion Dannhorst.

Wie der Müllergeselle August Ritter aus Bockelskamp im Jahre 1835 zu einem „Fechtbruder“ wurde, das heißt, sich bettelnd durchschlagen musste, geht aus seinem erhalten gebliebenen Wanderbuch hervor, das er sich am 17. August 1834 in Celle ausstellen ließ. Um nicht als Vagabund von den Landdragonern festgenommen zu werden, musste er sich immer wieder von der Polizei ein Visum, gültig bis zum nächsten Zielort in einer angemessenen Zeit, ausstellen lassen. So können wir aus den Eintragungen in seinem Wanderbuch lückenlos seinen Weg über einen Zeitraum von 1 ¼ Jahren verfolgen:

17. August 1834 von Celle über Winsen an der Aller nach Walsrode, 20. August nach Verden, 22. August über Rotenburg und Zeven nach Stade, 29. August über Buxtehude nach Winsen (Luhe), 3. September über Dannenberg nach Bodenteich, 10. September nach Vorsfelde, 13. September nach Helmstedt, 17. September über Braunschweig nach Goslar, 9. Oktober Änderung der Route in

[109] Ubbelohde, Wilhelm, Statistisches Repertorium über das Königreich Hannover, Hannover 1823, S. 52.

[110] Gedicke, a. a. O., S. 139.

[111] Nds. HptStA Hann. 74 Meinersen I Nr. 68 und 69.

[112] H. D. A. Sonne, Beschreibung des Königreichs Hannover, Fünftes Buch (Topographie des Königreichs Hannover), im Verlage der literarisch-artistischen Anstalt der J. G. Cotta'schen Buchhandlung, München 1834, S. 221.

Fallersleben: über Gifhorn nach Burgdorf, 19. Oktober über Neustadt/Rbg. nach Hoya, 20. Oktober nach Lüchow, 12. November nach Bergen bei Celle.

Von Mitte November 1834 bis Mitte August 1835 fand August Ritter Arbeit auf der an der Örtze gelegenen Mühle in Poitzen bei Hermannsburg. Dann begann erneut die Wanderschaft.

21. August 1835 über Rethen nach Neustadt/Rbg., 27. August über Stadthagen nach Bückeburg, 1. September über Rinteln nach Detmold, 7. September nach Pyrmont, 9. September nach Hannover, 14. September nach Uelzen, 21. September nach Wustrow, 28. September über Dannenberg nach Lüneburg, 3. Oktober nach Harburg, 5. Oktober über Buxtehude nach Stade, 8. Oktober über Bremervörde und Osterholz nach Bremen, 13. Oktober nach Nienburg, 20. Oktober nach Celle, 30. Oktober nach Dannenberg.

Die letzte Eintragung am 2. November 1835 lautet: „Ist hieselbst (in Dannenberg) bettelnd betroffen und auf geradem Wege nach seiner Heimat zurückzuweisen." Unter polizeilicher Bewachung wurde er also nach Celle geschafft, wo man ihm wegen der Bettelei das Wanderbuch abnahm.[113]

Um 1843 wurde der Weg von Nienhagen nach Bockelskamp neu „ausgebaut". Dies muss man sich so vorstellen, dass die besonders sandigen Stellen des Weges mit Moorerde, Reiserholz oder Holzspäne befestigt wurden.

In früheren Zeiten waren Bockelskamp und Flackenhorst Dörfer in der Königlichen Amtsvogtei Eicklingen, wie das „Hand- und Wörter-Buch über den Landdrostei-Bezirk Lüneburg", bearbeitet und herausgegeben von Heinrich Ringklib, Celle 1844, auf S. 23 ff. mitteilt:

Eicklingen war eine von zehn Amtsvogteien und wurde dargestellt, wie folgt:

6) Amtsvoigtei Eicklingen, groß 2,846 □Meilen, mit 699 Wohngeb. und 5384 Seelen, in 27 Ortsch.

Dörfer: Bockelskamp, Böckelse, Bröckel (mit Katzhorn), Groß=Eicklingen, Klein=Eicklingen (mit Seelhop, Schmolen und Kamphorst), Fernhavekost, Flackenhorst, Flettmar, Hohnebostel, Langlingen, Müden, Nienhagen (mit dem Anbau Papenhorst), Nienhof, Nordburg, Offensen, Oppershausen, Paulmannshavekost (mit dem einz. Hause Langenklint), Sandlingen, Schepelse, Schwachhausen, Wiedenrode (mit dem Anbau Luenhorst) und Wienhausen; Landgut Neuhaus, einz. Höfe Kochshof und Siedersdamm, Forsthof Dannhorst, einz. Haus Canalschleuse oder Canalhaus bei Langlingen.

Die Verwaltung hatte damals einen starken französischen Einfluss gehabt, was gewiss nicht von Nachteil gewesen sein wird: Die Franzosen waren zehn Jahre lang im Lande gewesen.

---

[113] Meyer, Adolf, Ein Müllergeselle aus Bockelskamp wurde 1835 zum „Fechtbruder", Sachsenspiegel 4, Cellesche Zeitung vom 25.01.1986, unter Bezugnahme auf Nds. HptStA Hann. 74 Celle Nr. 1309.

Staugenossenschaften

Ab 1820 bildeten sich zwischen Wienhausen und Meinersen elf Staugenossenschaften, die als Stauregulative für die gezielte Versorgung von neun Gräben mit Okerwasser zuständig waren. Mit der kontrollierten Überflutung der Felder und Weiden sind diese mit wertvollen Schwebstoffen und Mineralien versorgt worden – der Prozess der Melioration – sodass eine breite Vielfalt an Pflanzen und Tieren einen ausgeglichenen Naturhaushalt sowie gute Erträge garantierten.

Damit war im Flotwedel das größte Stauwiesengebiet im Landkreis Celle geschaffen worden. Das durch den Lößboden stark angereicherte Okerwasser wurde auf die anliegenden Wiesen und Ödländereien geleitet. Erleichtert wurde das durch die alten Flussläufe bei Bröckel und Bockelskamp. Eine bewundernswerte Leistung unserer Vorfahren, da man damals fast alle Bodenbewegungsarbeiten nur mit Schaufel und Schiebkarre ausführen konnte.

Einer der fortschrittlichen Menschen, die mit einer geregelten Bewässerung begannen, war der Amtshauptmann und Drost Carl Johann Georg von Düring. In seiner Wirkungszeit in Meinersen (1815-1852) ließ er die ersten Versuche mit der Berieselung von Wiesen durchführen. Die Wiese galt damals – und auch später noch – als die „Mutter des Ackerlandes“. Um 1830 gab es noch keine künstlichen Düngemittel. Zur Ertragssteigerung konnte man nur Stallmist einsetzen. In einigen Gegenden kam noch der kalkhaltige Mergel hinzu. Je mehr Heu man erntete, desto mehr Vieh konnte gehalten werden. Je mehr Vieh man hatte, desto mehr Stalldung konnte erzeugt werden. Je mehr Stalldung vorhanden war, desto mehr Felder konnten angelegt und gedüngt werden. Es bestand also ein unmittelbarer Zusammenhang zwischen dem Ertrag der Wiesen und der Größe der Ackerfläche.

Amtshauptmann von Düring ließ das Wasser für die Berieselung seiner ersten Rieselwiesen dem Meinerser Mühlenkanal entnehmen. Sein erster Versuch muss sich bewährt haben, denn in den nächsten Jahren bildete sich eine Genossenschaft nach der anderen. Sie alle nahmen das Wasser aus dem Meinerser Mühlenkanal.

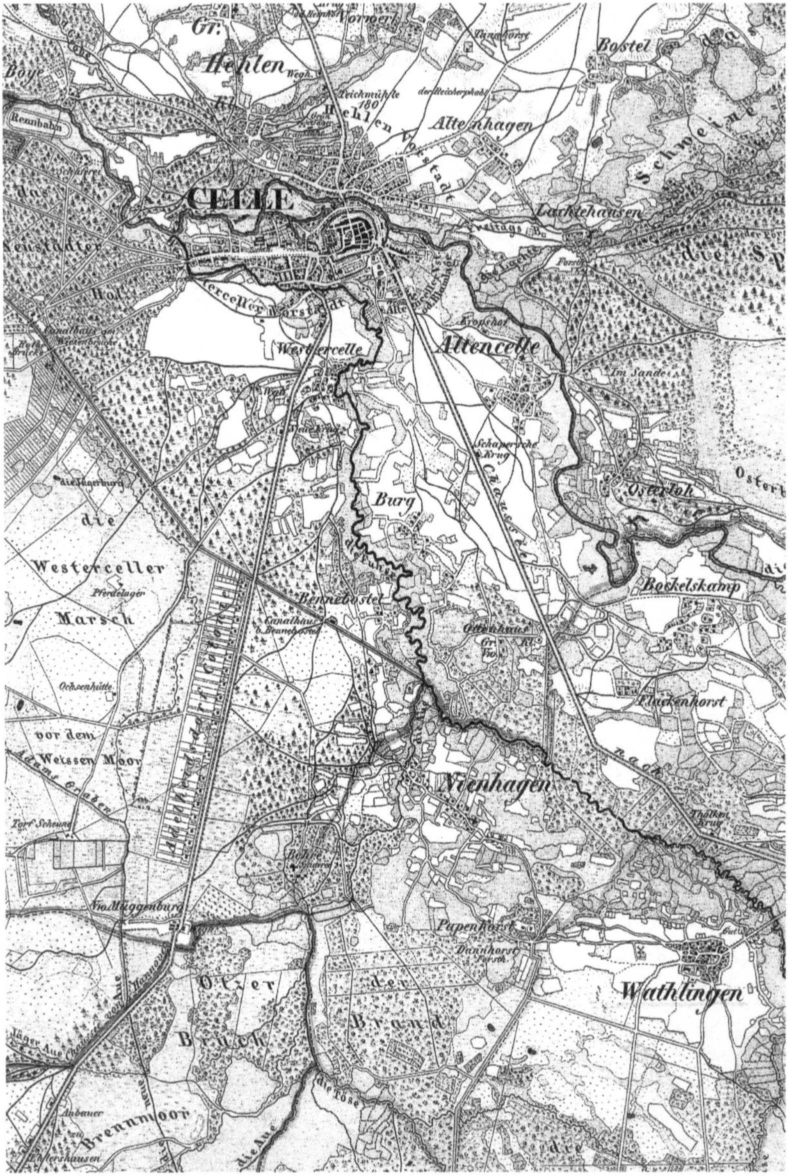

Der Premier-Lieutenant im Königlich Hannoverschen Ingenieurkorps August Papen (1799-1858) hat Bockelskamp und Flackenhorst korrekt auf der 1839 veröffentlichten Karte 41 „Celle" von seinem Topographischen Atlas des Königreichs Hannover und Herzogtums Braunschweig nördlich von Wienhausen eingezeichnet. Über August Papen siehe Lars Ulrich Scholl: Ingenieure in der Frühindustrialisierung, Göttingen 1978, S. 51.

Teilung und Verkoppelung der Feldmark von Bockelskamp

Bei Separationen, Markenteilungen oder Verkoppelungen handelte es sich um Vorformen der heutigen Flurbereinigung im 18. und 19. Jahrhundert in Deutschland. In Bockelskamp datiert der Verkoppelungsrezess vom Jahre 1857.

Die Morgenanzahl schwankte 1770 zwischen 106 Morgen und 74 Morgen je Vollhof, zwischen 67 und 39 je Halbhof, zwischen 42 und 7 je Kote. Zeigt so die Mengenverteilung 1770, dass damals nicht jeder Erbhof eine volle Ackernahrung bot, so wurde bei der Verkoppelung 1857 durch Bodensortenverteilung versucht, einen gerechten Ausgleich zu schaffen.

Die Aufteilung der Flächen auf die Berechtigten war eine einschneidende Veränderung. Josef Riebel hat sich 1964 mit der Teilung und Verkoppelung der Feldmark von Bockelskamp befasst. Seine Hinweise, wie sein nachfolgender Aufsatz zur geschichtlichen Entwicklung der Gemeinde Bockelskamp (1968) auf vier Seiten mit Schreibmaschine getippt, geben einen nachvollziehbaren Überblick über die damaligen Ereignisse.

Die Verkoppelung der Feldmark geschah in zwei Etappen. Die Brinksitzer mit ihrem geringen Anteil machten 1846 den Anfang, während die Höfe erst 1869 folgten – und beinahe, als sie die Kosten sahen, noch wieder zurückgezogen hätten; doch da war es zu spät. Für die Durchführung der Verkoppelung hatte sich besonders der Oberamtmann in Eicklingen (Grote) eingesetzt.[114]

Die Königliche Landdrostei Lüneburg erkannte die Notwendigkeit, die Feldmark der Gemeinde Bockelskamp neu zu ordnen. Im Juni 1844 wurde die Ausarbeitung eines Planes über diese Angelegenheit gefordert – für damalige Verhältnisse eine umfangreiche Aufgabe, was zur Folge hatte, dass der Plan erst 1853 zur Vorlage gekommen ist. Noch im gleichen Jahr wurde mit den Arbeiten begonnen.

Die Kostenfrage war auch damals mit der schwierigste Punkt; vor allem aber die gleichmäßige Belastung der einzelnen Beteiligten. So wurden die Eingesessenen von Bockelskamp zur vorläufigen Deckung der Kosten herangezogen.

Aus dem Verkoppelungsverfahren wurden die Gemeindeforsten sowie die am Südufer liegenden „Schwarzdorn-Wiesen" ausgeschlossen. Die Feldmark lag im Bereich des Amtes Eicklingen, eine weitere Begrenzung ist nicht angegeben. Lediglich die angrenzenden Feldmarken, im Osten Eicklingen, im Süden Wathlingen und Flackenhorst, im Westen Altencelle und im Norden die Aller und Wienhausen. Über die Flächengrößen war man sich im Allgemeinen einig, da im Jahre 1848 eine Vermessung stattgefunden hatte.

Nach vielen Vorarbeiten konnte der Rezess im Februar 1858 aufgestellt werden. Die Beteiligten an diesem Vorhaben wurden als „Theilungs- und Verkopplungs-

[114] Hüner, Harald, Die wirtschaftlichen und gesellschaftlichen Grundlagen des Bauerntums in der Landschaft der mittleren Aller von etwa 1880 bis 1932, Hildesheim 1937, S. 14.

Interessenten zu Bockelskamp“ bezeichnet. Berechtigte waren persönliche Eingesessene der Gemeinde Bockelskamp, die Schulgemeinde und acht Auswärtige.

Da auch damals ein Bedürfnis an gemeinschaftlichem Eigentum bestand, wurden Wege, Triften, Erdgruben und Stege als solche ausgewiesen. Die Unterhaltung der genannten Gemeinheiten oblag Interessenten. Besondere „Flachsrottegruben“ wurden nicht ausgewiesen. Die „Spann-Kuhle“ sollte weiterhin für diese Zwecke genutzt werden.

Die Chaussee von Celle nach Braunschweig führte durch die Feldmark von Bockelskamp, war aber kein Gegenstand der Teilung und wurde als „Communications-Weg“ (Verbindungsweg) bezeichnet.

Als weitere Kommunikationswege waren aufgeführt der Weg von Celle nach Langlingen über Gifhorn, von Bockelskamp nach Eicklingen über den „Roden“, das „Spannfeld“ und den „Lappenberg“.

Verschiedene Wege wurden verlegt, so wie diese noch heute verlaufen. Zur besseren Erschließung der Feldmark wurden neue Koppelwege angelegt. Diese durchziehen seitdem das gesamte Gebiet von der Aller bis zur Fuhse. Jedem Koppelbesitzer blieb es unbenommen, auf seinen Grundstücken Wege zu halten und diese mit den Gemeindewegen zu verbinden.

Besondere Aufmerksamkeit schenkte man den Verbindungswegen zur „Schafwäsche“, die an der Aller liegt. Hierfür erfolgte eine Neuanlage der „Trift“ vom Strohkrug nach „Köneken-Kamp“ bei „Hilsen-Heidkamp“ zur „Altenceller-Wiese“ und längs der Altenceller Feldmarksgrenze zur Aller. So wurden noch drei weitere „Triften“ zur Schafwäsche angelegt. Dieses entsprach den damaligen wirtschaftlichen Notwendigkeiten der Schafzucht.

Natürlich ist bei allen Betrachtungen die Fischerei auch zu ihrem Recht gekommen. Die nötigen Zugänge zur Aller, Fuhse und den Kolken wurde sichergestellt. Das Fischen in der Fuhse war allerdings nur in der Zeit vom 15. September bis zum 1. Mai gestattet. Dem Kloster zu Wienhausen wurde die Fischerei in der Aller sowie in den Kolken zugestanden. Das Fischen in der Fuhse war dem Vollhöfner Müde aus Flackenhorst erlaubt. Dieser bestritt aber eine Mitbeteiligung der Gemeinde Bockelskamp.

Da die Streitigkeit nicht zur Teilung gehörte, wurde die Angelegenheit nicht weiter verfolgt.

Zur Unterhaltung der Wege und für andere Zwecke waren Erdgruben (Sandstiche) angelegt worden. Diese waren über die ganze Feldmark verteilt. Lediglich an zwei „Sandstichen“ war die Königliche Wegbauverwaltung berechtigt, unter Beachtung der gesetzlichen Vorschriften den nötigen Sand zu nehmen.

Obwohl es zur damaligen Zeit an Sand nicht mangelte, wurde der Aushub der Gräben, die längs der Wege verliefen, zur Befestigung verwandt. Die Kosten für Überfahrten und Durchlässe waren von dem getragen worden, der ihrer bedurfte. Insbesondere hat man die Unterhaltung der Durchlässe dem Interessenten übertragen. Durch die Wegbauverwaltung ist bestimmt worden, welche Art von Materialien zum Bau der Durchlässe verwendet werden konnte.

Das Beitragsverhältnis zur ersten Instandsetzung und die künftige Unterhaltung von neuen Einrichtungen wurden in einer Aufstellung aufgezeigt. Als Unterhaltspflichtige wurden sieben Vollhöfner, 14 Halbhöfner und vier Brinksitzer aufgeführt. Die auswärtigen Grundeigentümer waren von der Unterhaltung befreit.

Zu dieser Zeit wurde die Hand- und Spanndienstleistung (Gemeindedienste), die eine erhebliche Belastung mit sich brachten, eingeführt. So entsprach ein Spanndiensttag mit einem Pferd drei Handdiensttagen, mit zwei Pferden fünf Handdiensttagen.[115]

Große Aufmerksamkeit schenkte man der Entwässerung der Feldmark. Durch das Neuanlegen von Gräben wurde dieses sichergestellt. Als Hauptgräben werden noch heute der „Dorfgraben" mit einer Breite von einer halben Rute (die hannoversche Rute rechnete man zu 16 Fuß = 466 cm) sowie der Graben von der Eicklinger Grenze durch die „Meine", „Rühme" und „Flackenhorster Wiesen", dann durch den Weggenbruch und „Bütepagens-Koppel" genannt.

An allen Wegen, die eine Breite von anderthalb Ruten hatten, wurde an beiden Seiten ein Graben von drei Fuß und an Wegen, welche eine Breite von zwei Ruten und mehr hatten, Gräben von vier Fuß angelegt. Die nötigen Flächen für diese Gräben wurden von den Interessenten unentgeltlich hergegeben.

Aber auch jeder Interessent war verpflichtet, bei Reinigung der Gräben den Auswurf zu übernehmen. Dieser wurde auf beiden Seiten des Grabens zur Hälfte auseinander gebracht. Das Ausmähen der Gräben wurde von den Anliegern auf eigene Kosten durchgeführt. Das anfallende Mähgut gehörte dem Anlieger. Wurde das Ausmähen nicht innerhalb von zwei Tagen nach der Aufforstung durch den Vorsteher durchgeführt, dann wurde dieses auf Kosten der Säumigen veranlasst.

Die Gemeindeforsten waren nicht Gegenstand der Teilung. Aus diesen empfingen die 25 Reihestellen das nötige Bauholz für Haupt- und Nebengebäude. Sollte das Holz aus diesen Forsten nicht ausreichend sein, so war die Gemeinde verpflichtet, das fehlende Holz herbeizuschaffen. An dieser Holzlieferung war der Schullehrer nicht beteiligt. Dieser erhielt lediglich fünf Klafter Brennholz geliefert.

Für den Feuerschutz wurden die „Feuerkuhlen" angelegt. Diese befanden sich bei Bollmann, Hasselmann, an der Schule, am Moore, im Spann (auch Rottekuhle). Es war gestattet, das Vieh aus diesen Kuhlen zu tränken.

Die „Reuterwiese", die im Besitz der Gemeinde Bockelskamp und Flackenhorst war, wurde für 825 Taler verkauft. Die Interessenten beschlossen, den Erlös nicht zu teilen, sondern zu verleihen. Von den anfallenden Zinsen wurde ein gemeinschaftlicher Bulle gehalten. Das Anteilverhältnis war wie bei den ande-

---

[115] Vgl. Rabe, Ludwig, Die Lüneburger Heide und die Bewirtschaftung der Heidhöfe, 1900, S. 19.

ren Gemeinsamkeiten für Bockelskamp 21/24 und Flackenhorst 3/24. Beide Gemeinden hatten auch nach diesem Verhältnis den Mehrbedarf sowie den Überschuss geteilt. Der Schulstelle war der Mitgebrauch des Bullen zugesagt, sie war aber von den anfallenden Kosten befreit worden.

Aus dem Verteilungsregister gehen der neue Besitzstand und die Bewertung hervor.

Als Flächenmaß fanden der Morgen und die Quadratrute Anwendung. So hatte ein Morgen 120 Quadratruten und eine Rute 16 Fuß. Der Wert des Bodens war mit Kuhweiden bezeichnet. Nach dieser Maßeinheit wurden die steuerlichen Abgaben ermittelt. Das Ergebnis der damaligen Teilung entspricht einer heutigen Flurbereinigung. Bis in die heutigen Tage haben sich die damaligen Anstrengungen bewährt. Man findet in der Feldmark Bockelskamp/Flackenhorst alle Anzeichen sinnvoller Arbeit und Planung, die über 120 Jahre überdauert haben.

Vollhof Nr. 3 Bütepage um 1912. *Foto: Langspecht*

Bevölkerung und Verwaltung in der zweiten Hälfte des 19. Jahrhunderts

Die schleswig-holsteinische Erhebung gegen Dänemark 1848-1851 war ein Teilvorgang der europäischen und deutschen Revolution. Kriegsparteien des Schleswig-Holsteinischen Krieges (1848-1851) waren einerseits die deutsche nationalliberale Bewegung in den Herzogtümern Schleswig und Holstein im Bündnis mit den meisten Staaten des Deutschen Bundes, andererseits das Königreich Dänemark.

Den Krieg in Schleswig-Holstein 1848 und 1849 haben aus dem Kirchspiel Wienhausen 18 Männer mitgemacht, darunter aus Bockelskamp **Fritz Thies** und aus Flackenhorst **Radecke** (in Einbeck gestorben).[116]

Am 4. Mai 1852 war für das Königreich Hannover ein Gesetz, „die Landgemeinden betreffend", erlassen. Gemäß einer gleichzeitig getroffenen Regelung bildeten unter anderem Bockelskamp und Flackenhorst eine „Sammtgemeinde". Vorsteher dieses Zweckverbandes war Deecke, Bockelskamp.[117]

Gesetz, betreffend die Landgemeinden, von 1859

Gegenstand des Gesetzes, die Landgemeinden betreffend, vom 28. April 1859 waren die öffentlichen Verhältnisse in den Landgemeinden. Georg der Fünfte, von Gottes Gnaden König von Hannover, Königlicher Prinz von Großbritannien und Irland, Herzog von Cumberland, Herzog zu Braunschweig und Lüneburg usw., legte darin bezüglich der Beschlussfähigkeit der Gemeindeversammlung fest (§ 44 Abs. 3): „Es kann jedoch ein gültiger Beschluß nur gefaßt werden, wenn mindestens Ein Drittel der vorhandenen Stimmen in der Versammlung vertreten ist." Unter dem Begriff der „Gemeindeversammlung" subsummierte man im Übrigen die Versammlung der sämtlichen stimmberechtigten Gemeindeglieder.

Als stimmberechtigt galten (§ 8):

1) Alle, welche in der Gemeinde ein Gut, einen Hof oder ein für sich bestehendes Wohnhaus eigenthümlich oder nießbräuchlich besitzen.

2) Alle Männer, welche in der Gemeinde wohnberechtigt sind und in derselben einen eigenen Haushalt führen, sofern sie

a. nicht zu schweren Strafen (Art. 8 des Criminalgesetzbuchs) verurtheilt,
b. sonst unbescholten,
c. selbständig

sind.

Das Gesetz über Landgemeinden vom 4. Mai 1852 wurde aufgehoben, das neue Gesetz von den Ministern Graf Wilhelm Friedrich Otto v. Borries (Inneres) und

---

116 Bettinghaus, a. a. O., S. 64 f.
117 Köneke, Wilhelm; Schmidt-Harries, Helmut, Eicklingen, Celle 1991, S. 101.

Erblanddrost v. Bar (später Justiz) unterzeichnet und am 6. Mai 1859 zu Hannover ausgegeben.

Wir finden das Gesetz in der Gesetzsammlung für das Königreich Hannover, Jahrgang 1859, Nr. 27. König Georg V. war 40 Jahre alt, als das Gesetz ausgegeben wurde. Der Monarch war blind, aber das vom König Ernst August erlassene Landesverfassungsgesetz von 1840 hatte die Thronfolge eines Blinden für zulässig erklärt.

Die Amtsvogtei Eicklingen, seit 1852 Amt, wurde durch die Verwaltungsreformgesetze vom März 1859 zum größten Teil mit dem Amt Celle vereinigt. So kamen Nienhof und Neuhaus mit Müden, Flettmar, Böckelse, Hohnebostel, Bröckel, Wiedenrode und Langlingen zum Amt Meinersen.

Wie viel Bauern in Bockelskamp Frachtfahrer geworden sind, ist nur zu vermuten. Als die Bahn sie zur Aufgabe des Frachtfahrens zwang, kehrten sie wieder zu ihrem eigentlichen Beruf zurück. Nach 31-jähriger Ehe traf beispielsweise Heinrich Wilhelm Thies vom Halbhof Nr. 8 im Zegenwinkel 1861 wegen der Ungunst der Zeiten, wegen Ausfalls des Frachtverkehrs und anderer Ursachen das traurige Schicksal, dass sein Hof verkauft werden musste.

Später wurde auf Grundstücken von diesem Hof von einem Lipper Ziegler die Ziegelei errichtet, die mit Beginn des Ersten Weltkrieges den Betrieb einstellte und der nachher wegen nur noch geringem Lehmvorrat nicht wieder aufgenommen werden konnte.

Der Halbhof Nr. 8 gilt als eines der ältesten Häuser des Dorfes. Dort wurde 1589 bei Tileke Luters ein ansehnlicher Viehbestand von sechs Pferden, 13 Rindern, sechs Schweinen und zwei Schafen nachgewiesen (s. S. 41).

Auf das Vorhandensein des Wohlriechenden oder großen Odermennig in Bockelskamp weist der Jahresbericht der Naturhistorischen Gesellschaft zu Hannover von 1862 hin. Die Betrachtung begrenzt sich auf den Celler Raum:[118]

Agrimonia Eupatoria. Im Gebüsch, an Waldrändern nicht selten.
— *odorata* Ait. Seltener. (Bei der Schäferei am Neustädter Holz und bei Bockelskamp.)

Im Jahre 1864 stand die Maschinen-Ziegelei bei Bockelskamp zum Verkauf an. Grund war „Auseinandersetzung" der Eigentümer, August Ernst und G. H. Pfingsten. Ein zweiter und letzter Termin wurde auf den 12. Mai 1868 in dem Gasthaus „Zum Sandkruge" in Celle anberaumt. Zu der Ziegelei gehörte der im Dorf Bockelskamp unter Nr. 8 befindlicher Halbhof mit ca. 120 Morgen Wiesen, Ackerländerei und Baumbestand.

In der Verkaufsanzeige[119] wurde die Ziegelei wie folgt beschrieben:

„Die Ziegelei ist nach den neuesten Erfahrungen eingerichtet und wird mit Maschinen betrieben, so daß täglich 8—10,000 Steine angefertigt werden können.

[118] Elfter Jahresbericht der Naturhistorischen Gesellschaft zu Hannover von Michaelis 1860 bis dahin 1861, Hannover 1862, S. 28.
[119] Cellesche Anzeigen vom 26. April 1864.

Sie hat ein reichhaltiges Thonlager, welches sich in unmittelbarer Nähe derselben befindet. In einer Entfernung von mehreren Stunden ist keine andere Ziegelei belegen und reichlicher Absatz vorhanden.

Außer andern Utensilien gehören zum Inventarium eine Locomobile von 8 bis 10 Pferdekraft, ein großer gußeiserner Thonschneider, eine Ziegelpresse, eine Kreissäge von 27 Zoll Durchmesser, sämmtliche Treibriemen, zwei eiserne Transportwagen zum Transport der Steine mittelst Schienen von der Maschine in die Schoppen, ein Schienenstrang nebst großem Transportwagen von dem Thonlager zur Maschine."

Nachgebote führten schließlich zu einem weiteren Verkaufstermin im Gasthaus zum Sandkruge am 14. Juni 1864.

Das Gras auf den an der Fuhse befindlichen Wiesen der Vollhöfner Meinecke, Hilse, Bütepage, Meyer, Fricke, Hasselmann, Behrens, des Kötners Meldau und des Brinksitzers Unger standen am 24. Juni 1864 zur Verpachtung an. Heinrich Meyer rief in den „Celleschen Anzeigen" vom 21. Juni 1864 dazu auf, dass sich die Pächter am 24. Juni bei dem so genannten Fuhsensteg versammeln sollten.

Im Jahre 1864 wurde die Vietshöfer Brücke repariert. Amtsassessor Lueder vom Königlichen Amt in Celle machte unter dem 16. August 1864 bekannt: „Behuf einer Reparatur an der Vietshöfener Brücke im Wege von Bockelskamp nach Wienhausen wird die Passage dieser Brücke vom 1. bis 15. k. M. September für Fuhrwerk gesperrt sein. Während der Sperrungs-Zeit hat das Fuhrwerk seinen Weg entweder über Osterloh und Oppershausen oder über Klein- und Groß-Eicklingen zu nehmen."

Verdingung von Erdarbeiten.

Es wird beabsichtigt, am

Freitag, den 19. d. M., Nachmittags 3 Uhr,

bei dem s. g. Strohkruge und bei Bockelskamp, und am

Sonnabend, den 20. d. M., Nachmittags 3 Uhr,

hinter Hambühren die Erddamm-Arbeiten zum Neubau der betreffenden Landstraßen an die Mindestfordernden abzugeben.

Die Bedingungen werden in den Terminen bekannt gemacht.

Celle, den 10. Mai 1865.

Königliche Wegbau-Inspection.

Fenkhausen.

Cellesche Anzeigen vom 18. (oben) und 23. Mai 1865

Bekanntmachung.

Da die Erddamm-Arbeiten auf der Abtheilung der Celle-Wienhausen-Meinersener Landstraße vom Strohkruge ab bis Bockelskamp verdungen sind und mit Ausführung derselben sofort begonnen werden soll, so wird hiemit der Weg vom Strohkruge nach dem Dorfe Bockelskamp bis auf Weiteres für alles auswärtige Fuhrwerk gesperrt.

Celle, den 20. Mai 1865.

Königliches Amt.

Stölting. Lueder.

In Folge der Bundeskrise (Frage um die Verwaltung der Herzogtümer Schleswig und Holstein) kam es 1866 zum Krieg und zur Besetzung Hannovers durch preußische Truppen. Im Deutschen Krieg von 1866 wahrte das Königreich Hannover Bundestreue und wurde somit wider Willen auf die Seite Österreichs und der süddeutschen Staaten gedrängt. Preußen besetzte Hannover ohne wesentliche Gegenwehr; die hannoversche Armee wich nach Süden aus, um sich mit bayrischen Truppen zu vereinigen. Sie schlug ein preußisches Korps bei Langensalza, wurde dann aber zur Kapitulation gezwungen. Nach der Schlacht von Langensalza am 29. Juni 1866 endete das Königreich Hannover, die Welfen wurden entthront und Hannover preußische Provinz. Die Tragik der Schlacht von Langensalza lag in der Besonderheit, dass Deutsche gegen Deutsche kämpfen mussten. Die Entscheidungsschlacht erfolgte bei Königgrätz am 3. Juli 1866.[120]

Unsere Heimat wurde preußisch.

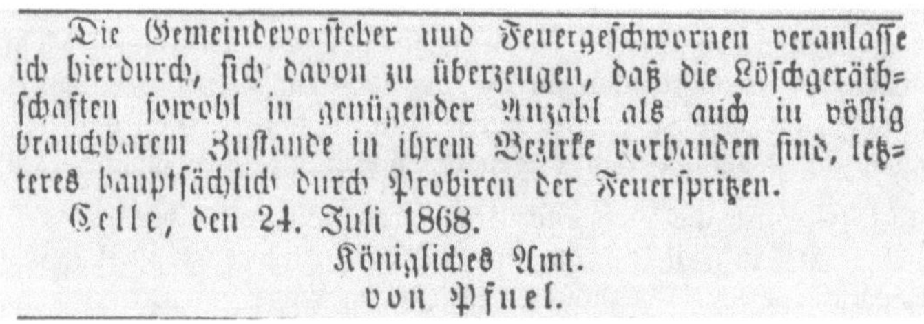
Die Gemeindevorsteher und Feuergeschwornen veranlasse ich hierdurch, sich davon zu überzeugen, daß die Löschgeräthschaften sowohl in genügender Anzahl als auch in völlig brauchbarem Zustande in ihrem Bezirke vorhanden sind, letzteres hauptsächlich durch Probiren der Feuerspritzen.

Celle, den 24. Juli 1868.

Königliches Amt.
von Pfuel.

Cellesche Anzeigen vom 26. Juli 1868.

In den Deutschen Krieg zwischen Preußen und Österreich zogen elf Bockelskämper Bauern. Fünf von diesen zogen noch mit 13 anderen Kampfgefährten aus dem Dorfe in den Krieg 1870/71.

Aus Bockelskamp haben die Schlacht von Langensalza mitgemacht:[121]

Heinrich Pröve
Heinrich Sander
Heinrich Ranze, später Postpackmeister in Celle
Heinrich Bütepage
Fritz Bütepage, Bahnwärter bei Adelheidsdorf
Heinrich Thies I
Heinrich Thies II
Fritz Marwedel
Conrad Marwedel
Ernst Thies, Wachtmeister
Fritz Uhde
(Johann) Heinrich Hilse, später Groß Eicklingen

[120] Das Ereignis von Langensalza wurde bald überschattet von der wenig später stattfindenden Schlacht bei Königgrätz. Diese hat sicher größere Folgen für die Politik nach sich gezogen, aber die Bedeutung der Schlacht bei Langensalza liegt auf anderen Gebieten. So war es schon außergewöhnlich, dass bei Langensalza einer der Heerführer stark behindert gewesen ist. König Georg V., „von Gottes Gnaden König von Hannover“, war nämlich seit seinem 16. Lebensjahr völlig erblindet.

[121] Bettinghaus, a. a. O., S. 66.

Am 4. Juni 1868 hieß es in den „Celleschen Anzeigen“:

Die an der Fuhse belegenen Wiesen des Vollhöfners Meinecke, Hilse, Bütepage, Sprengel, Behrens, Halbhöfners Ernst, Köthners Denecke und Brinksitzers Unger hieselbst sollen zur diesjährigen Aberntung am
Freitag, den 5. Juni d. J.,
an Ort und Stelle öffentlich meistbietend verpachtet werden.

Pächter versammeln sich am genannten Tage, Morgens 9 Uhr, beim sog. Fuhsenstege.

Bockelskamp, den 28. Mai 1868. Hr. Meyer.

Das Gras auf den an der Fuhse belegenen Wiesen der Vollhöfner Pröve, Hilse, Bütepage, Sprengel, Behrens, Halbhöfners Ernst, Köthner Meldau, Denecke, Lüters und Brinksitzers Unger hieselbst soll am
Dienstag, den 28. d. M.,
öffentlich meistbietend verkauft werden.
Käufer versammeln sich Vormittags 9 Uhr beim s. g. Fuhsenstege im Weggenbruche.
Bockelskamp, den 21. Juni 1870.
Meyer.

Cellesche Zeitung vom 25. Juni 1870

Am Deutsch-Französischen Krieg (1871/72) nahmen aus Bockelskamp folgende Männer teil: **Heinrich Pröve, Heinrich Sander, Heinrich Ranze, Heinrich Bütepage, Kötner Meyer, Fritz Bütepage, Heinrich Thies, Fritz Thies, Heinrich Könecke, Heinrich Heering, Fritz Deecke, Ernst Lüters, Wilhelm Thies, Christoph Langspecht, Carl Hasselmann** und **Conrad Hohnemann**, aus Flackenhorst: **Heinrich Bütepage und Karl Wiekenberg**.[122]

Am 12. August 1872 war ein Termin zum Verkauf der Unger'schen Brinksitzerstelle zu Bockelskamp. „Genügende Gebote“ blieben aber aus.

Im Jahre 1878 heiratete Bütepage aus Bockelskamp in die Anbauerstelle „Ludewigs“ in Wiedenrode. Im Jahre 1853 war Ludwig Scheele vom Mutterhof (Haus 4) aus auf der „Lauenhorst“ in Wiedenrode angesiedelt. In jener Zeit muss der Halbhof Scheele über diese Ländereien Besitzrechte gehabt haben, und aus diesem Grunde erhielt der neue Siedler die Bezeichnung „Anbauer“.[123]

Folgende Anzeige wurde in der Celleschen Zeitung vom 4. Januar 1879 abgedruckt:

Holzverkauf.

Am Dienstag, den 7. Januar 1879, soll in der Bockelskamper Gemeinde=Forst im Weggenbruch eine Quantität Eichen=Nutz= und Brennholz, passend für Stellmacher, auf dem Stamme öffentlich meistbietend verkauft werden.

Versammlung der Käufer Morgens 10 Uhr beim Fuhsenstege.

Bockelskamp, den 30. Decbr. 1878. Deecke.

---

[122] Bettinghaus, a. a. O., S. 68.
[123] Blazek; Bütepage, Wiedenrode, a. a. O., S. 61.

Am 1. April 1885 wurde aus den Ämtern Bergen und Celle sowie Teilen des Amtes Meinersen der Landkreis Celle gebildet. Bockelskamp und Flackenhorst waren nun zwei von 108 „Landgemeinden“ (sowie 10 Gutsbezirken) im Landkreis Celle.

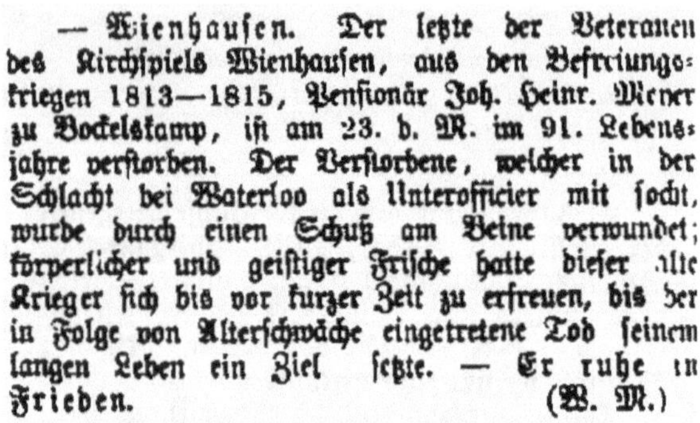

— Wienhausen. Der letzte der Veteranen des Kirchspiels Wienhausen, aus den Befreiungskriegen 1813—1815, Pensionär Joh. Heinr. Meyer zu Bockelskamp, ist am 23. d. M. im 91. Lebensjahre verstorben. Der Verstorbene, welcher in der Schlacht bei Waterloo als Unterofficier mit focht, wurde durch einen Schuß am Beine verwundet; körperlicher und geistiger Frische hatte dieser alte Krieger sich bis vor kurzer Zeit zu erfreuen, bis der in Folge von Alterschwäche eingetretene Tod seinem langen Leben ein Ziel setzte. — Er ruhe in Frieden. (W. M.)

Cellesche Zeitung vom 25. April 1885

Am 3. Februar 1890 wurde in der Celleschen Zeitung inseriert:

Bockelskamp, den 1. Februar 1890.

Holz-Verkauf.

Am

Mittwoch, den 5. Februar,

beabsichtigt der Hofbesitzer Hasselmann eine große Quantität Fuhren=Lattholz, ca. 31 Kabel, und

6 große, starke Eichen

gegen Fristzahlung zu verkaufen.

Käufer wollen sich an dem genannten Tage auf dem Hasselmannschen Hofe Mittags 12 Uhr einfinden.

Bockelskamp, den 1. Februar 1890.

Fritz Hasselmann.

Am 21. Februar 1890 stand der Verkauf von 10 Kabeln Eichen Stammholz, 30 Kabeln Kiefer Stammholz und 50 Kabeln Brennholz sowie auch ein Quantum alte Mauer- und Kieselsteine vom Sprengelschen Vollhof zu Bockelskamp an.

Der Gastwirt und Ziegeleibesitzer Fritz Meyer zu Bockelskamp schließlich beabsichtigte, auf seinem in der Feldmark Schepelse an dem Weg von der Celle-Braunschweigschen Chaussee nach Hohnebostel belegenen, „beim langen Kampe“ benannten Grundstück einen Ziegelofen zu errichten und erbat hierzu die behördliche Genehmigung. Ein Erörterungstermin wurde für den 21. März 1890 im Geschäftszimmer des Kreisausschusses des Landkreises Celle anberaumt.

Omnibusfahrten gingen im 19. Jahrhundert bei den vielen Celler Gastwirten sowie beim Kaufmann Ernst Borchers Nachf. & Co. in der Schuhstraße 52 ab. So fuhr unter anderem der Omnibus um 15 Uhr vom Gastwirt Christ. Biermann in der Mauernstraße 23 („Zum goldenen Engel") ab. Ankunft in Celle war morgens um halb neun. Ein weiterer Omnibus (Postomnibus) fuhr nach Langlingen über Bockelskamp, Wienhausen und Offensen, und zwar um 15 Uhr beim Gastwirt und Posthalter Heinrich Heering in der Bergstraße 47 („Stadt Lüneburg"). Ankunft in Celle war bei dieser Linie morgens um halb zehn. Von beiden Gastwirtschaften gingen auch Boten zu den besagten Zielorten ab. Von und nach Langlingen hatte ein weiterer Bote bei der Kurz- und Wollwarenhandlung Bruns in der Mauernstraße 25 seinen Ausgangs- bzw. Zielort.[124]

Die Reichstagswahl 1893 war die Wahl zum 9. Deutschen Reichstag. Sie fand am 15. Juni 1893 statt. Die Wahl war notwendig geworden, weil der Reichstag infolge Ablehnung der Militärvorlage aufgelöst worden war. Die Wahlbeteiligung lag bei 72,2 Prozent und damit unwesentlich höher als bei der Reichstagswahl am 20. Februar 1890 (71,6 Prozent).[125]

Die Nationalliberale Partei hatte als Kandidaten den Ökonomierat Gustav Rothbarth (***Foto rechts***) in Triangel bei Sassenburg aufgestellt, die Welfen kämpften für Landschaftsrat Georg Graf von der Decken zu Rutenstein. Außerdem standen im 14. Hannoverschen Reichstags-Wahlkreis (Celle) zur Wahl: Zimmermann Friedrich Warnke in Celle (Sozialdemokraten, ein „Vorkämpfer der Arbeitersache"), der Premierlieutenant a. D. und Schriftsteller Max Liebermann von Sonnenberg aus Charlottenburg (Antisemitische Deutschsoziale Partei) und der liberale Eugen Richter aus Hagen-Eilpe (Freisinnige Volkspartei). Das Wahlresultat der Reichstagswahl wurde in der Celleschen Zeitung vom 16. Juni 1893 abgedruckt. In Bockelskamp entfielen demnach 26 Stimmen auf Rothbarth, 17 auf von der Decken, drei auf Warnke, eine auf Liebermann von Sonnenberg und keine Stimme auf Richter (Flackenhorst ist nicht gesondert aufgeführt).

Am 9. Mai 1895 lesen wir in dem Bericht über die Schöffengerichtsverhandlungen des Vortages: „Die Arbeiter H . . . . e, Vater und Sohn, aus Celle waren angeklagt, im Januar d. Js. aus Kuhlen bei Bockelskamp und Altencelle Rohr geschnitten und verkauft zu haben. Die Angeklagten leugneten, wurden jedoch durch die Zeugenaussagen der Uebertretung bei Altencelle überführt, diejenige bei Bockelskamp, konnte ihnen nicht bewiesen werden. Ebenso wur-

---

[124] Adreß-Buch der Stadt Celle für 1890, herausgegeben von Heinrich Rehm, Celle 1890, S. 135 ff.

[125] Ausführlich : Blazek, Matthias, Celle und die Reichstagswahl 1893 / Die Nationalliberalen nominierten Rothbarth – „Die Einführung des Einholens der ländlichen Wahlresultate durch die Radfahrer hat sich vortrefflich bewährt", Sachsenspiegel 42, Cellesche Zeitung vom 17.10.2009.

den sie von der Anklage Besenreiser widerrechtlich geschnitten zu haben, freigesprochen, da sie einen Zettel mit der Erlaubniß des Eigenthümers vorlegen konnten. Für den Rohrdiebstahl in Altencelle erhielten die Angeklagten je 10 Mark ev. 2 Tage Gefängniß.“

In der Celleschen Zeitung vom 29. Juli 1896 wurde über eine Brandkatastrophe in Bockelskamp berichtet: „Bei dem Gewitter in letzter Nacht schlug der Blitz in das Wohnhaus des Anbauers Behrens hierselbst. Dasselbe wurde total eingeäschert. Das Vieh ist sämmtlich gerettet, jedoch ist fast das ganze Inventar und das eingebrachte Heu verbrannt. Versichert ist das Gebäude bei der landschaftlichen Brandkasse.“

Der Vorsitzende des Kriegervereins Groß Eicklingen und Umgegend war im Ausklang des 19. Jahrhunderts ein Bockelskamper. Er beantragte für seinen Verein beim Königlichen Landratsamt Celle am 18. Januar 1897:

Der Kriegerverein Gr. Eicklingen und Umgegend hat beschlossen den Geburtstag Sr. Majestät des Kaisers in herkömmlicher Weise zu feiern und wird in seinem Vereinslokale, im Saale des Gastwirths Heering Gr. Eicklingen, am 27 Januar 1897 einen Ball abhalten.

Hiervon setze ich das Königliche Landrathsamt ganz ergebenst in Kenntniß

Bockelskamp, den 18 Januar 1897

Pröve
Vorsitzender[126]

Nachweisung
der
im Landkreise Celle vorhandenen, notorisch dem Trunke ergebenen Personen.

Lfd. Nr.	Der betreffenden Personen: Name	Stand	Wohnort
1	Peters	Arbeiter	Hambühren
2	Rathmann, Wilh.	Schneider	Westercelle
3	Oberg, Fritz	Brinksitzer	Nienhagen
4	Knoop, H.	Abbauer	Kl. Hehlen
5	Behrens, C.	Hofbesitzer	Walle
6	Constabel, Fr.	Altentheiler	Winsen a. d. A.
7	Gehre, H.	Arbeiter	"
8	Hachmeister, Fr̈dr.	Abbauer	"
9	Schulenburg	Ehefrau d. Vollhöfners	Bargfeld
10	Giere	Häusler	Eldingen
11	Kobilke, Aug.	Arbeiter	Starkshorn
12	Engelke	"	Habighorst
13	Erks, W.	Köthner	Scharnhorst
14	Sander	Arbeiter	"
15	Eggers, H.	Häusling	Habighorst
16	Kasten, H.	Arbeiter	Eschede
17	Bühring	Maurer	Ahnsbeck
18	Dierks	Altentheiler	"
19	Schöndube	Schlachter	"
20	Bodenstab, Doris	Ehefrau d. Arbeiters	Melhof (Metzingen)
21	Roloff	Maler	Beedenbostel
22	Wiese, Karl	Arbeiter	Hohnhorst
23	Frede, Gust.	Barbier	Lachendorf
24	Backhaus, D.	Altentheilerin	Ahnsbeck
25	Januschewsky	Maurer	Beedenbostel
26	Krüger	Schneider	Bröckel
27	Kammann	Köthner	Gr. Eicklingen
28	Schmidt	Stellmacher	Langlingen
29	Schulz	Brinksitzer	"
30	Graß	Zimmermann	Wathlingen
31	Hasenjäger	Stellmacher	"
32	Buchholz, F.	Altentheiler	Bockelskamp
33	Meyer, C.	Abbauer	Bröckel
34	Thiele, W.	Arbeiter	Langlingen
35	Müller, Konr.	Abbauer	Bröckel
36	Heuer, Karl	Arbeiter	Wathlingen
37	Pröve, H.	Stellmachermstr.	Kl. Eicklingen
38	Jürries, Fr.	Arbeiter	Wathlingen
39	Voß, M., geb. Cohrs	Ehefrau	Bergen b. C.
40	Böcker, C.	Zimmerm.	"
41	Hartung, C.,	Schlosser	"
42	Peetz, Heinr.	Zimmerm.	"
43	Meyer, Ernst	Tagelöhner	"
44	Olte, Fritz	Hauswirth	Sülze
45	Niggers, H.	Abbauer	Oldendorf
46	Voigts, W.	Forstarbeiter	Nebberlah
47	Hartig	Häusling	Becklingen
48	Marquardt, Heinr.	Hausschlachter	Hohne b. Berg.
49	Brammer	Hauswirth	Wardböhmen
50	Ahns, Wilh.	Tagelöhner	"
51	Knop, Heinr.	Zimmerm.	"
52	Hüners, Chr.	Schneider	Müden
53	Witte, Heinr.	Abbauer	Hermannsburg
54	Linneweh, Friedr.	Arbeiter	Rienhof
55	Ahlvers, H.	Arbeiter	Bunkenburg.

Celle, den 13. Decbr. 1895.

Der Landrath.
v. Bardeleben.

Cellesche Zeitung vom 19. Dezember 1895.

[126] Nds. HptStA Hann. 174 Celle Nr. 7.

Aus der Geschichte der Schule: 1850-1967

Friedrich Wilhelm Cammann unterrichtete in Bockelskamp von Michaelis 1882 bis Michaelis 1891. In seiner Zeit, 1885, wurde das Schulhaus in Bockelskamp umgebaut.

Nach Cammann unterrichtete von Michaelis 1891 bis 1. März 1896 Carl Schulz in Bockelskamp. Von 1896 bis 1901 folgte Heinrich Christ. Wilhelm von der Ohe, dann 1901 Friedrich Lüth und schon im folgenden Jahr, 1902, Ernst Hoopmann.

Das Amtliche Schulblatt für den Regierungsbezirk Lüneburg vom 1. April 1925 berichtete, dass Lehrer Ernst Hoopmann in Bockelskamp in den Ruhestand versetzt worden sei. Für ein Jahr kam nun Gustav Wegener, der danach von 1933 bis 1964 in Helmerkamp unterrichtete. Bernhard Otte, geboren am 12. Dezember 1883 in Klein Ilsede, kam 1926 als Lehrer nach Bockelskamp, nachdem er von 1909 bis 1926 in Helmerkamp unterrichtet hatte (er ist im *Dorfbuch Helmerkamp* auf Seite 395 zu sehen).

Die Klagen über hygienische Mängel des altersschwachen Schulhauses führten schließlich zu einem Neubau der Jahre 1927/28. – Nun, die Zeit ist auch über dieses Stadium der Entwicklung hinweggegangen. Heute besuchen die schulpflichtigen Kinder aus Bockelskamp die Grund- und Hauptschule in Wienhausen. Die amtlichen Zahlen weisen für das Jahr 1977 aus: Grundschule 567, Hauptschule 371, insgesamt 938 Kinder. Sie wurden in 39 Klassen von 39 hauptamtlichen Lehrkräften unterrichtet.

Angesichts dieser imponierenden Zahlen können wir wohl kaum noch Verständnis dafür aufbringen, dass es einmal eine Zeit gab, in der sich die Flackenhorster eine eigene Schule wünschten. Auch darüber erfahren wir aus den zuvor zitierten Akten des Landkreises Celle.

„Früher wurde weniger über die richtigen Schulformen gestritten", sagt Gerhard Luttermann. Der Wienhäuser weiß, wovon er spricht. Er war bis 1995 mehr als 30 Jahre lang Amtsleiter beim Landkreis Celle für das Schulwesen zuständig. Dass es beim Thema Schulen in den 60er und 70er Jahren weniger heiß her ging, hat seinen festen Grund, glaubt Luttermann. „Wir hatten damals einfach mehr Geld. Wir konnten mehr bauen."

Nach dem Zweiten Weltkrieg verdoppelten sich beinahe die Schülerzahlen, weil Vertriebene aus dem Osten im Celler Land eine neue Heimat fanden. Später, vor allem in den 60er und 70er Jahren, sorgten geburtenstarke Jahrgänge dafür, dass viele Schulen gebaut werden mussten. „Vorne saßen die Kleinen, hinten die Großen", erinnert sich Luttermann an seine eigene Kindheit an der Grundschule in Bockelskamp. Die Schule wurde 1967 geschlossen.

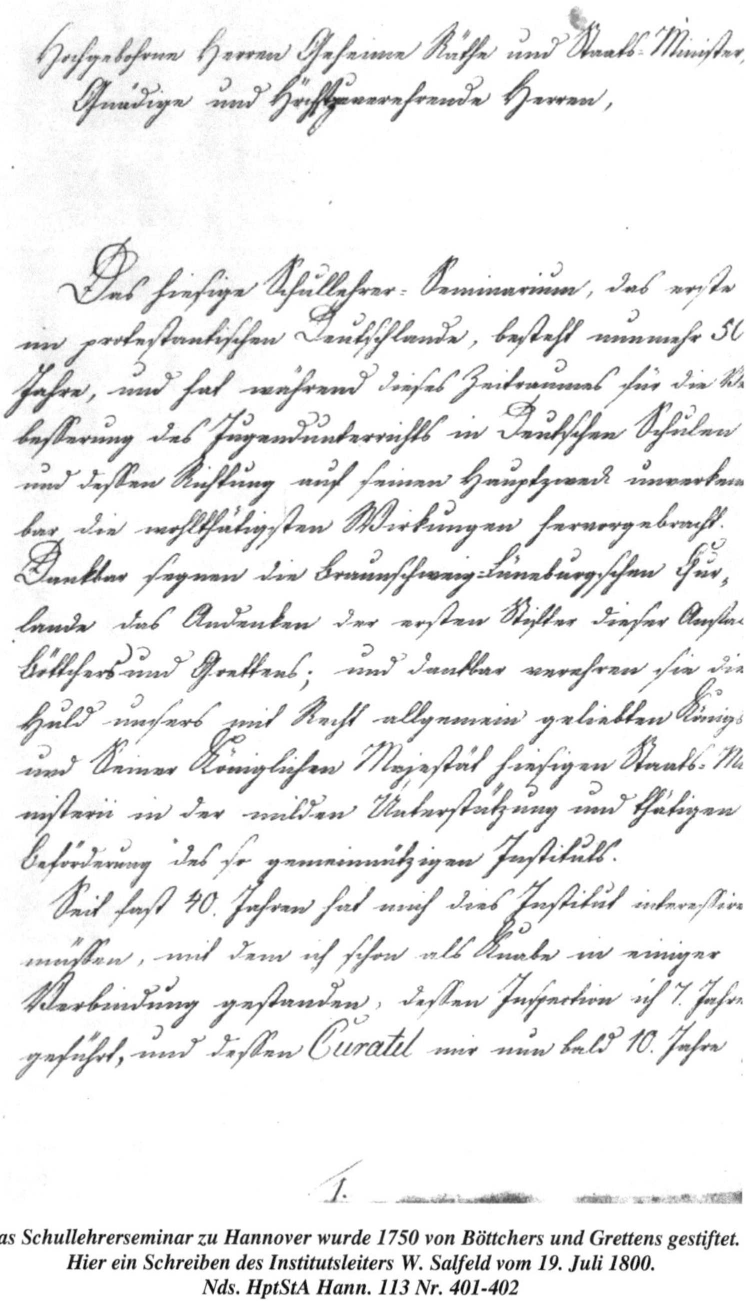
Hochgebohrne Herren Geheime Räthe und Staats-Minister,
Gnädige und Hochzuverehrende Herren,

Das hiesige Schullehrer-Seminarium, das erste im protestantischen Deutschlande, besteht nunmehr 50 Jahre, und hat während dieses Zeitraums für die Verbesserung des Jugendunterrichts in Deutschen Schulen und dessen Richtung auf seinen Hauptzweck unverkennbar die wohlthätigsten Wirkungen hervorgebracht. Dankbar segnen die Braunschweig-Lüneburgischen Kurlande das Andenken der ersten Stifter dieser Anstalt Böttchers und Grettens; und dankbar verehren sie die Huld unsers mit Recht allgemein geliebten Königs und Seiner Königlichen Majestät hiesigen Staats-Ministerii in der milden Unterstützung und thätigen Beförderung des so gemeinnützigen Instituts.

Seit fast 40. Jahren hat mich das Institut interessiren müssen, mit dem ich schon als Knabe in einiger Verbindung gestanden, dessen Inspection ich 7. Jahre geführt, und dessen Curatel mir nun bald 10. Jahre

1.

Das Schullehrerseminar zu Hannover wurde 1750 von Böttchers und Grettens gestiftet. Hier ein Schreiben des Institutsleiters W. Salfeld vom 19. Juli 1800. Nds. HptStA Hann. 113 Nr. 401-402

Der rote Hahn

Auf Grund einer am 28. Dezember 1898 vom preußischen Innenminister erlassenen Verfügung erließ der Oberpräsident der Provinz Hannover, Se. Exc. Konstantin Graf zu Stolberg-Wernigerode, Major à la suite der Armee, am 27. September 1901 die „Polizeiverordnung, betreffend die Regelung des Feuerlöschwesens“ (Amtsblatt für den Regierungsbezirk Hannover S. 202), die Bestimmungen für die Errichtung von „Gemeinde-Feuerwehren“ (Pflichtfeuerwehren) enthielt. Die preußische Staatsverwaltung hatte damals aber auch allgemein festgestellt: „... in erster Linie wird zur Erreichung einer guten und leistungsfähigen Feuerwehrorganisation die freiwillige Betätigung sowohl von Seiten der Einzelnen wie von Seiten der kommunalen Verbände in Anspruch genommen werden müssen“.

Der entscheidende Paragraph der Verordnung lautet, wie folgt:

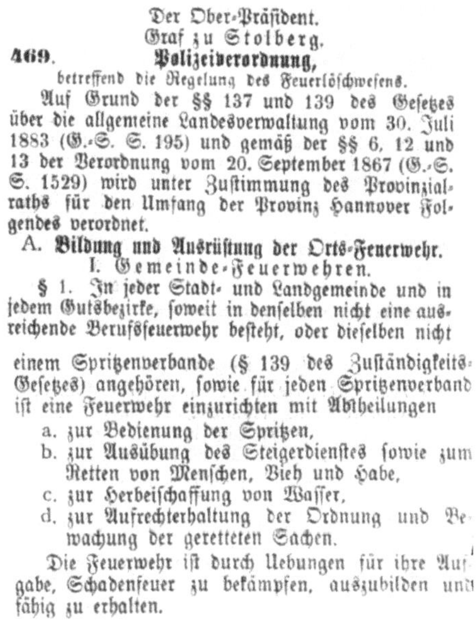

Der Ober-Präsident.
Graf zu Stolberg.

469. Polizeiverordnung,
betreffend die Regelung des Feuerlöschwesens.

Auf Grund der §§ 137 und 139 des Gesetzes über die allgemeine Landesverwaltung vom 30. Juli 1883 (G.-S. S. 195) und gemäß der §§ 6, 12 und 13 der Verordnung vom 20. September 1867 (G.-S. S. 1529) wird unter Zustimmung des Provinzialraths für den Umfang der Provinz Hannover Folgendes verordnet.

A. Bildung und Ausrüstung der Orts-Feuerwehr.
I. Gemeinde-Feuerwehren.

§ 1. In jeder Stadt- und Landgemeinde und in jedem Gutsbezirke, soweit in denselben nicht eine ausreichende Berufsfeuerwehr besteht, oder dieselben nicht einem Spritzenverbande (§ 139 des Zuständigkeits-Gesetzes) angehören, sowie für jeden Spritzenverband ist eine Feuerwehr einzurichten mit Abtheilungen

a. zur Bedienung der Spritzen,
b. zur Ausübung des Steigerdienstes sowie zum Retten von Menschen, Vieh und Habe,
c. zur Herbeischaffung von Wasser,
d. zur Aufrechterhaltung der Ordnung und Bewachung der geretteten Sachen.

Die Feuerwehr ist durch Uebungen für ihre Aufgabe, Schadenfeuer zu bekämpfen, auszubilden und fähig zu erhalten.

In jeder Stadt- und Landgemeinde und in jedem Gutsbezirke, soweit in denselben nicht eine ausreichende Berufsfeuerwehr besteht, oder dieselben nicht einem Spritzenverbande (§ 139 des Zuständigkeits-Gesetzes) angehören, sowie für jeden Spritzenverband ist eine Feuerwehr einzurichten mit Abteilungen

a. *zur Bedienung der Spritzen,*
b. *zur Ausübung des Steigerdienstes sowie zum Retten von Menschen, Vieh und Habe,*
c. *zur Herbeischaffung von Wasser,*
d. *zur Aufrechterhaltung der Ordnung und Bewachung der geretteten Sachen.*

Die Feuerwehr ist durch Uebungen für ihre Aufgabe, Schadenfeuer zu bekämpfen, auszubilden und fähig zu halten.

Betreffend der „Feuerlöschhülfe nach Auswärts“ (§§ 31 bis 40) wurde bestimmt, dass sich die Gemeinden in einem Umkreis von 7,5 Kilometern ohne Aufforderung gegenseitig Feuerlöschhilfe zu leisten hatten. Die Verordnung trat am 1. April 1902 in Kraft.

Der Spritzenfabrikant August Rönneburg, der in Uelzen eine Feuerspritzenfabrik betrieb, fragte am 29. März 1902 beim Königlichen Kreissekretär zu Celle nach einem „Verzeichnis der dort jedenfalls bekannten Interessenten“ nach, um mit selbigen Kontakt aufnehmen zu können. Rönneburg wollte den Gemeinden von vornherein eine Preisermäßigung von 10 Prozent gewähren.

Paul Müller I, städtischer Brandmeister 1902-1911

Laut obrigkeitlicher Bekanntmachung des Königlichen Landrats des Landkreises Celle, Dietrich v. Harlem, vom 15. November 1904 in der Celleschen Zeitung hatte der Herr Regierungs-Präsident „auf Grund des § 31 der Polizeiverordnung vom 27. September 1901, betreffend die Regelung des Feuerlöschwesens, bestimmt, daß die nachbarliche Feuerlöschhülfe in folgender Weise zu leisten ist:

Es haben innerhalb des Landkreises Celle unaufgefordert Löschhülfe zu leisten:

12) **Gr.-Eicklingen** nach Kl.-Eicklingen, Nienhagen, Wathlingen, Bockelskamp u. Sandlingen.

21) **Kl-Eicklingen** nach Gr.-Eicklingen, Sandlingen, Wienhausen und Wathlingen.

32) **Oppershausen** nach Wienhausen und Lachendorf.

37) **Wienhausen** nach Oppershausen, Offensen und Bockelskamp.“

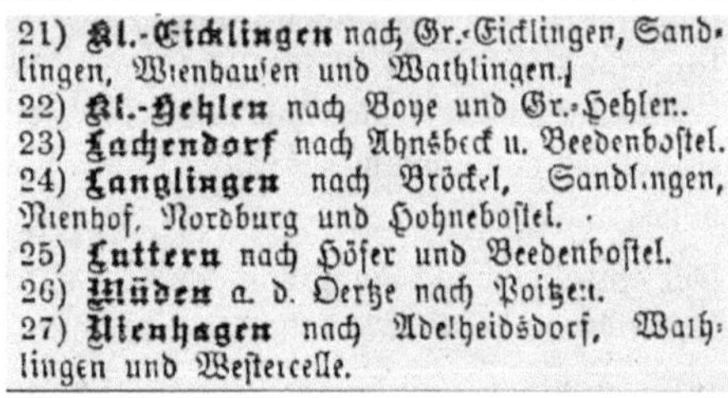

21) **Kl.-Eicklingen** nach Gr.-Eicklingen, Sandlingen, Wienhausen und Wathlingen.
22) **Kl.-Hehlen** nach Boye und Gr.-Hehlen.
23) **Lachendorf** nach Ahnsbeck u. Beedenbostel.
24) **Langlingen** nach Bröckel, Sandlingen, Nienhof, Nordburg und Hohnebostel.
25) **Luttern** nach Höfer und Beedenbostel.
26) **Müden** a. d. Oertze nach Poitzen.
27) **Nienhagen** nach Adelheidsdorf, Wathlingen und Westercelle.

In der Celleschen Zeitung vom 27. November 1905 wurde die „Polizeiverordnung betreffend die Regelung des Feuerlöschwesens“ des Oberpräsidenten zu Hannover vom 22. August 1905 bekannt gemacht. Die Verordnung trat mit dem 1. April 1906 in Kraft. Die Polizeiverordnung vom 27. September 1901 wurde gleichzeitig aufgehoben.

Der 6. September 1908 war für die damaligen freiwilligen Feuerwehren im Stadt- und Landkreis Celle ein historischer Tag. Sie gründeten im Hotel „Celler Hof“ in Celle den Kreisfeuerwehrverband Celle-Stadt und Land mit 11 Wehren. Die Delegierten der Feuerwehren aus Celle (zwei Feuerwehren), Bergen, Eldingen, Eschede, Fuhrberg, Hermannsburg, Klein Hehlen, Lachendorf, Westercelle und Winsen/Aller (zwei Feuerwehren) stimmten einhellig für die Gründung und beschlossen, 1909 die Tagung in Lachendorf durchzuführen. Die erste Verbandsversammlung des Kreisfeuerwehrverbandes wurde 1909 in Lachendorf abgehalten. 1925, als das Freiwillige Feuerlöschkorps Celle sein 50-jähriges Bestehen feierte, umfasste der Kreisverband bereits 20 Wehren mit 1050 Mitgliedern. Beim Kreisfeuerwehrverbandstag 1929 in Winsen a. d. Aller zählte der Verband 24 Wehren mit rund 1150 Mitgliedern. Bei dieser Veranstaltung, abgehalten am 5. Mai des Jahres, fiel die Wahl des nächstjährigen Verbandsortes auf Lachendorf.

Zuständige Sachbearbeiter der vereinigten landschaftlichen Brandkasse in Hannover waren der Kassierer Cammann und der Kaufmann Otto Müller in Celle, wie in der Celleschen Zeitung am 28. Oktober 1912 verlautete:

Von der vereinigten landschaftlichen Brandkasse ist als Brandkassen=Kommissär neben dem Kassierer Cammann in Celle für die Stadt Celle und die Gemeinden Adelheidsdorf, Altencelle, Altenhagen, Altensalzkoth, Bockelskamp, Bostel, Boye, Bröckel, Burg, Groß und Klein Eicklingen, Fernhavekost, Garßen, Groß und Klein Hehlen, Hohenbostel, Hustedt, Lachtehausen, Langlingen, Neuhaus, Nienhagen, Nienhof, Nordburg, Offensen, Oppershausen, Osterloh, Sandlingen, Scheuen, Schwachhausen Vorwerk, Wathlingen., Westercelle, Wiedenrode, Wienhausen, Landkreis Celle, der Kaufmann Otto Müller in Celle, Hehlentorstraße 23, angestellt werden (sic!)

Der Kreisausschuss beschloss am 22. März 1922, den Klempnermeister Paul Müller (II) zu Celle als Kreisbrandmeister des Landkreises Celle anzustellen. Ihm stand vor allem das Recht zu, „sich von der gehörigen Ausbildung, der Diensttüchtigkeit und Schlagfertigkeit der amtlich anerkannten freiwilligen und Fabrik-Feuerwehren und der Pflichtfeuerwehren zu überzeugen“.[127]

Alsbald stellte Paul Müller einen Turnus auf, in dem er die Feuerwehren des Kreises revidieren wollte. Am 14. April 1922 brachte er, adressiert an das Landratsamt zu Celle, zu Papier:

Betr. Revisionen der Feuerwehren innerhalb 3 Jahren, habe ich den nachfolgenden Turnus aufgestellt und bitte denselben einer Prüfung zu unterziehen und mir zu genehmigen. Die Ortschaften, welche keine Spritze haben oder unter 200 Einwohnern sind, sind wie in früheren Jahren fortgelassen.

I. 24 Orte.

Ahnsbeck, Altenhagen, Bargfeld, Beedenbostel, Bockelskamp, Eldingen, Endeholz, Eschede, Garßen, Gockenholz, Habighorst, Höfer, Hohne b/L., Hohnhorst, Hustedt, Lachendorf, Lachtehausen, Luttern, Scharnhorst, Scheuen, Schmarbeck, Ummern, Unterlüß, Wienhausen.

II. 25 Orte.

Baven, Beckedorf, Becklingen, Belsen, Bergen b/Celle, Bleckmar, Bonstorf, Diesten, Dohnsen, Eversen, Gr. Hehlen, Hagen, Hermannsburg, Hohne b/B., Meißendorf, Müden/Oertze, Nindorf, Offen, Oldendorf, Sülze i/H., Walle, Wardböhmen, Weesen, Winsen a/Aller, Wolthausen.

III. 25 Orte.

Altencelle, Bannetze, Bröckel, Gr. Eicklingen, Hambühren, Hohnebostel, Hornbostel, Jeversen, Kl. Eicklingen, Kl. Hehlen, Langlingen, Neuwinsen, Nienhagen i/H., Nordburg, Offensen, Oldau, Oppershausen, Sandlingen, Steinförde, Südwinsen, Thören, Wathlingen, Westercelle, Wieckenberg, Wietze.

---

[127] KrA-Ce 547 Nr. 9.

Der Landrat erklärte sich unter dem 22. April 1922 „ergebenst einverstanden“.[128]

Vom 11. September 1924 datiert die Anzeige des Landjägeramts Wienhausen wegen des Brandes eines Viehstalls zum Nachteil des 28 Jahre alten Abbauers Heinrich Santelmann zu Bockelskamp Nr. 30. Das Feuer war frühmorgens um 4.30 Uhr ausgebrochen und hatte den Viehstall nebst angehängtem Schuppen und Holzstall vernichtet. Zwei Rinder kamen in den Flammen um, außerdem wurden ein Wagen und diverse Arbeitsgeräte vernichtet. Die vernichteten Tiere und Gegenstände waren bei der Feuerversicherung München-Gladbeck mit zusammen 18950 Mark versichert.

Der Nachbar Tischler Wilhelm Rantze hatte Santelmann auf den Brand aufmerksam gemacht. Zur Sache hatte Oberlandjäger Grütte die Mutter Ehefrau Lina Behrens, 55 Jahre, und auch den Hofbesitzer Karl Langspecht befragt.[129]

Am 24. November 1925 ereigneten sich ein Schadenfeuer und Diebstahl zum Nachteil des Hofbesitzers Heinrich Trumann zu Flackenhorst. Ein entsprechender Bericht des Landjägeramts Wienhausen an die Staatsanwaltschaft zu Lüneburg datiert vom 25. November 1925. Die Landschaftliche Brandkasse in Hannover entsandte daraufhin am 1. Dezember des Jahres Regierungsbaumeister Bludau zu einem Abschätzungstermin für den Brandschaden vor Ort. Die Geschädigten waren der Hofbesitzer Heinrich Trumann und dessen Ehefrau, Sophie, geb. Bütepage. Zu dem Termin fanden sich auch der Architekt H. Stöver aus Celle als Schätzer und Gemeindevorsteher Wegener aus Bockelskamp ein.

Bei dem Brand waren, wie am 2. Dezember zu Papier gebracht wurde, in nachstehender Reihenfolge die Spritzen folgender Gemeinden erschienen, von denen nur die Spritze der Gemeinde Bockelskamp in Tätigkeit getreten ist:

1) die Spritze der Gemeinde Bockelskamp,
2) die Spritze der Gemeinde Groß Eicklingen,
3) die Spritze der Gemeinde Klein Eicklingen,
4) die Spritze der Gemeinde Wienhausen.

„Die Spritzenmannschaften aller Orte haben sich an den Löschungsarbeiten beteiligt. Durch das Eingreifen der Wehren sind benachbarte Gebäude gerettet worden.“[130]

[128] KrA-Ce 547 Nr. 8.
[129] KrA-Ce 555 Nr. 6.
[130] KrA-Ce 555 Nr. 6.

Hans von Freeden: Ein Dorf wird Gemeinschaft

Im Jahre 1938 legte Hans von Freeden das Fundament für die Ahnenforschung im Dorfe mit einer Publikation unter dem Titel „Ein Dorf wird Gemeinschaft – Hofesschicksale und Sippen des Dorfes Bockelskamp 1381-1938“. Der Verfasser präsentierte darin die Geschichte bäuerlicher Familien als Hof- und Familiengeschichte. Schulrat Professor Dr. Heinrich Pröve (1892-1967, ***Foto rechts***) schließt in seinem Geleitwort: „Von Freeden hat meines Wissens erstmalig den Versuch gemacht, dieser Blutsgemeinschaft eines Dorfes ernsthaft nachzugehen. Seine Ergebnisse verpflichten zumindest, den gleichen Weg auch anderswo zu beschreiten. (...) Methodisch und sachlich ist das Buch der Förderung wert.“

Hans von Freeden hat fünf Jahre an dem Buch gearbeitet, ehe es veröffentlicht werden konnte. In seinem Vorwort hat er so manche Personen genannt, die ihn bei der Arbeit unterstützt haben, und zwar Lehrer Bernhard Otte nebst Sohn (Abschreiben der Kirchenbücher), Herr Weriede, Altencelle (Einordnung in Namenslisten bzw. Verkartung), Kreisschulrat Prof. Dr. Pröve, Celle (Geleitwort), Landrat Wilhelm Heinichen (1883-1967) und Bürgermeister Albert Wegener, Bockelskamp, sowie seiner Mitarbeiterin G. Hillebrecht, Bockelskamp.

Auch bezog er die Verfasser der Vorarbeiten mit ein: „Nun heißt es auch noch den Verstorbenen zu danken: nämlich dem Dorfschullehrer Heinrich Wietfeldt, der von 1856-1887 durch Anlegung einer Dorfchronik der Forschung äußerst wertvolles Material zur Verfügung stellte. Nach seinem Tode löste ihn in der Fortführung der Chronik der damalige Gemeindevorsteher Heinrich August Marwedel/Bockelskamp mit treuer Beurkundung ab.“

Schließlich hob von Freeden noch „das tatkräftige Interesse des Schriftleiters Wilhelm Bonness vom Celler Beobachter“ besonders dankend hervor. Bonness war ein 1883 geborener Journalist und Heimatforscher.[131]

Aktuell beschrieb von Freeden das Dorf 1938 so:

Von der Reichsstraße 214 Braunschweig-Celle zweigt rechter Hand, etwa 7 Kilometer vor Celle bei dem alten Frachtfahrergasthof „Strohkrug“ die Straße nach Wienhausen ab, an der nach etwa 2 Kilometern das Dorf Bockelskamp liegt. Angeschlossen an das gleiche Dorf ist die Bauernschaft Flackenhorst, die 2 Vollhöfe und einen Halbhof umfasst. Mit den 7 Vollhöfen, einem Halbhof, 13 Kötner- und 4 Brinksitzerstellen, dazu Anbauer-, Abbauer- und Häuslingsstellen, ist Bockelskamp wohl ein mittleres Dorf zu nennen.

[131] Möller, RWLE, Wilhelm Bonness zum 110. Geburtstag, Sachsenspiegel 21, Cellesche Zeitung vom 22.05.1993.

Mit Ausnahme der Abbauer- und Häuslingsstellen hat sich seine Hofanzahl seit 1669 nur um 2 Brinksitze vermehrt.

(...)

Die neueste, vorliegende Viehzählung von 1937 zählt für 18 Pferdezucht treibende Höfe der Realgemeinde 49 Pferde, d. h. nur noch etwa 5 Pferde je Hof. Die Durchschnittszahl bei der letzten Rindviehzählung beträgt reichlich 11 Tiere, hat sich also etwas erhöht. Der heutige Schweinezahldurchschnitt liegt genau in der Mitte zwischen den von 1589 und 1770, nämlich gut 7 Tiere je Hof. Mit Schafen und Immen stehen wir heute leider jämmerlich da: Der ganze Bestand beträgt ein Schaf und 2 Immenvölker. (...)

Der Typ des alten Niedersachsenhauses ist heute im Dorfe Bockelskamp nur noch in ganz wenigen Hofstellen vorhanden. Ende des 19. Jahrhunderts sind leider durchweg Neubauten erfolgt, die das reine Niedersachsenhaus nur noch ahnen lassen. Zwar ist der Fachwerkbau beibehalten, aber das Dach ist mit Ziegeln gedeckt, und man geht von der Diele nur auf einem Umwege in die Küche. Schon 1669 zeigt das Bockelskämper Hausbuch jedoch, dass der reine Niedersachsentyp, in dem alle Ställe und Gebäude unter einem Dach lagen, schon damals nicht mehr ganz inne gehalten wurde. Um den Hofraum lagen noch Viehställe, Spieker, Backhaus, Schauer usw. Eins aber eint die Bauweise von einst und jetzt, eins gibt so jetzt wie früher dem Gesamtbilde des Dorfes die heimischmachende Eigenart, der Eichhof als treuer Wächter. Denn:

„ Solange noch die Eichen wachsen
in alter Kraft um Hof und Haus,
solange stirbt in Niedersachsen
die alte Stammesart nicht aus."

Hans von Freeden gab sich zudem erfinderisch, als er ankündigte: „Eine neue und bisher einzigartige Auswertung der gesamten Hof- und Familienforschung eines Dorfes unter besonderer Berücksichtigung ihre Blutsverwandtschaft in früheren Jahrhunderten wurde durch den Verfasser dieses Buches erfunden. Es ist die ‚Drehbare Dorfgemeinschaft – Stammtafel'

d a s D o r f a l s F a m i l i e
Bockelskamp / Flackenhorst (Realgemeinde)
1381 – 1938"

Die Darstellung scheint komplex, aber doch recht praktisch gewesen zu sein:

Eine kreisrunde Sperrholzplatte von 152 cm Durchmesser ist von außen nach dem Zentrum hin unter Freilassung eines Mittelfeldes in 28 Sektoren eingeteilt. Das Mittelfeld nimmt das Kartenbild des Dorfes auf, worin jeder Hof sein gesondertes Ölfarbenrechteck mit der Hofnummer hat. Quer über alle 28 Sektoren sind 18 konzentrische Kreise gezogen, die im einzelnen Sektor je eine Generation aufnehmen: Mann, Frau samt Geburts-, Heirats-, Todesdaten, Kinderanzahl und Urkundenvorkommen. Die 3 äußersten, konzentrischen Kreise sind noch freigelassen für 3 kommende Hofbesitzergenerationen etwa bis zum Jahre 2000. Die Drehbarkeit der Tafel ermöglicht es, jeden gewünschten Hofsektor in lesba-

re, aufrechte Lage zu bringen. Wenn ein Hof zwischen 2 Generationen verkauft worden ist oder der Zusammenhang blutmäßig nicht erforschbar ist, wurde ein breiter, schwarzroter Doppelstrich gezogen. Wenn der Hof durch Heirat der Erbtochter auf einen anderen Namen überging, so wurde der Name dieser letzten ihres Geschlechts rot umrandet. Wenn eine Bäuerin dem Hofe durch 2. oder 3. Heirat einen Interimswirt gab, so erhielt dieser Mannesname schwarze Umrandung.

Eine Scheibe befindet sich bei Familie Luttermann in Flackenhorst. Foto: Blazek →

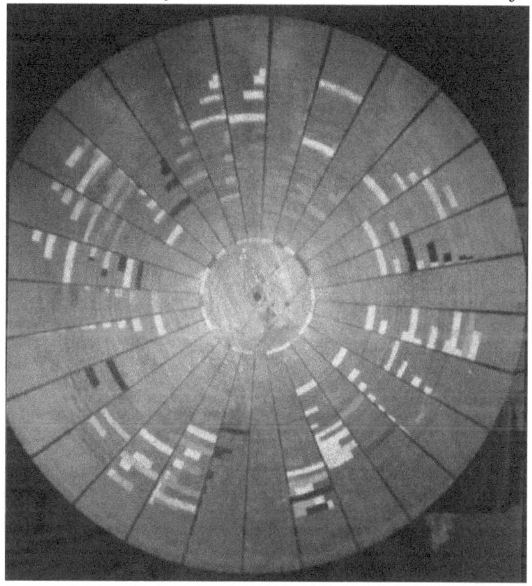

Malerisch: das alte Wohnhaus der Familie Langspecht (ehemals Bütepage, Vollhof Nr. 3), 2010. 1603 steht mit weißen Ziffern neben der Inschrift auf dem dunklen Querbalken des Langspecht-Hofes. Diese Zahl gibt das Baujahr des Wohngebäudes (Zweiständer-Haus) an. Der ursprüngliche Name des Hofes war „Horn" beziehungsweise „Horns-Hof". 1688 tauchte Hinrich Bütepage als Hofbesitzer auf, als er die Geburt seines Sohnes Hinrich anmeldete. Foto: Blazek

Inhaltsverzeichnis Seite

Quellenverzeichnis

1. Privaturkunden, befindlich in den Vollhöfen Luttermann und Thöling in Flackenhorst

2. Akten des ehemaligen Amtes Eicklingen:

Abgabenverzeichnis	von 1381-1382
Celler Schatzregister	von 1428, gegen 1438 und 1511
Viehschatzregister	von 1589
Musterrolle der Wehrpflichtigen	von 1606
Geld- und Kornregister	von 1631-1800
Bockelskämper Hausbuch	von 1669
Tabellarium	von 1770
Kontributions-Register	von 1788

3. Dörfliche Urkunden:

Chronik des Lehrers Heinrich Wietfeldt	
Verkoppelungsakte	von 1857

4. Kirchenbücher der Pfarre Wienhausen

5. Flurnamen vom Katasteramt Celle

Nachrichten aus dem 20. Jahrhundert

Der kürzeste Weg zum Baden führte die Jugend der Gemeinde Wathlingen noch zu Beginn des 20. Jahrhunderts im Sommer an die Fuhse. Als Badeorte waren die Bockelskämper (im Weggenbruch) und die Eicklinger Schleuse beliebte Treffpunkte. Durch die offenen Stauwehre der Fuhse zu tauchen, war ein großer – wenn auch nicht ungefährlicher – Spaß.[132]

Über einen in Bockelskamp verübten Suizid wurde in der Celleschen Zeitung vom 28. März 1906 berichtet: „Bockelskamp. (Selbstmord.) Die Ehefrau M. von hier wurde von ihrem Ehemann am Ofen hängend tot aufgefunden. Die Bedauernswerte hatte an den Folgen eines Unfalles schwer zu leiden, es ist daher anzunehmen, daß sie, um weiteren Qualen aus dem Wege zu gehen, den Tod gesucht hat."

Die Rede ist von Henriette Marwedel, die sich am 26. März 1906 im Alter von 57 Jahren das Leben genommen hat.

Im „Dorfsippenbuch" von Bockelskamp wird nur ein einziger Bezug zu Nienhof aufgezeigt, und zwar im Zusammenhang mit der Familie Surburg. Fritz *Surborg*, aus Wathlingen stammend und am 6. Juli 1884 zur Welt gekommen, bewirtschaftete ab 1909 den vormals Deneckeschen Brinksitz Nr. 23 („Sandkreuger") in Bockelskamp. Er heiratete am 10. August 1907 Wilhelmine Schnittger (* 05.08.1884), die ihm einen Jungen, Fritz (* 11.11.1907), und ein Mädchen, Else (* 10.01.1909), gebar. Im Jahre 1911 ging das Anwesen in Flammen auf. An anderer Stelle auf dem Grundstück baute Surborg das Haus wieder auf, das nach dem Ersten Weltkrieg in den Besitz von Karl Lampe und Ehefrau Klara, geborene Steinmetz, überging. Dann zogen Surborgs nach Nienhof um.[133]

Ein Urteil des Schöffengerichts, das Bockelskamp betraf, wurde in der Celleschen Zeitung vom 19. Januar 1911 abgedruckt: „Der Arbeiter Heinrich B., Dienstknecht Otto Sch. aus Bockelskamp, sowie die Dienstknechte Heinrich M. und Gustav L. aus Blakenhorst (sic!) sind in das Besitztum des Kötners H. in Bockelskamp gedrungen. Sie sind geständig und werden wegen gemeinschaftlichen Hausfriedensbruchs zu je 1 Woche Gefängnis verurteilt."

In der Celleschen Zeitung vom 8. Oktober 1912 wurde berichtet: „Bockelskamp. Dem Hof- und Ziegeleibesitzer August Meyer wurde kürzlich aus einem unverschlossenen Ziegeleischuppen seine Flinte vermutlich entwendet. Sie hatte doppelte Läufe und einen Wert von etwa 100 M. Die sofort nach dem Täter sowie nach dem Verbleibe der Flinte angestellten Ermittelungen sind bisher erfolglos verlaufen."

Erst am 24. Mai 1913 wurde die – 1906 durch Gesetz beschlossene – Strecke von Celle nach Gifhorn eröffnet. Dies war für Bockelskamp von entscheidender Bedeutung, weil es im Gegensatz zu vielen anderen Dörfern unmittelbar an das Schienennetz angebunden wurde. Die 43 Kilometer lange und 1981 stillgelegte

[132] Gedicke, Jürgen, Wathlingen, Band 2, Celle 1987, S. 137.
[133] Freeden, Hans von, Ein Dorf wird Gemeinschaft, Bockelskamp 1938, S. 172.

Strecke sollte den „Fortschritt“ in die ländliche Region zwischen Gifhorn und Celle bringen.[134]

Bockelskamp hatte im Ersten Weltkrieg (1914-1918) 20 Gefallene zu beklagen, und zwar **Hermann Bodenstab, Gustav Lahmann, Carl Radecke, Wilhelm Kausche, Carl Trumann, Otto Rutzen, Heinrich Fricke, Fritz Schulze, Heinrich Bodenstab, Wilhelm Schmidt, Adolf Meldau, Friedrich Schnittger, Heinrich Marwedel, Karl Schulze, Friedrich Marwedel, Karl Hasselmann, Wilhelm Ranze, Ernst Persuhn, Hermann Thölke, Ernst Surborg**.

Das war etwa ein Zehntel der Bevölkerung.

Im Jahre 1921 ereignete sich unweit von Bockelskamp ein schlimmes Verbrechen: Der 71 Jahre alte Altenteiler Karl August Wilhelm Backhausen, Vater des Malergeschäftsgründers im Orte (1905), wurde am 5. März 1921 auf dem Rückweg von Celle nach Wienhausen, auf dem alten Postweg zwischen Altencelle und Bockelskamp, ermordet. Backhausen, geboren am 8. Januar 1850 und aus Celle zugezogen, hatte nach Informationen der Nachkommen seine geringe Rente nach Hause gebracht und wurde von drei Männern überfallen, von denen der Haupttäter hingerichtet worden sein soll.

Erst im vergangenen Winter war der Viehhändler Fritz von Grünhagen sen. aus Helmerkamp auf offener Straße zwischen Luttern und Eldingen überfallen und erschossen worden (1919). Er war mit dem Fahrrad unterwegs gewesen, um Vieh aufzukaufen.[135]

Am frühen Morgen des 16. Dezember 1919 wurde der 17-jährige Dienstknecht H. Lange erschossen in Bockelskamp aufgefunden. Wie die Cellesche Zeitung bereits am gleichen Tag berichtete, lag nach den hinterlassenen Aufzeichnungen Selbstmord vor. Augenscheinlich hatte er die Tat aus Furcht vor Strafe wegen verübter Straftaten begangen.

In seinem Bericht über die am 6. November 1925 vorgenommene Revision der Pflichtfeuerwehren notierte der Kreisbrandmeister Paul Müller über Bockelskamp:[136]

9.) Bockelskamp.

Es war kein Vorsteher, Beigeordneter oder Brandmeister anzutreffen, u. mußte daher der Allarm unterbleiben.

Der vormalige Gemeindevorsteher Hofbesitzer August Marwedel starb am 13. Januar 1926 im Alter von 65 Jahren.

Am 11. April 1929 verstarb der Altenteiler Heinrich Pröve zu Bockelskamp im 84. Lebensjahr. Der Veteran von 1864-66 und 1871 war Ehrenvorsitzender des Deutschen Kriegervereins Groß Eicklingen und Umgegend.

---

[134] Vgl. Meschkat-Peters, Sabine, Eisenbahnen und Eisenbahnindustrie in Hannover 1835-1914, Hannover 2001, S. 238.

[135] Blazek, Matthias, Dorfchronik Nienhof, Langlingen 2005, S. 468; Blazek, Helmerkamp, a. a. O., S. 304.

[136] KrA-Ce 547 Nr. 5.

Gemeinde Bockelskamp

mit der Ortschaft Flackenhorst

Einwohnerzahl 294

Bodenstab, Adolf, Kötner, Haus 12
Bollmann, Carl, Abbauer, Haus 47
— Heinrich, Brinksitzer, Haus 24
Denecke, Christian, Abbauer, H. 29
Fricke, Heinrich, Vollhöfner, Haus 5
Gliedewinkel, August, Abbauer, Haus 50
Haßelmann, Emil, Vollhöfner, Haus 7, ☎ Wienhausen 19
— Fritz, Kötner, Haus 21
Könecke, Heinrich, Kötner, Haus 9
Krohne, Otto, Kötner, Haus 13
Kunze, Heinrich, Vollhöfner, Haus 2, ☎ Wienhausen 22
Lampe, Carl, Brinksitzer, Haus 23
Langspecht, Carl, Vollhöfner, Haus 3, ☎ Wienhausen 18
Lieb, Fritz, Abbauer, Haus 44
Lüters, Heinrich, Abbauer, Haus 32
— Wilhelm, Abbauer, Haus 46
Marwedel, August, Kötner, Haus 10
Meinecke, Heinrich, Vollhöfner, Haus 1
Meldau, August, Abbauer, H. 36
Meyer, August, Abbauer, Haus 34
— Carl, Kötner, Haus 14
— Fritz, Kötner, Haus 19
— Heinrich, Vollhöfner, Haus 4
— Heinrich, Abbauer, Haus 40
Papenburg, Heinrich, Kötner, Haus 17
Pröve, August, Gastwirt, Haus 31
Radecke, Carl, Abbauer, Haus 43
— Wilhelm, Abbauer, Haus 39
Ranze, Wilhelm, Abbauer, H. 42
Sander, August, Gastwirt, Haus 28
Santelmann, Heinrich, Abbauer, Haus 30
Scheele, Emil, Vollhöfner, Haus 6
Scheller, Wilhelm, Brinksitzer, Haus 27
Schulz, Fritz, Brinksitzer, Haus 22
Thies, Carl, Abbauer, Haus 41
— Sophie, Abbauer, 35
Trumann, Wilhelm, Kötner, H. 15
Ude, Willi, Halbhöfner, Haus 8
Wegener, Albert, Kötner, Haus 16
Wiekenberg, Adolf, Kötner, H. 18
— Carl, Abbauer, Haus 45

Flackenhorst

Haßelmann, Wilhelm, Abbauer, Haus 5
Müde, Wilhelm, Vollhöfner, Haus 1
Rädecke, Carl, Abbauer, Haus 4, ☎ Wienhausen 24
Santelmann, August, Halbhöfner, Haus 3
Trumann, Heinrich, Vollhöfner, Haus 2

Einwohnerbuch des Landkreises Celle von 1926

Die Cellesche Zeitung berichtete in ihrer Samstagsausgabe vom 17. August 1929: „Flackenhorst. Die Nasenspitze abgeschnitten. Ein hiesiger Landwirt war im Begriff seine Sense aufzuhängen, als eine scheu gewordene Kuh auf ihn zu rannte. Hierüber erschreckt, ließ er die Sense fallen und diese schnitt dem dabeistehenden Kinde den Nasendopp ab.“

Am 18. November 1929 wurden die Wahlergebnisse in Celle Stadt und Land für den Kreistag veröffentlicht. In der Titelzeile heißt es: „Die Gemeindewahlen zeigen einen entschiedenen Ruck nach links.“ Die Ergebnisse in Bockelskamp:

Bockelskamp : 7 SPD., 1 KPD., 3 DVP., 1 NSDAP. 3 Bergen, — Wietze, 1 Mittelst., — Br., 4 Abb., — Esch.-Eld., 99 Landw. Wahlberechtigt 181, gültig 119, ungültig 4.

Und für den Provinziallandtag:

Bockelskamp : 8 SPD., 77 DHP., — B., 1 DDP., 1 KPD., 3 Volksrechtp., 4 DNBP., 5 DVP., 2 Chr. Volksdienst, 4 Mittelst., 5 NSDAP., — Natl. Front, — Wahlberechtigte 181, gültig 110, ungültig 13.

— Bockelskamp. 40jähriges Geschäftsjubiläum. Der Schneidermeister W. Lüters feierte in diesen Tagen sein 40jähriges Geschäftsjubiläum. L. ist in seinem Heimatsort bei jung und alt beliebt, sowie auch im ganzen Kirchspiel Wienhausen und darüber hinaus angesehen und als tüchtiger Handwerker seines Berufs bekannt. Er bedient heute noch Kunden, die ihm am Anfang seiner Geschäftsgründung das Vertrauen schenkten. Wir wünschen dem Jubilar fernerhin einen guten Humor, woran es Herrn Lüters bisher nie fehlte. Möge ihm ein recht langer und sonniger Lebensabend beschieden sein.

Cellesche Zeitung vom 4. Januar 1930

Am 4. und 5. Mai 1930 wurde in Bockelskamp das erste Schützenfest nach 20-jähriger Pause veranstaltet. Das prachtvolle Wetter lockte eine „ungeheure Besucherzahl" (Cellesche Zeitung am 3. Juni), „und alle freuten sich mit den Eingeborenen ihres Lebens". Ein Unikum war sicherlich, dass es trotz des stattgefundenen Königsschießens keinen Schützenkönig gab. „Aber diese Merkwürdigkeit hat der fröhlichen Lebenslust der Bockelskamper und ihrer Gäste keinen Abbruch getan, und das Fest ist dort ebenso schön und harmonisch verlaufen wie an den anderen Festorten."

Postzustellung durch Kraftwagen im Landkreise

Aus Anlaß der Umstellung des Landpostdienstes auf Kraftwagen werden in den unten angegebenen Orten des Kreises Celle am 1. Juni Poststellen eingerichtet (s. unten).

Mit den Poststellen sind öffentliche Fernsprechstellen verbunden. Die Poststellen haben die Eigenschaft einer Postanstalt im Sinne des § 1 des Reichspostgesetzes vom 28. Oktober 1871 (RGBl. S. 347) und einer Telegraphenanstalt im Sinne der Telegraphenordnung mit der Befugnis zur Annahme und Ausgabe von Postsendungen aller Art und von Telegrammen sowie zur Vermittlung von Gesprächen. Sie nehmen ferner Bestellungen auf die durch die Post zu beziehenden Zeitungen an und zahlen für ihren Zustellbereich die Renten aus.

Im Briefverkehr gelten die Ortsgebühren nur innerhalb des eigenen Zustellbereichs der Poststellen. Wenn Poststellen mit anderen Poststellen oder Postanstalten in derselben Gemeinde liegen, gilt in ihrem gegenseitigen Verkehr ebenfalls die Ortsgebühr. In allen übrigen Fällen gilt die Ferngebühr.

Sämtliche Poststellen werden dem Postamt Celle, das als Leitpostamt gilt, unterstellt und werden amtlich bezeichnet mit dem Namen des Ortes, in dem sie liegen, sowie mit dem Namen des Leitpostamtes mit dem Zusatz „Land", z. B. Ohe (Hornshof, Celle Land).

Abfahrt- und Ankunftzeiten der Kraftwagen in Celle und den einzelnen Orten werden noch bekanntgegeben werden.

Landpostfahrten des Postamts in Celle.

1. Bezirk.

Hambühren mit Bockbrücke und Schacht II; Oldau-Kolonie mit Ovelgönne und Bluhm; Oldau-Dorf; Winsen (Aller) Postamt; Stedden mit Holtau; Wolthausen; Hassel mit Walle, Wallerholz, Twisselhop, Ziegelei und Grünewald; Offen; Sülze Postagentur mit Lindhorst; Eversen; Feuerschützenbostel; Altensalzkoth mit Miele, Kohlenbach, Severloh, Dehningshof, Rehwinkel; Hustedt mit Bahnhof, Gut, Jägerei, Wittbeck; Scheuen.

2. Bezirk.

Altenhagen; Lachtehausen; Gockenholz; Beedenbostel Postagentur; Luttern; Eldingen Postagentur mit Heese; Bargfeld; Metzingen; Wohlenrode — Ziegelei; Wohlenrode; Grebshorn; Hohnhorst; Jarnsen mit Albesmühle; Bunkenburg.

3. Bezirk.

Lachendorf Postagentur; Ahnsbeck; Helmerkamp; Hohne Postagentur mit Feikenhof, Spechtshorn, Schmarloh; Ummern; Pollhöfen mit Wiechelnförth; Rienhof mit Neuhaus; Langlingen Postagentur mit Koppelhaus, Mühle, Hohnebostel, Nordburg, Fernhavekost, Schleuse; Offensen mit Schwachhausen; Wienhausen Postagentur; Oppershausen; Bockelskamp mit Kl.- und Gr.-Ottenhaus, Strohkrug, Flackenhorst, Haus Wehriede, Ziegelei.

4. Bezirk.

Altencelle mit Schaperkrug, Burg; Osterloh; Kl.-Eicklingen mit Weghaus; Gr.-Eicklingen; Sandlingen mit Schepelse, Paulmannshavekost; Bröckel Postagentur mit Katzhorn; Wiedenrode mit Kohlen; Wathlingen Postagentur mit Kaliwerk, Kolonie; Papenhorst mit Dannhorst; Nienhagen Postagentur mit Bennebostel, Kanalhaus; Adelheidsdorf mit Müggenburg, Behre; Großmoor mit Dasselsgut, Jägerburg 1 und 2, Ochsenhütte, Bahnwärterhaus 13/18, Haus Schurmann, Reinecke, Seweritt und Barkau.

5. Bezirk.

Bostel; Garßen mit Bahnwärterhaus 24/25, Osterberg, Alvern, Henneckenmoor, Rathsziegelei; Hornshof mit Ohe, Bahnwärterhaus 26/27; Eschede Postamt; Scharnhorst mit Ohlhof, Hansen; Kragen; Endeholz; Marwede; Habighorst mit Rollmannshof u. Habighorster Höhe; Höfer m. Mariaglück.

6. Bezirk.

Bohe mit Entenfang; Gr.-Hehlen.

Cellesche Zeitung vom 30. Mai 1930

In der Celleschen Zeitung vom 5. Januar 1932 wurden die Ergebnisse der Landwirtschaftskammerwahlen im Wahlbezirk Celle-Uelzen-Isenhagen bekannt gegeben. In Bockelskamp (einschließlich Flackenhorst) waren 101 Personen wahlberechtigt. Davon wählten 22 Hofbesitzer Heinrich Gerke, Hambühren (Arbeitsgemeinschaft der Landwirtschaftlichen Vereine des Landkreises Celle), 15 hingegen Gutsbesitzer Erich Wackenroder, Scharnhorst (NSDAP).

Am 17. Januar 1932 hielt Lehrer Bernhard Otte auf der vom Kriegerverein Wienhausen und Umgegend veranstalteten Reichsgründungsfeier im Saal des Gastwirts Mayer in Wienhausen eine Rede über die „großen Tage" des Deutschen Reichs und über die Folgen des Versailler Vertrages.

Der Hof Müde, Vollhof Nr. 1, in Flackenhorst im Jahr 1931. Der Trog vorne rechts ist heute noch (beschädigt) vorhanden. Vorne links sitzen Hofbesitzer Wilhelm Müde und Gattin Gesine, die 1902 geheiratet haben. Foto: Friedrich Wilhelm Thöling

Ein Schritt zurück: der 30. Januar 1933 – ein schicksalhafter Tag

Die im Herbst 1929 einsetzende Weltwirtschaftskrise, die Deutschland besonders hart traf, verschärfte die sozialen und politischen Spannungen in der Weimarer Republik. Die Massenarbeitslosigkeit und die wirtschaftlichen Depression führten zu einem schnellen Anwachsen der rechtsextremen Kräfte. Im Oktober 1931 schlossen sich die NSDAP, die Deutschnationale Volkspartei (DNVP) und der Stahlhelmbund in der „Hamburger Front" zum Kampf gegen die Regierung Brüning und die Republik zusammen. Durch geschicktes Lavieren zwischen den Gruppen gelang es dem Antidemokraten Adolf Hitler schließlich, zur politischen Schlüsselfigur zu werden. Zwar unterlag er dem Reichspräsidenten Paul von Hindenburg in den Reichspräsidentenwahlen 1932, aber die NSDAP stieg in diesem Jahr endgültig zur stärksten Partei auf. Damit war die Übertragung der Macht an Hitler eigentlich nur noch Formsache gewesen.

Am 30. Januar 1933 spielte sich an der Wilhelmstraße zu Berlin im Palais des Reichspräsidenten ein Vorgang ab, den offenbar keiner der unmittelbar Beteiligten, vom Hauptdarsteller abgesehen, besonders ernst nahm. Paul von Hindenburg ernannte – nach anfänglichem Zögern – am späten Vormittag den Führer der NSDAP, Adolf Hitler, zum Reichskanzler.

An jenem Montag erfolgte keine „Machtergreifung", wie die Nazis stolz verkündeten. Der Begriff „Machtergreifung" wurde in Deutschland im Sprachgebrauch und in der Publizistik nach 1933 überwiegend mit Bezug auf den 30. Januar 1933 benutzt. Tatsächlich erfolgte die „Machtübergabe“ durch „Hitlers willige Helfer“. Denn um die Jahreswende 1932/33 hatte sich die Nazibewegung in einer ernsthaften Krise befunden.

Die erste deutsche Demokratie fand nun ihr Ende, und künftig prägten Hakenkreuzfahnen das öffentliche Straßenbild.

Am 26. Januar 1933 führte das Landratsamt im Kreisblatt über die Revision der Feuerlöscheinrichtungen der Gemeinden aus. Gemeindevorsteher Albert Wegener antwortete am 16. März 1933: „Die Prüfung der Feuerlöscheinrichtungen habe ich am 15 III. 33 vorgenommen, es hat sich herausgestellt, daß alles in bester Ordnung ist.“ Am 5. April 1933 wurden die Gemeindevorsteher der Celler Gemeinden gesondert angeschrieben, auch Bockelskamp. Gemeindevorsteher Wegener berichtete dem Landratsamt daraufhin am 15. April: „Laut Tagebuch habe ich im März 33 über die Feuerlöscheinrichtung berichtet.“[137]

Damals ein gewohntes Landschaftsbild in der Feldmark: Bohrtürme auf dem Erdölfeld Nienhagen. Radierung von Fritz Bötel um 1934

Der Landwirt Emil Scheele (1897-1948) vom Vollhof Nr. 6 (Hofname: Langen), seit 1932 Vorsitzender des Aufsichtsrates der Spar- und Darlehnskasse in Wienhausen, schrieb in einem größeren Aufsatz, der im Kreisarchiv Celle abgelegt ist:

Um die Lage von 1938 in der Landwirtschaft richtig beurteilen zu können, muß man auf einige Jahre früher zurückblicken: 1932 bauten wir in Bockelskamp auch Saatkartoffeln an, aber die Marktlage war so katastrophal, daß wir die prima „Holländer Erstlinge“ als Flockenkartoffeln absetzten oder in die Kühe fütterten. Auch 1934 waren die Früh- und Speisekartoffeln nicht loszuwerden.

[137] KrA-Ce 547 Nr. 5.

Der Kreisbauernführer Wackenroder gab die Parole: Baut Futterkartoffeln und verfüttert sie in die Schweine!

1938 aber hatten wir stabile Preise, und ob wir im Frühling oder Herbst verkauften, es war immer der gleiche Preis. Das gab ein Gefühl der Sicherheit auch bei den Viehpreisen. Früher mußte man gut handeln können, das brauchte man nun nicht mehr, man sah in die landwirtschaftlichen Zeitungen und wußte: Kl. A kostet so viel, und Kl. B kostet so viel.

Am 1. September 1939 wurde der Sicherheits- und Hilfsdienst aufgerufen: Der für Deutschland und die Welt unglückselige Zweite Weltkrieg war ausgebrochen. Im Rahmen des „Zivilen Luftschutzes" mussten die Fenster und Häuser abends verdunkelt sein. Englische Flugzeuge flogen schon bald Angriffe auf Hannover und Braunschweig.

Am 12. April 1945 erreichten die Alliierten Celle und übernahmen die Stadt kampflos. In den folgenden Tagen nahm das Military Government Detachment 912 unter Major Charles Arthur Norman Hudson als Militärregierung für die Stadt und den Landkreis Celle seine Tätigkeit auf. Als britische Soldaten am 15. April 1945 das Konzentrationslager Bergen-Belsen befreiten, fanden sie hier rund 55000 Häftlinge vor.

Schreckliche Tage folgten für alle Orte des Landkreises Celle, somit auch für Bockelskamp und Flackenhorst, nach dem Einmarsch der Alliierten. Die Gefängnisse, Ausländerlager und die Tore des Konzentrationslagers Bergen-Belsen wurden geöffnet, und die Scharen ihrer Insassen zogen von Dorf zu Dorf, von Haus zu Haus und forderten raubend und plündernd unter Todesandrohung die Herausgabe von Lebensmitteln und Kleidung.

Nach dem Einmarsch der alliierten Truppen war die Stunde null angebrochen.

Bockelskamp in schwersten Tagen

Ihre intensiven Erinnerungen an die schweren Zeiten im Zweiten Weltkrieg (1939-1945) brachten der Schullehrer Bernhard Otte und der Landwirt Emil Scheele später ausführlich für die Nachwelt zu Papier.

Mit dem Hinweis darauf, dass Brisantes in den ersten Wochen nach dem Zusammenbruch nicht aufgeschrieben werden durfte, schrieb Bernhard Otte in seinem Aufsatz „Bockelskamp in schwersten Tagen – 1945":

Die geschickte Propaganda hatte es erreicht, daß vom Ausbruch des Krieges kaum jemand überrascht werden konnte. Die vielen Erfolge Hitlers bewirkten es auch, daß die große Mehrheit der Bevölkerung vom guten Ausgang des Krieges überzeugt war. Als jedoch der Krieg gegen Rußland begann, wurde es jedem einzelnen klar, daß damit der eigentliche Krieg erst seinen Anfang nahm.

Verschiedentlich war unser kleines Dorf Garnison für die verschiedensten Truppenteile. So wurde im Frühjahr 1940 hier eine Nebelwerfer-Batterie aufgestellt. Es waren die ersten Soldaten des Dorfes, weshalb sich das Verhältnis zwischen ihnen und den Dorfbewohnern recht nett gestaltete. Auch wurden hie und da zarte Liebesbande angeknüpft. Nach dem erfolgreichen Frankreichfeldzug wurde hier die 8. Batterie des Celler Artillerieregiments aufgelöst. Welch krasser Gegensatz bot sich uns hier gegen die „Nebler". Nach Abgabe ihrer Waffen und Pferde verließen Soldaten den Ort mit einem Karton unter dem Arm. Die Mannschaften der später hier untergebrachten SS-Einheiten fanden mit den Dorfbewohnern nicht mehr den rechten Kontakt. Während die „Nebler" größtenteils Niedersachsen waren, stammten die SS-Soldaten fast nur aus ferner liegenden Landesteilen, so aus dem Elsaß, aus Österreich und Bayern.

Den Ernst des Krieges führten uns die allmählich häufiger werdenden Feindeinflüge vor Augen. In den ersten Jahren fielen einzelne Bomben in die Feldmark. Brandbomben verfehlten stets ihr Ziel, wenn sie auch vereinzelt auf Höfe fielen. Angriffe auf das Ölgebiet Nienhagen bedeuteten auch für uns Gefahr. So verfehlten 2 Bombenteppiche im Februar 1945 ihr Ziel und gingen in einer Entfernung von nur 1 - 2 km westlich vom Dorfe nieder. Wenn auch für unser Dorf nicht mit einem Luftangriff zu rechnen war, so blieb es immerhin nicht ausgeschlossen, daß wir Bomben erhielten, die im Notabwurf ausgeklinkt wurden. Eine direkte Gefahr bildeten die im Tiefflug ausgetragenen Luftkämpfe. Für diese Fälle waren in gewissen Abständen an der Straße Einmannlöcher ausgehoben, die sich aber im hiesigen Niederungsgebiet sofort mit Wasser füllten. Luftschutzkeller gab es nicht. Es ist auch wohl niemand in den Keller gegangen, gegebenenfalls wäre jeder Keller zur Menschenfalle geworden. Die für Berlin bestimmten Bombenverbände nahmen wenigstens einmal ihren Weg über unsere Gegend. Große Aufregung gab es für uns, als ein Verband auf dem Rückfluge von Berlin über unserem Dorfe Leuchtzeichen, Tannenbäume genannt, zur Kenntlichmachung der Richtungsänderung abwarf. Diese Magnesiumfeuer brannten auf dem Boden noch lange weiter, und es war ein Glück, daß nichts auf einen Hof fiel. es war dies auch wohl das einzige Mal, daß die Feuerwehr einsatzbereit bei der Spritze antrat.

Eine große Anzahl von Flüchtlingen aus dem Osten fand im zeitigen Frühling 1945 Aufnahme in Bockelskamp. Aus Hamburg waren vorher schon einige Familien nach hier evakuiert. Bei dem Vordringen der feindlichen Armeen im Westen wurden mehrere Familien aus dem Raume Aachen unserem Dorfe zugewiesen. Im Herbst 1944 mußte in der Schulstube für Holländer ein Massenlager eingerichtet werden mit einer Küche im Flur. Man hatte Holländer, soweit sie Mitglieder der NSDAP oder der Holländischen Schwesterorganisation waren, vor den anrückenden Engländern in Sicherheit bringen wollen, ohne sie zu fragen, und hatte nicht bedacht, daß die armen Menschen auf diese Weise dem Gegner vollzählig ausgeliefert werden würden. Nach einigen Wochen wurde das Lager mit dem in Langlingen vereinigt. Den Unterricht erteilte ich dazwischen in der großen Stube des Bürgermeisters Wegener.

Am 8. April 1945, einem Sonntag, kam die Front für Bockelskamp in fühlbare Nähe. Mittags erfolgte ein schwerer Luftangriff auf eine Wagenkolonne auf der Braunschweiger Straße [der heutigen Bundesstraße 214]. Und nun ging es am laufenden Bande weiter bis in die Nacht hinein. Pausenlos griffen Feindbomber das Ölwerk bis zur endlichen Vernichtung an. Fast ungehindert konnten sie Anflüge ausführen, die von Dorfbewohnern mit Furcht beobachtet wurden. Ein deutscher Jäger, der sich in mutigem Angriffe den Bombern näherte, wurde sofort im Luftkampfe abgeschossen und stürzte am Wehlerwege brennend ab. Eine später in der Nähe einschlagende Bombe galt vielleicht den vielen schaulustigen Menschen, die sich natürlich eilig auf den Heimweg begaben. Am Mittag desselben Tages passierten 2 lange Züge die hiesige Bahnstrecke in Richtung Celle. Gewehrschüsse machten uns aufmerksam. Es waren die beiden Züge mit KZ-Insassen für Belsen bestimmt, deretwegen später die Bomben auf den Celler Bahnhof geworfen wurden. Zugleich waren es für lange Zeit die letzten Züge, die unsere Bahn benutzten. Sobald der Feind mit seinen Bomben die Bahn Hannover - Berlin zerstört hatte, wurden D-Züge über unsere Bahn umgeleitet. Eigenartig berührte es uns, als ein Zug Königsberg - Hannover wegen der zu großen Belastung sehr langsam an unserm Dorfe vorbeischlich.

Als die Feindbomber ihr Vernichtungswerk in Nienhagen vollendet zu haben glaubten, gab es trotzdem noch keine Ruhe. Sprengungen von Munitionslagern bei Hambühren sowie der Abwurf der Bomben auf den Celler Bahnhof brachten neue Aufregung. Am Abend war ein Gefecht an der unteren Aller bei Winsen oder im Raume von Schwarmstedt zu beobachten.

Großes Geschrei drang aus Melles Meyers Scheune zu uns. Dort war eine Abteilung russischer Kriegsgefangener untergebracht, die vor den anrückenden Amerikanern nach Osten gebracht wurden und vor Hunger tobten. In der Nähe hatten sie Kartoffelkuhlen entdeckt und drohten nun, dahin auszubrechen. Der verantwortliche junge Wachmann glaubte, die Ruhe herstellen zu können, wenn er einige von ihnen „umlegen" würde. Auf bessere Art erreichte es der Bürgermeister, indem er ihnen die Zusicherung gab, daß sie am andern Morgen 7 Ztr. Kartoffeln erhalten würden. Es war ein erschütterndes Bild, das diese dahinschleichenden halbverhungerten Menschen bei ihrem Weitermarsch boten. Man durfte gar nicht daran denken, daß unsere in russische Gefangenschaft geratenen Brüder noch viel schlimmer dran sein würden.

Gegen 23 Uhr trafen Kranke und Verwundete im Dorfe ein, die man vor der Zeit aus den Celler Lazaretten entlassen hatte und die sich mühsam bis hier hergeschleppt hatten. Gleich im ersten Hofe fanden sie Aufnahme und sachgemäße Pflege. Sie hatten es auch gut getroffen; denn Frau Langspecht war im ersten Weltkriege Rot-Kreuz-Schwester gewesen. Wenig später landeten hier einige Mütter aus Celle, die durch die Bombenabwürfe am Bahnhof ihre Wohnungen eingebüßt hatten oder sich doch wenigstens in großer Gefahr glaubten. Mit ihren Kindern und den notwendigsten Sachen im Kinderwagen hatten sie sich zum Teil in Pantoffeln auf den Weg gemacht. Wilhelm Schnittgers Schwester fand bei ihrem Bruder Aufnahme. Die beiden anderen Frauen setzten aber ihren Weg am nächsten Morgen nach Langlingen fort.

Im März hatte die Schulstube wieder geräumt werden müssen. Diesmal waren es Ostvertriebene, die darin ein vorläufiges Unterkommen fanden. Der erste Transport konnte sofort nach Oppershausen weitergeleitet werden, während der zweite erst nach und nach im Dorfe untergebracht werden konnte. Eine kinderreiche Familie aus Ostpreußen blieb dagegen monatelang in der Schule wohnen. Einmal war es schwer, für die große Familie Platz zu schaffen, und dann war mit dem Einmarsch der Feindtruppen sofort jeglicher Unterricht verboten worden. Die der hiesigen Schule zugewiesene Lehrerin Maria Ditberner hatte darum den Unterricht gar nicht aufnehmen können. Es waren jetzt mehr als 300 Ostvertriebene im Dorfe untergebracht, und es war noch gar nicht so lange her, daß wir die von der NSV geforderten 80 Plätze nur mit Mühe hatten bekommen können.

Sämtliche Brücken, sogar der kleine Durchlaß bei der Vietshöfener Kule nicht ausgenommen, waren zur Sprengung vorbereitet. Als dann kurz vor dem Einmarsch der Amis die Sprengung erfolgt war, sah sich wahrscheinlich der Feind dadurch veranlaßt, hier seine Hauptkampflinie (HKL) aufzubauen. In Wirklichkeit konnte diese Sprengung eine kämpfende Truppe keine 5 Minuten aufhalten. Uns von der Ortswache war es aber vorher dringend ans Herz gelegt worden, diesem Durchlaß unsere ganz besondere Aufmerksamkeit zu widmen. Seit Wochen hatte die Bonner Luftschutzfeuerwehr in Bockelskamp Aufnahme gefunden und führte hier ein geruhsames Leben, während die Bauern trotz der vielen Bestellbarkeit die Wache übernehmen mußten. Sämtliche Soldaten hatten bisher mit dem Tage des Einrückens die Ortswache und manchmal auch die Feuerwehr übernommen. Der Bürgermeister glaubte aber, sich auf die militärisch organisierten „Bonner" nicht verlassen zu können.

Inzwischen war das Geschützfeuer immer deutlicher zu hören. In der Nacht vom Mittwoch zum Donnerstag (12. April) wurde das Nachbardorf Kl. Eicklingen vom Süden her beschossen. Falls das Feuer weiter vorverlegt worden wäre, hätte es Bockelskamp gegolten. In dieser und auch in den nächsten Nächten wird gewiß mancher Bockelskamper sein Zeug abends nicht ausgezogen haben.

Der im Luftkampf am 8. April 1945 über Bockelskamp abgeschossene Unteroffizier hieß Heinz Sonntag. Sein Flugzeug, eine Focke Wulf FW 190 D-9, stürzte nahe Bockelskamp ab; der Pilot wurde weit von der Absturzstelle entfernt aufgefunden – er war tot. Heinz Sonntags Leichnam wurde in Wienhausen bestattet, der Eintrag im Kirchenbuch lautete „unbekannte Jagdflieger".

41 Jahre später wurden die Reste der FW 190 geborgen und das Schicksal von Heinz Sonntag nachvollzogen. Federführend für die Bergung war Karl-Heinrich Langspecht sen., selbst Jagdflieger der ehemaligen Luftwaffe und gebürtiger Bockelskämper, der im Sommer 1945 aus der Gefangenschaft nach Hause gekommen war.

Der Volksbund Deutsche Kriegsgräberfürsorge, die Wehrmachtsauskunftsstelle in Berlin und sogar das Standesamt in der DDR, welches die Geburt von Heinz Sonntag registriert hatte, haben dessen Existenz und Verbleib bestätigt. Folgende Personaldaten liegen nunmehr vor:

> Unteroffizier Heinz Sonntag, geboren am 23.09.1921 in Stangendorf, gefallen am 08.04.1945 in Bockelskamp, Erkennungsmarke Nr. 520-59741

Unter der Überschrift „Was geschah am 08. April 1945 über Bockelskamp" wurden alle verfügbaren Details 1988 von Hans-Hermann Cammann zu Papier gebracht.

Die Gegenwart

Am 23. November 1946 wird durch Verfügung der britischen Militärregierung vom 1. November 1946 aus den aufgelösten Ländern Hannover, Braunschweig, Oldenburg und Schaumburg-Lippe das Land Niedersachsen gebildet.

Es kam die Währungsreform in den drei Westzonen vom 21. Juni 1948. Am 20. Juni 1948 hatte jeder Einwohner der so genannten Westzone ein „Kopfgeld" von 40,- D-Mark (im Umtausch gegen 60 Reichsmark) erhalten. Einige Wochen später wurden noch einmal 20,- D-Mark ausgezahlt. Die deutsche Mark wurde zum Grundstock des deutschen Wirtschaftswunders und gehörte bis zur Einführung des Euro am 1. Januar 2002 zu den stabilsten Währungen der Welt.

In den 60er Jahren wurde, allen Protesten zum Trotz, die Allerbegradigung durchgeführt. Mit großer Besorgnis sahen viele die Planungen und nachfolgenden Maßnahmen. Durch diese Flussregulierungsmaßnahme (1962/63) wurde das ständig von Hochwassern gefährdete Grünland im Allertal für die landwirtschaftliche Nutzung sicherer gemacht. Allerdings hatte diese wasserbauliche Maßnahme auch zur Folge, dass sich die Landschaft hier nicht unerheblich verändert hat, insbesondere ist das Steilufer an der nördlichen Seite mit einer Vielzahl von Uferschwalben seitdem nicht mehr vorhanden.

Beim Scheunenbrand am 18. August 1968 bei Otto Rogge, Bockelskamp, war es nicht zuletzt der Wienhäuser Feuerwehr zu verdanken, dass das angrenzende Wohnhaus nicht ebenfalls vernichtet wurde.

Das Jahr 1971 begann mit einem Großbrand in der Nacht vom 4. auf den 5. Januar. Der „Dorfkrug" in Bockelskamp brannte, und die Freiwillige Feuerwehr Wienhausen rückte bei klirrender Kälte, die das Wasser in den (Hanf-)Schläuchen gefrieren ließ, zur Nachbarschaftshilfe aus. Von der Versicherung gab es am Ende eine Prämie von 50,- D-Mark für die dortige Kameradschaftskasse.

Zum 1. Januar 1973 wurde durch Gesetz die Einheitsgemeinde Wienhausen, bestehend aus den Ortschaften Bockelskamp mit Flackenhorst, Oppershausen, Offensen mit Schwachhausen, Nordburg und Wienhausen, geschaffen.

Seit 1978 hat das Dorf Bockelskamp keine Gastwirtschaft mehr, nachdem das Wirtshaus durch ein Feuer stark beschädigt wurde und der Saal, auf dem bis dahin die dörflichen Veranstaltungen stattgefunden hatten, völlig zerstört wurde.

„Gedankenflug – Freie Jagd der Gedanken" lautet der Titel eines Buches, das der frühere Ausbildungsleiter und Flugleiter der „Aircraft GmbH Niedersachsen" Karl-

Heinrich Langspecht sen. im Jahre 1990 und danach in mehreren Neuauflagen im Eigenverlag veröffentlichte. Das zunächst 165 Seiten umfassende Buch, dessen spritzige Texte noch durch zahlreiche lustige Illustrationen aufgelockert sind, wurde in Buchbesprechungen als „ein ganz großartiges Büchlein" dargestellt.

Karl-Heinrich Langspecht sen., Jahrgang 1924, stammt vom Vollhof Nr. 3 (Bütepage), Lange Str. 40 in Bockelskamp, einem Hof, „dessen Urkundenforschung und Hofgeschichte der Denkfähigkeit eine harte Nuß zu knacken gibt", wie Hans von Freeden 1938 schrieb. Der gelernte Landwirtschaftsmeister hatte mit dem späteren Minister für Ernährung, Landwirtschaft und Forsten des Landes Niedersachen Wilfried Hasselmann die Schulbank gedrückt.

1995 wurde Bockelskamp-Flackenhorst in das Dorferneuerungsprogramm des Landes Niedersachsen aufgenommen.

Am 9. Januar 1996 hat sich die Dorfgemeinschaft in einem „Förderverein Dorfgemeinschaftshaus Bockelskamp-Flackenhorst e.V." organisiert. Das satzungsgemäße Ziel des Vereins ist es, „gemeinsam mit anderen Vereinen und Interessengruppen das dörfliche Gemeinschaftsleben, die Kultur- und Heimatpflege zu fördern und sich um die Erhaltung und Pflege des Ortsbildes und des dörflichen Charakters zu bemühen".

Mit dem Projekt Dorfgemeinschaftshaus wurde im August 1996 begonnen. Es wurde ein Vierständerfachwerkhaus aus dem Jahre 1759, das dem Verfall preisgegeben war, in Flettmar abgebaut und in Bockelskamp wieder neu errichtet. Dieses Gebäude wurde aufgrund der umweltschonenden Maßnahmen im Jahre 2000 in das Präsentationskonzept des Bund-Länder-Gemeinschaftsvorhabens Expo-Dorf 2000 einbezogen.

In den Jahren 1996/97 hat die Dorfgemeinschaft auch ein neues Feuerwehrhaus komplett in Eigenleistung erstellt. In annähernd 3000 ehrenamtlich geleisteten Arbeitsstunden wurde ein ehemaliger Schafstall in Meißendorf abgebaut und in Bockelskamp wieder neu errichtet. In dem Feuerwehrhaus befinden sich jetzt das Feuerlöschfahrzeug der Ortsfeuerwehr Bockelskamp und ein komfortabler Aufenthaltsraum.

In Höhe von Flackenhorst verunglückte am Vormittag des 23. August 2003 ein 18-jähriger Celler nach einem waghalsigen Überholmanöver auf der Bundesstraße 214 tödlich. Die Ortsfeuerwehr Klein Eicklingen musste den Leichnam mit der Rettungsschere freischneiden. Weil Öl ausgelaufen war, blieb die Bundesstraße 214 mehrere Stunden gesperrt.

Im Jahre 2005 begannen Evelyn Kraus und Ernst Hanke mit der Sanierung eines Zweiständerhauses in Bockelskamp, das zu den ältesten Hallenhäusern Norddeutschlands gehört. Seine ältesten Bauteile gehen auf das Jahr 1536 zurück. Die Eigentümer stammen aus Groß-Gerau-Dornheim bei Darmstadt und haben das alte Gebäude bereits 1987 erworben.[138]

---

[138] Cellesche Zeitung vom 04.10.2007.

Hier ein Bild des Hauses vom 26. Juli 2006. Es zeigt den Fachwerkrohbau kurz vor der Einbringung des davorliegenden Stampflehms (ca. 40 Kubikmeter). Foto: Ernst Hanke

In Bockelskamp gibt es noch einen Realverband, eine so genannte echte Realgemeinde, die in der Rechtsform ungebrochen aus der mittelalterlichen Markgenossenschaft hervorgegangen ist. Dieser Realverband verfügt noch über ca. 17 Hektar Waldfläche (2006), die von den Berechtigten – die einzelnen Höfe haben jeweils selbstständige Anteile an diesem Realverbandseigentum – forstwirtschaftlich genutzt werden.

„Heimatverbunden und erdverwachsen – Eben ein echter Niedersachse", titelte die Cellesche Zeitung am 19. Januar 2008 am Vorabend der Wahlen zum Niedersächsischen Landtag und leitete damit ein ausführliches Porträt des damals 57-jährigen Juristen, CDU-Kreisvorsitzenden (seit 2004) und langjährigen Landesbeamten Karl-Heinrich Langspecht jun., der seit 2003 im Landtag mitarbeitet hat, ein. In dem Porträt wurde die Finanzierung der Allerbrücke als sein „ganz großes prioritäres Ziel" herausgestellt.[139]

Am 20./21. September 2008 feierte Bockelskamp/Flackenhorst seinen 775. Geburtstag mit Kommers, historischen Spielen und Ministerbesuch: Innenminister Uwe Schünemann nahm an der offiziellen Feierstunde am Sonntag um 11.30 Uhr teil.[140]

Bei einem Großbrand wurde am 18. Juni 2010 ein Wohn- und Stallgebäude am Alten Postweg in Bockelskamp zerstört. Insgesamt waren 110 Feuerwehrleute aus den Ortsfeuerwehren Bockelskamp, Wienhausen, Oppershausen, Langlingen, Bröckel, Groß Eicklingen und Celle, Rettungswagen und die Schnelle Einsatz-Gruppe des Deutschen Roten Kreuzes mit zehn Helfern im Einsatz.

[139] Cellesche Zeitung vom 19.01.2008.
[140] Cellesche Zeitung vom 19.09.2008.

Ortspartie aus Bockelskamp, 2000. Foto: Ingo A. Müller

Blick auf Bockelskamp, von Wienhausen kommend, 2010. *Foto: Blazek*

Vereinsleben

Gemischter Chor

Der 1929 gegründete Gemischte Chor Bockelskamp hat bis auf die Kriegsjahre das Lied gepflegt. Als nach dem Zusammenbruch der Zusammenschluss der Sänger wieder möglich war, ruhte der Vorsitzende Otto Luttermann nicht eher, bis er den Chor zum Leben erweckt hatte. Weil der frühere Dirigent aus Gesundheitsgründen ausschied, gelang es ihm, Lehrer Meyer, Altencelle, zu gewinnen, der trotz seines Alters vier Jahre den Chor leitete, bis Lehrer Pollesche, Bockelskamp, ihn ablösen konnte.

1954 erhielten Erna Luttermann, Marie Otte, Berta Ude, Marie Wieckenberg, Bernhard Otte, Ernst Hilse, August Santelmann, Karl Thies, Wilhelm Scheller, Wilhelm Schnittger, Heinrich Kunze und Heinrich Thies als Anerkennung die silberne Brosche oder Nadel. Der Vorsitzende Otto Luttermann erhielt vom Sängerkreis des Deutschen Sängerbundes als Anerkennung für mehr als 20-jährige Führung des Chores die goldene Ehrennadel.

Die Freiwillige Feuerwehr

Die Ortsfeuerwehr Bockelskamp hat heute 26 aktive Mitglieder, neun sind in der Altersriege, es gibt 48 Fördermitglieder. Neben dem Brandschutz trägt die Wehr auch zum gesellschaftlichen Leben in Bockelskamp bei; so wird zusammen mit dem Schießsportverein das Wintervergnügen ausgerichtet, auch werden gemeinsame Fahrradtouren durchgeführt.

24 Männer aus Bockelskamp beschlossen bei einer von Bürgermeister Wegener einberufenen Bürgerversammlung am 10. März 1934 die Gründung einer Freiwilligen Feuerwehr. Man kam damit den Forderungen im neuen Feuerlöschgesetz des Staatsministeriums der NS-Regierung vom 15. Dezember 1933 nach. Erster Brandmeister wurde Wilhelm Scheller, sein Stellvertreter wurde Wilhelm Radecke. Auf Kosten der Gemeinde konnten sich die Mitglieder von einem Wienhäuser Schneider einen Uniformrock anfertigen lassen. Übungsdienste fanden einmal pro Woche statt, im Winter im Saal des Gasthauses Pröve.

Nach den neuen Mustersatzungen der Freiwilligen Feuerwehren mussten die Mitglieder arischer Abstammung sein.

Durch Verfügung vom 6. März 1935 teilte der Landrat den Landkreis Celle 1935 in 20 Feuerlöschbezirke ein. Der Löschbezirk Wienhausen umfasste Wienhausen (Motorspritze), Bockelskamp, Groß Eicklingen, Sandlingen, Offensen und Oppershausen (Motorspritze). In allen sechs Dörfern bestanden die Freiwilligen Feuerwehren neben den Pflichtfeuerwehren.

Wilhelm Schnittger war von 1947 bis 1953 Brandmeister. In seine Amtszeit fällt ein Großfeuer auf dem Hof von Gustav Papenburg. Mit Unterstützung der Wehren aus Celle, Altencelle und Wienhausen konnten Teile des Wohnhauses vor der Vernichtung bewahrt werden.

Landfrauenverein Bockelskamp

Im Jahre 1950 wurde der Landfrauenverein Bockelskamp gegründet, der gegenwärtig aus 80 Mitgliedern besteht. Es ist der kleinste Verein im Kreisverband Celle.

Schießsportverein SSV Bockelskamp und Flackenhorst

Seit über 50 Jahren wird in Bockelskamp und Flackenhorst organisierter Schießsport betrieben. Auch vor dem Zweiten Weltkrieg gab es in Bockelskamp einen KK-Verein, doch dieser 1926 gegründete Zusammenschluss wurde in der Zeit des Dritten Reichs nicht weitergeführt.

Im Jahre 1953 gab es in Bockelskamp das erste Schützenfest nach dem Krieg. Erster König: der Flackenhorster August Santelmann. Nach dem Schützenfest fand dann die Gründung des SSV statt. Der erste Vorsitzende war Ernst Hilse.

1966 wurde die Damenmannschaft gegründet. Im gleichen Jahr wurde auch eine Jugendmannschaft ins Leben gerufen. „Eine Vereinsfahne muss her", schlug Günther Mahlfeld in der Generalversammlung Mitte Januar 1976 vor. Nach einer Sammlung wurde die Fahne am 30. April 1977 feierlich geweiht. Zuvor hatte man sich im November 1976 zum ersten Mal zum „Schweineschießen" getroffen.

Nachdem 1986 letztmalig die alte Schule erweitert wurde – die Mitgliederzahl war schließlich gestiegen –, wurde 1991 auf einer außerordentlichen Versammlung beschlossen, ein Dorfgemeinschaftshaus zu bauen. Die Pläne dafür reiften mit der Gründung einer Arbeitsgemeinschaft und, 1996, der Gründung eines Fördervereins.

Spielmannszug Bockelskamp

Im Frühjahr 1967 sprachen Gerhard Mose und Erwin Schaible über die Gründung eines Spielmannszugs. Bereits im Herbst fanden die ersten Übungsstunden mit fünf Interessierten statt (Rudi Köppel, Rainer Backhausen, Erwin Schaible, teilweise auch Michael Schulz und Ulrich Damster).

Im Frühjahr 1968 wurden Gespräche mit dem SSV Bockelskamp unter der damaligen Leitung von Helmut Meyer über die Gründung und Unterstützung eines Spielmannszuges geführt. In der erweiterten Vorstandssitzung vom 28. August 1968 beschloss der Schießsportverein einstimmig, den Spielmannszug ins Leben zu rufen. Dieser Tag gilt als der Gründungstag des Spielmannszugs Bockelskamp.

Der Bockpalast

Am Anfang, im Jahr 1980, war der Bockpalast nur eine große Geburtstagsparty von ein paar Jugendlichen aus Bockelskamp. Genug Platz bot dafür nur der damalige Bolzplatz des Dorfes. Neben Grillfleisch und Getränken wollten die Gastgeber auch gerne Live-Musik anbieten. So improvisierte man zunächst eine Bühne aus Traktoranhängern, auf der die Band „Hvide Sande" aus dem Nachbarort später spielen sollte. In Anlehnung an die bekannte Fernsehsendung mit Live-Auftritten internationaler Bands fiel irgendwann der Begriff „Bockpalast".

Flurnamen

Plattdeutsche Benennung und Zusammenstellung:
Lehrer Bernhard Otte/Bockelskamp

An ne Drift
An n Heesekamp
Aschenloh
Am Krietenbarg
An ne Heerstrat
Brot (Brand)acker
Brönnewisch
Benewisch
Bräkwinkel
Bicks(Vix)moor
Bi de Borg
Bollzee
Blasenrühmen
Bin n Strohkraug
Bohneworth
Bockgrabenkamp
Bütepagenbüe
Collbüe
Dammwischen
Drift
Dat vordere Feld
Eddebüe
Filenso
Frickenbusch(büe)
Fritzenwisch(tritts)
Flackenhorster Wischen
Farenklint
Fuhsenfört
Voss-swanz
Grote Weder
Grote Spann
Gemeindeweder
Grote Wehlen
Grote Feld
Grotekamp

Hilsen Heidkamp
Heesekamp
Hangelwisch
Hinner de Fuhse
Hinnern Eickhöven
Hägewisch
Hasenbuk(bruch)
Heidklint
Heidstroh(strom) (Ortsteil)
Hellebrauk
Heese
Hoffkamp
Hawerkamp
Hahnekamp
Hagenwisch (Röckel)
Hunneswanz
Hunenklint
In n Holte
In de Worth
In n groten Busch
Immetunsrie
Jöckerweg
Krummekamp
Krüzkamp
Klosterwisch
Kohlskamp
Kerkwisch
Kneiwisch
Krempelwisch
Kiebitzbarg
Kickwisch
Köhlwisch
Kampwisch b. Nienhagen
Lüttje Ortfeld
Langehorst

Lehmkamp
Lüttje Spann
Lappenbarg
Lerksee
Lisenworth
(Ortsteil)
Langspechtsbüe
Lehmstich
Lüttje Wehlen
Lüttje Feld
Lüttje Roden
Lägkamp (Kraunsberg)
Lehrhorstwisch
Lehmwisch
Löppelbört
Masch
Maur (Moor)
Meinenwisch
Moorkamp (am Moor)
Möhlenwisch
Nie Wisch
Ortfeld
Oster Riede
Rehwisch
Rebekamp
Rühmschen
Rühmewischen
Rehwischen
Rammwisch
Rammelkamp
Raukelsaat
Roden
Rohrquecken
Roggenworth
Radewisch
Räuberg
Räubergs Wisch
Räubergs Kamp
Räubergs Garen
Rohrqueckenförth
Rammelförth
Rühmen
Rust Kamp
Ratberg
Stegewisch
Spannwischen
Sneppelwisch
Spannfeld
Sandbarg
Schlüngelwisch
Steggelwisch
Straatenkamp
Swartdorn
Spannkamp
Schlangenwisch
Spannhorst
Seegaren
Sasswisch
Waschkamp
Wehlenrehr
Wehlenwisch
Weggenbrauk
Wehlenkamp
Wittekamp
Wierenhorst
Wiengaren
Winser Barg
Weidkamp
Wilswisch
Westerfeld
Winserhorst
Zegenriede
Zegenwinkel (Ortsteil)
Zögenwisch
Steinförth
Urwisch
Vorbruch
Vor de Burmesterwisch

Ortsregister

18 zur Samtgemeinde Flotwedel gehörende Ortschaften (18 Schaufeln des Mühlenrades im Wappen):

DER VERFASSER

Matthias Blazek

Heimatkundler.

Veröffentlichungen:

Dörfer im Schatten der Müggenburg, 1997.
L'Histoire des Sapeurs-Pompiers de Fontainebleau, 1999.
Ahnsbeck, 2003.
75 Jahre Sportverein Nienhagen von 1928 e.V., 2003.
Dorfgeschichte Wiedenrode, 2004.
Die Geschichte der Bezirksregierung Hannover im Spiegel der Verwaltungsreformen, 2004.
Dorfchronik Nienhof, 2005.
Schillerslage, 2005.
75 Jahre Ortsfeuerwehr Wienhausen, 2005.
Hexenprozesse – Galgenberge – Hinrichtungen – Kriminaljustiz im Fürstentum Lüneburg und im Königreich Hannover, 2006.
Das niedersächsische Bandkompendium 1963-2003, 2006.
Das Löschwesen im Bereich des ehemaligen Fürstentums Lüneburg von den Anfängen bis 1900, 2006.
Das Kurfürstentum Hannover und die Jahre der Fremdherrschaft 1803-1813, 2007.
75 Jahre Niedersächsische Landesfeuerwehrschule Celle 1931-2006, 2007.
Celle – Neu entdeckt, 2007.
Geschichten und Ereignisse um die Celler Neustadt, 2008.
Die Hinrichtungsstätte des Amtes Meinersen, 2008.
Haarmann und Grans – Der Fall, die Beteiligten und die Presseberichterstattung, 2009.
Carl Großmann und Friedrich Schumann – Zwei Serienmörder in den zwanziger Jahren, 2009.
Helmerkamp – unser Dorf, 2009.
Unter dem Hakenkreuz: Die deutschen Feuerwehren 1933-1945, 2009.
Wathlingen – Geschichte eines niedersächsischen Dorfes, Band 3, 2009.
100 Jahre Musikzug der Freiwilligen Feuerwehr Eldingen 1910-2010, 2010.
Scharfrichter in Preußen und im Deutschen Reich 1866-1945, 2010.
Die Geschichte des Feuerwehrwesens im Landkreis Celle, 2010.

Zahlreiche weitere Aufsätze und Quellenveröffentlichungen zur niedersächsischen Landesgeschichte.

Matthias Blazek

Unter dem Hakenkreuz

Die deutschen Feuerwehren 1933-1945

ISBN 978-3-89821-997-6
154 S., Paperback, € 15,90

Erhältlich in jeder Buchhandlung
oder direkt bei

ibidem

In seinem jüngsten Werk wendet sich der Journalist und Historiker Matthias Blazek der Geschichte des Feuerwehrwesens in Deutschland zu, und zwar speziell in den Jahren der nationalsozialistischen Herrschaft 1933-1945. Mit der Machtergreifung der Nationalsozialisten startete die Gleichschaltung der Behörden und Einrichtungen. Ein erster Schritt, die Feuerwehren einzugliedern, war das preußische Feuerlöschgesetz von 1933. Die Feuerwehren unterstanden nun nicht mehr der gemeindlichen Aufsicht, sondern den Polizeiaufsichtsbehörden. In den folgenden Jahren wurde das Gesetz auf das gesamte Reich übertragen. Demokratisch denkende Führungskräfte wurden sukzessive gegen Parteitreue ausgetauscht. Einheitliche Satzungen bildeten die Rechtsgrundlage, die keine Ausnahmen mehr zuließ. Gegen Ende des Zweiten Weltkriegs wurden die freiwilligen Feuerwehren Deutschlands dem SS-Strafgesetz von Heinrich Himmler unterstellt. Matthias Blazek gelingt es in seiner Studie, die wohl schwerste Zeit für die freiwilligen Feuerwehren Deutschlands differenziert zu betrachten. Der Leser erfährt, dass für die jüdischen Mitbürger kein Platz mehr war unter den Freiwilligen der Feuerwehren.

Auch die großen Bombardements, denen Deutschland ab 1940 ausgesetzt war, werden aus Feuerwehrsicht thematisiert. Beispiele aus zahlreichen Ortsfeuerwehren machen die sachliche Analyse anschaulich. Am Ende helfen Orts- und Personenregister dem Forscher auf der Suche nach Fakten.

Dem Journalisten Matthias Blazek, Jahrgang 1966, ist mit diesem Buch ein besonderes Werk gelungen, das das vorhandene Schrifttum über das deutsche Feuerwehrwesen sinnvoll ergänzt. Ein Muss nicht nur für den Feuerwehr-Historiker und aktiven Feuerwehrmann. Dieses Buch spiegelt auch ein Gutteil deutsche Geschichte wider und zeigt auf, wie wichtig die Güter Demokratie, das Recht auf Mitbestimmung und auf freie Meinungsäußerung sind.

Matthias Blazek

Von der Landdrostey zur Bezirksregierung

Die Geschichte der Bezirksregierung Hannover
im Spiegel der Verwaltungsreformen

ISBN 3-89821-357-9

102 S., Paperback, € 14,90

Erhältlich in jeder Buchhandlung
oder direkt bei

ibidem

Sie bestanden etwas über 180 Jahre: die niedersächsischen Bezirksregierungen. Zum 31. Dezember 2004 wurde das Ende der traditionellen Mittelbehörde besiegelt. Erstmals liegt nunmehr ein ausführliches Werk zur Geschichte der Bezirksregierung Hannover vor.

Matthias Blazek, geboren 1966 in Celle, Abitur 1987 an der Lutherschule Hannover, Studium an der Fachhochschule für Allgemeine Verwaltung in Hildesheim, verheiratet, drei Kinder, Publizist, Verfasser zahlreicher Dorf- und Verbandschroniken und Autor des „Sachsenspiegels“ der Celleschen Zeitung, hat sich in mühevoller Archivarbeit einem Thema gewidmet, das nunmehr auf 100 Seiten abgedruckt ist und einen interessanten wie fundierten Einblick in die Geschichte der Behörde und der Landeshauptstadt selbst gewährt.

Alles in allem liegt hier ein Nachschlagewerk für Verwaltungsmitarbeiter und Heimatkundler vor.

Matthias Blazek

Haarmann und Grans

Der Fall, die Beteiligten und die Presseberichterstattung

ISBN 978-3-89821-967-9

152 S., Paperback, € 15,90

Erhältlich in jeder Buchhandlung
oder direkt bei

ibidem

Es war das Top-Thema in der Presse: Am 23. Juni 1924 wurde der Serienmörder Friedrich „Fritz" Haarmann in Hannover verhaftet. Er hatte seit 1918 nachweislich 24 junge Männer ermordet.

Der als Polizeispitzel und Detektiv arbeitende Kaufmann war zwar geständig, bekannte sich aber nur zu 21 Morden und bestritt den Vorwurf, Teile der Leichen der Ermordeten verspeist zu haben. Seine Opfer lernte Haarmann im Bahnhofsmilieu kennen. Nachdem er sie in seine Wohnung gelockt hatte, durchbiss er ihnen die Kehle oder erwürgte sie.

Haarmann war den Behörden zwar schon seit 1918 als Triebtäter bekannt, er konnte jedoch erst 1924 nach dem Fund mehrerer menschlicher Schädel in der Leine und durch den Einsatz von Kriminalinspektor Hermann Lange festgenommen werden. Der Fall um Haarmann wurde zum aufsehenerregendsten Kriminalfall seiner Zeit. Die genaue Zahl seiner Opfer konnte nie ermittelt werden, da Haarmann im Größenwahn und mit dem Ziel, den Ermittlern zu gefallen, auch Morde gestand, die er nie begangen hatte. Der Psychiater Ernst Schultze, der vor Haarmanns Hinrichtung am 15. April 1925 mehrere Wochen lang Gespräche mit ihm führte, schloss jedoch eine psychische Erkrankung aus.

Matthias Blazek setzt neue Schwerpunkte in der Betrachtung des Falles Haarmann. Hier stehen weniger die Vorgeschichte und die Taten im Vordergrund als die Ereignisse seit Haarmanns Festsetzung. Zudem wertet Blazek erstmals den kompletten Presserummel um den „Werwolf von Hannover" aus.

Bislang unveröffentlichte Fotos sowie neue Erkenntnisse und Quellen werden angeführt, und auch bislang wenig beachtete Randnotizen werden einer Betrachtung unterzogen. Als Beispiel seien die Hintergründe zum Scharfrichter Carl Gröpler genannt, der die Fallschwertmaschine bediente, mit der Haarmann hingerichtet wurde, sowie der Aufenthalt Haarmanns in der Gefangenenarbeitsstelle Jägerheide bei Celle, die verwandtschaftlichen Beziehungen Haarmanns und der Wiederaufnahmeprozess gegen Grans. Bisher in der Literatur widersprüchlich dargestellte Informationen werden nun auf Quellen basierend aufgearbeitet.

ibidem-Verlag

Melchiorstr. 15

D-70439 Stuttgart

info@ibidem-verlag.de

www.ibidem-verlag.de
www.ibidem.eu
www.edition-noema.de
www.autorenbetreuung.de

MIX
Papier | Fördert gute Waldnutzung
FSC® C083411

Zeitfracht Medien GmbH
Ferdinand-Jühlke-Straße 7
99095 Erfurt, Deutschland
produktsicherheit@kolibri360.de